古代エジプトを学ぶ

馬場 匡浩 著

通史と10のテーマから

六一書房

はじめに

　筆者は2009年度より，明治大学の講義『エジプトの考古学』を担当しています。古代エジプトを初めて学ぶ学部学生のために，できるだけ多くの写真や映像を駆使しながら，わかりやすく，眠らせず，そして興味をもってもらうことをモットーにこれまで講義を行ってきました。その講義内容を教科書としてまとめたものが本書です。講義と同じく本書は，通史とテーマで構成されています。テーマは，古代エジプトの文化をより深く理解できるものをセレクトしました。各章ともわかりやすさを第一に，紙面の許す限り多くの図版を盛り込み，平易な文章を心掛けました。学生に限らず一般の読者にとっても本書は，古代エジプトを学ぶそのイントロダクションとして使っていただけると思います。

　エジプト学またはエジプト考古学は，欧米ではエジプトロジー（Egyptology）とよばれ，人類学や考古学と並んで一つの学問として確立しています。一方，日本の大学では，エジプトの名の付く授業は残念ながらほとんどありません。明治大学の『エジプトの考古学』はとてもまれなものです。この差は，歴史の深さにあります。エジプト学は，ナポレオン・ボナパルトのエジプト遠征に始まり，すでに200年以上の分厚い研究史があるのです。そのエジプト学で重要とされるのが，既往研究に対する知識です。つまり，これまで様々な研究者が行った発掘や研究の成果を参考にして，自らの研究を進めるのです。エジプト学が「レファレンスの学問」とよばれる謂われはここにあり，本書で述べる通史やテーマも先達の成果をまとめ

たものです。もちろん日本でも，古代エジプトの通史や文化を紹介する書籍は多数あります。そこで本書では，できる限り最新のレファレンスを盛り込むようにしました。通史に関しては，以下の文献を主に参考としています。また，各章末にも主要参考文献や引用文献を載せていますので，さらに深く理解したい方はそちらも参照してください。

Bard, K.A. 2007 *An Introduction to the Archaeology of Ancient Egypt*, Oxford.
Davies, V. and Friedman, R. (eds.) 1998 *Egypt*, London.
Show, I. (ed.) 2000 *The Oxford History of Ancient Egypt*, Oxford.
Van De Mieroop, M, 2011 *A History of Ancient Egypt*, Chichester.
近藤二郎 1997『エジプトの考古学』同成社
高宮いづみ 2006『古代エジプト文明社会の形成』京都大学学術出版会

　筆者は20歳の頃からエジプトで発掘してきました。師匠の吉村作治先生のもと，早稲田大学隊のダハシュール北遺跡でおよそ10年。ここで先生に発掘調査の経験をみっちり積ませていただきました。そして現在，イギリス隊の一員としてヒエラコンポリス遺跡で調査をしています。ヒエラコンポリスはエジプト文明の起源であり，先王朝時代を代表する遺跡です。筆者もはじめは，ピラミッドやツタンカーメンなどファラオが君臨する王朝時代に魅了されて，エジプト考古学を志しました。しかし今は，そうした文明がいかにして誕生したのかという，その形成過程に大きな関心を抱いています。そのため本書では，筆者の専門領域である先王朝時代のウェイトが大きく，内容も濃くなってしまいました。この時代の日本語概説書が少ないことからも，それを本書の特徴として読んでいただけたら幸いです。

本書の執筆にあたって，金沢大学の長屋憲慶さんと早稲田大学の山崎世理愛さんには，図版作成にご協力いただきました。ここに記して御礼申し上げます。

　　　　　　　　　　　　　　　　　2017年2月　馬場匡浩

古代エジプトを学ぶ
通史と10のテーマから

目　次

はじめに………………………………………………………………… 1

通　史

第1章　ナイルと砂漠の大地（自然環境）………………………… 9
第2章　エジプト学の成り立ち …………………………………… 21
第3章　エジプト文明の起源（新石器時代）……………………… 31
第4章　上エジプトの文化（先王朝時代1）……………………… 41
第5章　下エジプトの文化と王朝成立（先王朝時代2）………… 59
第6章　ファラオと王朝文化の形成（初期王朝時代）…………… 75
第7章　ピラミッドの誕生と展開（古王国時代1）……………… 89
第8章　ピラミッドの絶頂と衰退（古王国時代2）……………… 99
第9章　混沌と再生（中王国時代）………………………………113
第10章　異民族の支配（第2中間期）……………………………125
第11章　繁栄と改革（新王国時代1）……………………………137
第12章　帝国と衰退（新王国時代2）……………………………155
第13章　侵略と終焉（第3中間期〜プトレマイオス朝）………169

テーマ

テーマⅠ	神と神殿………………………………………………	183
テーマⅡ	王　権………………………………………………………	199
テーマⅢ	社　会………………………………………………………	207
テーマⅣ	ピラミッド建設…………………………………………	217
テーマⅤ	都　市………………………………………………………	233
テーマⅥ	古代エジプト語とヒエログリフの解読……………	253
テーマⅦ	ワイン………………………………………………………	263
テーマⅧ	パ　ン………………………………………………………	279
テーマⅨ	ビール………………………………………………………	291
テーマⅩ	死生観とミイラ…………………………………………	303

図版出典一覧………………………………………………… 316
王名表………………………………………………………… 325

通 史

第1章

ナイルと砂漠の大地（自然環境）

　我々人類は自然環境の影響を常に受け、それぞれの風土に適した文化や社会を育んできた。エジプト文明も、ナイル川と砂漠というコントラストの強い環境において、独特な文化を生み出した。大部分を砂漠が占めるこの大地で、唯一の潤いをもたらしてくれるのがナイル川である。東アフリカの中部を水源にもつナイル川は、エジプトの渓谷をゆったりと流れ、デルタで幾筋に分かれて地中海に流れ込む。渓谷とデルタでは環境・景観が異なり、古代から人々は、前者を上エジプト（上流）、後者を下エジプト（下流）とわけてよんでいる。砂漠と川、北と南、こうした対称性をもつ自然環境が、エジプト文明を築く基礎となった。

通 史

1　現在のエジプト

　エジプト文明の舞台となったのは，アフリカ大陸北東部に位置するエジプト。正式な国名は「エジプト・アラブ共和国」，イスラムの国である。公用語はアラビア語，宗教もイスラム教が国民の90％を占め，残りの9％がキリスト教（コプト）である。北に地中海，東に紅海を擁するエジプトの国土は，ナイル渓谷，デルタ，東部砂漠，西部砂漠，シナイ半島の五つの異なる地理的特徴から構成される（図1-1）。面積は100万km²にも及び，日本の約2.7倍もの広さを有するものの，その95％を砂漠が占める。気温については，北緯30度に位置する首都カイロの年間平均気温が22℃ほどであり，同じ緯度に相当する沖縄とほぼ同じである。しかし，気候が異なるため体感的には沖縄よりも暑い。地中海性気候のデルタ北部を除き，エジプトは砂漠性気候に属する。カイロでも年間降水量は約25mmときわめて少なく，砂漠地帯にいたっては降雨はほぼゼロ。つまりエジプトは，雨がほとんど降らず，気温が高く乾燥した環境にあるのだ。それでも季節はある。日本のような四季ではなく二季であり，5月から10月が夏，11月から4月が冬にあたる。冬期は温暖なので観光に適しているが，遺跡の多くがある砂漠では，昼と夜の寒暖差が激しいので注意が必要である。

2　首都カイロ

　エジプト調査について，しばしば聞かれる質問がある。それは，「砂漠でのテント生活はたいへんでしょうね」と。たしかに，砂漠地帯などの調査ではテントを張って数ヶ月生活するグループもいるが，ナイル川流域での調査では，基本的には遺跡近郊のまちに生活拠点を構えている。その拠点は，各国の調査隊が独自に建てたハウスや賃貸のフラットだ。そしてどの国の調査隊も，カイロに拠点をもっている。なぜなら，カイロ近郊の遺跡調査が多いこと，カイロがエ

第 1 章　ナイルと砂漠の大地（自然環境）

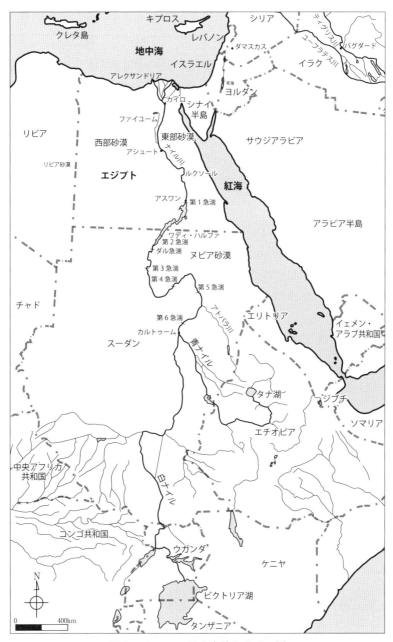

図 1 − 1　アフリカ大陸とナイル川

11

ジプトの玄関口であること，そして何よりもカイロが首都だからだ。私が所属する早稲田隊もカイロのフラットを生活の拠点として，サッカラやダハシュールといった低位砂漠の遺跡調査に，毎日片道1時間かけて通っている。冒頭の質問は，「エジプト＝砂漠」のイメージが強いからであろうが，そんな無理をする必要はない。カイロは近代的な都市であり，外国人にも生活しやすく，市街地を歩けば砂漠の国なんてことは忘れてしまう。首都カイロはアフリカ・中東地域で最大の都市であり，アラブ世界の経済と文化の中心でもあるのだ。エジプトの全人口は9,000万人（2015年現在）を超えるが，そのうち1,500万人（約25％）がカイロに集中する。つまりカイロは人とモノが行き交う活気ある大都市なのだ（図1-2）。

図1-2　カイロを流れるナイル川

3　ナイル川

　大部分を砂漠が占めるエジプトの大地に潤いをもたらす最大の源が，国土の中心を南北に貫くように走るナイル川である。ナイル川

は全長6,650kmにも及ぶ世界最長級の河川であり、その水源を東アフリカのビクトリア湖とタナ湖にもつ（図1-1）。ビクトリア湖から流れる白ナイルとタナ湖からの青ナイルがスーダンの首都カルトゥーム付近で合流し、六つのカタラクト（急湍：急流箇所）を走り抜けながらエジプトの玄関口アスワンに到達する。アスワンからは緩やかとなり、1/10,000の勾配でゆったりと流れながら地中海に注ぐ。ナイル川は、水量の増減はあるものの一年中涸れることなくエジプトに豊かな水をもたらし、同時に肥沃な土壌を運んでくれる。エジプト人の生活圏は、砂漠のオアシスを除いてはナイル渓谷とデルタに限られ、まさにナイル川が生命線であり、唯一の恵みなのだ。

　また、毎年おこるナイル川の増水もエジプトに大きな恩恵を与えた。水源地域ではモンスーンの影響で雨期に大量の雨が降り、それによりエジプトでは夏から秋にかけて川の水位が上昇し、ナイル渓谷とデルタの沖積地を冠水させた（図1-3）。この増水は「氾濫」や「洪水」などともよばれるが、だが実際は、それからイメージされる激しく危険な水位の変化ではない。7月頃からじわじわと水位が上がって川幅が広がり、9月をピークに徐々に水が退いていき、11月頃に元の水位に戻るという数ヶ月をかけたゆっくりとした変

図1-3　ナイル増水期の風景

化なのである。エジプト人にとってはまさに自然の恩恵であり、増水後にもたらされた水分と養分をたっぷり含んだ沃土（沖積土）を利用して容易に農耕ができ、滞留してできた湿地で漁猟や狩猟も行うことができた。また、増水は土地を洗い流してくれるので、塩害や疫病を防いでくれたのだ。

4　古代のエジプト

　1970年に建設されたアスワン・ハイ・ダムにより、川の増水現象は姿を消してしまったが、その点を除けば、古代においても現在とほぼ同じ景観にあり、気候もさほど変わらない。古代のエジプト人にとっても、ナイル川が全ての中心であったことが『ナイル賛歌』[1]にみてとれる。「おおナイルよ。この地に出現し、エジプトに生命を与えるために来られしもの」。エジプトの国土、そしてエジプト人を規定する概念もナイル川にあった。それは、ヘロドトスの『歴史』[2]にみることができ、「ナイルの水があふれ出てうるおす限りの土地がすなわちエジプトであり、エレパンティネ（アスワン）の町より下方に住みこの河の水を飲むものは全てエジプト人であるぞと告げた」と彼は記す。つまり、エジプトの領域はアスワン以北のナイル川流域であり、そこで生活する人々がエジプト人とみなされていたのだ。ちなみに、ナイル川が運ぶ沃土はヒエログリフで「ケメト」とよぶが、これはエジプトまたはエジプト人をも意味した。

5　古代の土地利用

　それでは、古代の人々はナイル川流域において、どのような場所で生活していたのであろうか。まずは、ナイル渓谷における遺跡の検出状況から彼らの土地利用をみてみよう。ナイル渓谷はその名の通り、ナイル川が長い年月をかけて台地の断層を浸食して形成した高く切り立つ崖が両岸に聳え、高いところでは300mを越える。こ

のナイル渓谷を断ち切ってみてみると，その地形的特徴は五つに分けられる（図1-4）。まず渓谷内には，①ナイル川と，それを挟んで両側に広がる②沖積地が広がる。この沖積地の上面は一様に平坦ではなく，幾度となく川の流路が変化したため，渓谷に平行して襞状に隆起している。隆起は1〜3mほどの高低差であるが，これが自然の堤防を形成し，その頂部の高台が増水時でも冠水を免れる場所となる。こうした沖積地の高台が集落の一般的な立地として好まれ，川へのアクセスや農地利用の観点からも好都合である。ただし，沖積土の堆積作用や川の増水による埋没，および現在の家屋により，遺跡の検出例はきわめて乏しい。次に③低位砂漠は，ナイル川の流路変化による浸食作用で形成された河岸段丘にあたり，その幅は地域によって大きく異なるが，平均1〜2kmである。沖積地よりも2〜3mほど高いため冠水しづらい。そのため遺跡の保存状態も良好で，かつ発見しやすいことから，墓地や神殿などこれまで検出された多くの遺跡がこの低位砂漠に集中する。これら遺跡の立地をみると，その多くが沖積地との境界付近に偏っており，低位砂漠を利用しつつも沖積地に基本的な生活基盤を置いていたようだ。低位砂漠には，渓谷に向かって直角に砂漠を切り進む④涸れ谷が所々に存在する。涸れ谷は，高位砂漠で降った雨が低い渓谷に向かって流れ，その浸食によって形成された谷である。今日でも大きな涸れ谷では冬季に鉄砲水が流れることがある。涸れ谷の規模は大小様々であるが，大型の涸れ谷の河口付近は侵食によって舌状地が形成され，そこで大規模遺跡が見つかっている。さらに低位砂漠の外側には，切り立つ岩山を前面にもつ⑤高位砂漠が続く。高位砂漠は，西岸はリビア砂漠，東岸はアラビア砂漠の山脈へとつながり，渓谷内から望むとまさにその景観は急崖である。これまで高位砂漠で主だった遺跡は検出されていないので，一時的なキャンプサイトとして利用されていたのであろう。

通史

図1-4　ナイル渓谷の地形模式図

　一方，下エジプトのデルタ地帯は，扇状に堆積した沖積地とそこを流れる入りくんだ支流に特徴づけられる。ナイル川はカイロを過ぎた後，二つの大きな支流，西のロゼッタ支流と東のダミエッタ支流に分かれる。この二つの大きな支流から，さらに小さな支流がいくつも分岐して流れ，それらがデルタ一帯に沖積土をもたらし，上エジプトとは異なる見渡す限りの緑で覆われた景観を作り出している。デルタにおける集落の一般的な立地は，支流間の沖積地に点在するゲジラ（島）とよばれる高台である。ナイルの支流が侵食し，高く隆起した個所だけ島状に取り残されて形成された場所である。ゲジラは幾度となく堆積作用を受け，遺跡の多くは現在の地表下約4〜6mで検出されている。ここには墓地と集落の両者が存在するが，墓地はおおむねゲジラの頂部付近に，集落はそれよりも低い場所に営まれる傾向にある。つまり，デルタもナイル渓谷と同様，沖

積地の高台が主な生活場所であった。ただし、デルタは地中海の影響により冬場の気温が低く、かつ湿度と雨量が高いことから、砂漠気候にある上エジプトとは環境はきわめて対照的といえる。

6 古代のナイルの利用

国土の中心を流れるナイル川は、デルタとナイル渓谷という環境と景観が異なる二つの地域を結ぶ役割もあった。古代においても二つの地域が異なることは認識されており、デルタは「タ・メフウ（下エジプト）」、ナイル渓谷は「タ・シェマウ（上エジプト）」とよばれた。また、対を成す両地域の象徴も存在する（図1-5）。移動方法は、もちろん船によるナイルの航行がもっとも便利である。エジプトでは通常、地中海からの北風が吹いており、上流（南）に向かうには帆を張り、下流（北）に向かうには帆をたたむ。ただし後者においては、ナイル川の流れはきわめて遅いため、オールで漕がなければ進まない。

ナイル渓谷　　デルタ
「タ・シェマウ」「タ・メフウ」
（上エジプト）　（下エジプト）

ロータス　　パピルス

ハゲワシ　　コブラ

白冠　　赤冠

図1-5　上下エジプトの象徴

ナイル川は周期的に増水するが、しかし実際は、増水時の水位は水源の雨量によって毎年増減した。水位が極端に低いと沖積地の耕地が冠水しないため作物を育てることができず、それは飢餓へとつながる。逆もしかりであり、もし増水位が高すぎると播種の時期が遅れて収穫量が減少することとなる。加えて、高台に築かれた集落への浸水や疫病の発生などの被害をもたらすことにもなる。ナイル川の過度な水位の増減は古代エジプト人にとって死活問題であり、それを正確に予測するため増水時の水位が毎年記録された。アスワンのエレファンティネ島、エドフやコム・オンボの神殿には現在も

水位計が残っている。また、第1王朝から第5王朝の歴代の王名が刻まれた「パレルモ・ストーン」には、各王の治世における出来事とともにナイルの水位も記録されており、王朝時代の開始当初から増水位の計測と記録が国家にとって重要であったことがわかる。

　このように、ナイルの住民は川の恩恵を受けつつも畏れていたわけだが、ただ手をこまねいていたわけではない。彼らは沖積地に運河と低い堤防を築いて、水をコントロールした。これは「貯留式灌漑」とよばれ、運河により、水位が低い年でも耕地全体に水を引き込むようにし、堤防は、高水位の氾濫から集落を護り、かつ水を留めておいて必要な際に水門を開けて放出した。「貯留式灌漑」は、大規模な灌漑ではないものの、最小限の設備でナイル川の増水を制御するエジプト独特の灌漑システムである。現在でもデルタや上エジプトの田舎では耕地に小さな運河が張り巡り、王朝時代の情景を留めているところは少なくない（図1-6）。

図1-6　エジプトの田園風景

7 増水がもたらしたもの

ナイル川の増水は、コミュニティーのあり方を規定した。先述したように、彼らの主な生活場所は冠水しない沖積地の高台であり、そこに肩を寄せ合って生活する人々が一つの共同体をなす。そして、灌漑事業などを行う際には、近接する共同体が集まってより大きなグループをつくる。つまり、高台に集住する共同体が最小単位のコミュニティーを形成し、その有機的なつながりを基盤として、古代エジプトの社会は成り立っていた。増水はまた、彼らの思想にも大きな影響を与えた。増水は毎年定期的に訪れ、そこから生命が新たに芽吹く。この周期性と再生のリズムが、古代エジプト人の世界観、死生観、宗教観、道徳観の基層をなしている。さらに、増水でもたらされる黒い沃土（ケメト）と不毛な砂漠地帯の赤い砂礫（デシェレト）は、明瞭なコントラストをなし、それが生者と死者または左右対称などの彼ら独特の対概念を生んだ。

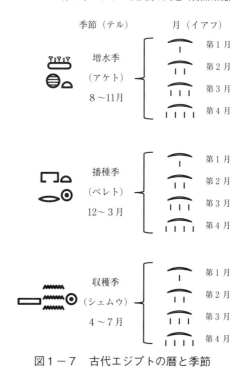

図1-7　古代エジプトの暦と季節

8 古代エジプトの暦

ナイル川に生きる古代エジプト人は、川の増水サイクルに応じて、三つの季節（テル）を設定していた（図1-7）。増水時期の8月から11月までがアケト（増水季）、水が引いた後に種をまく12月から

3月がペレト（播種季），作物を刈り入れる4月から7月がシェムウ（収穫季）。つまり彼らの暦は基本的には農耕暦が中心であり，毎年同じ周期で起こるナイルの増水を一年のスタートとした。増水の季節アケトは，ナイル両岸の耕地が冠水する農閑期であり，そして溢れていた水が引いた頃，土地をならして種蒔きが始まる。このペレトの播種季に，滋養の高い沃土と豊かな太陽を浴びて作物は成長し，4ヶ月後にシェムウの収穫季を迎えるのである。各季には四つの月（イアフ）が設けられ，さらに1ヶ月は30日で構成される。よって1年は12ヶ月360日となるが，最後に5日間の祝祭日を加えて，我々が使う暦と同じ1年365日としていた。それもそのはず，現在，世界各国で用いられているグレゴリオ歴は，ユリウス・カエサルがエジプト暦に閏年を加えたものがベースとなっているからである。

主要参考文献

Butzer, K.W. 1976 *Early Hydraulic Civilization in Egypt: A Study in Cultural Ecology,* Chicago.

鈴木八司監修　1996『世界の歴史と文化　エジプト』新潮社

J.ベインズ・J.マレク（吉村作治訳・平田寛監修）　1983『古代のエジプト（図説世界文化地理大百科）』朝倉書店

引用

1）屋形禎亮　1978「エジプト」『筑摩世界文学大系1　古代オリエント集』筑摩書房　617頁
2）ヘロドトス（松平千秋訳）　1978『歴史（上巻）』岩波文庫　172-173頁

第2章

エジプト学の成り立ち

　エジプト学の成り立ちは、学問的調査と財宝探しの戦いの歴史である。古代エジプトに対する学術的な調査は、18世紀末のナポレオンによるエジプト遠征を嚆矢とする。彼は、数多くの学者を遠征隊に同行させ、神殿や墓など古代の遺跡を記録した。またこの時、ロゼッタ・ストーンも発見され、シャンポリオンによるヒエログリフの解読に大きく寄与することになった。これらを契機としてヨーロッパはエジプト・ブームに沸くこととなるが、それがトレジャー・ハンターによる盗掘という弊害ももたらした。

通史

1　古代におけるエジプト学者？

　土を掘って遺構を露呈することだけを考古学とすれば，王朝時代にも考古学者はいた。まず最初は，第18王朝のトトメス4世だ。ギザ台地に鎮座するスフィンクスの前足の間には，彼が建てた「夢の碑文」とよばれる大きな石碑（ステラ）がある（図2-1）。その碑文には以下の内容が刻まれている。「トトメス4世が若き王子の頃，狩りに出かけたギザの砂漠で昼寝をしてしまう。そこで見た夢の中にスフィンクスが現れ，私を砂からかき出し修復してくれれば，ファラオにしてあげようと告げる。それを実行したトトメス4世は，はれてファラオに即位することができた」。この碑文は，トトメス4世が王位の正当性を誇示するために建てたともいわれているが，第4王朝のスフィンクスは彼の時代から1,000年以上も昔のものであり，当時首まで砂で埋もれていたスフィンクスを"発掘"したことは確かなようだ。

　もう一人は，第19王朝のカエムワセト（図2-2）。ラメセス2世の第4王子である彼は，メンフィスのプタハ神殿の大司祭として活躍し，サッカラを中心とした古王国時代の建造物の修復を数多く手がけたことで有名である。その目的はおそらく，新王国時代には砂に埋もれてしまった建造物を掘り起こして修復・記録し，その技術や意匠を取り入れることで，祖先に対する敬意を表し，そして伝統に裏打ちされた永遠性と秩序を得るためであったと思われる。

図2-1　トトメス4世の「夢の碑文」

2 文明終焉後のエジプト

エジプト文明の歴史は，クレオパトラ7世が自害した紀元前30年で幕を閉じる。その後はローマの属国となるのだが，エジプトのエキゾチックな文化にローマ人は魅了され，エジプト・ツアーがブームとなる。エジプト人のツアーガイドを雇い，ボートに乗ってナイル川を下り，神殿やピラミッドを観光する。エジプトの観光スタイルはこの時に始まった。ただし，観光だけに留まらず，略奪も行われた。エジプトから数多くのモノが持ち出されたが，なかでもオベリスクは権威者にとって最も魅力的であった。現在，イタリアを中心とするヨーロッパの主要な広場でオベリスクをみかけるが，その大半がこの時代にエジプトから運び出されたものである。

図2－2
カエムワセト

紀元後641年のアラブ征服により，エジプトはイスラム帝国下に組み込まれる。このアラブの支配は，これまでにないほどの破壊を王朝時代の遺産にもたらした。彼らは，新たな町カイロを建設するため，ピラミッドや神殿を取り壊し，建材として利用した。また，イスラム教は偶像崇拝を厳密に禁止するため，古代の彫像や壁画の破壊はさらに進んだともいわれている。

さて，アラブ支配下において特筆すべきは，アッバース朝のカリフ（指導者）アル＝マムーンの大ピラミッド侵入である。ピラミッドの内部には，太古の文明の「知恵」と「技術」が隠されているという伝承があり，紀元後820年，エジプトを訪れたアル＝マムーン

は，クフ王のピラミッド内部の調査を指示する。ピラミッド北面の中心軸上に穴を開けたが，それが運良く本来の通路にあたり，玄室まで入ることができた。そこには，彫像，黄金で飾られた遺体，棺，財宝の数々があったとされるが，その真偽は定かではなく伝説とされる。なお，現在の出入り口は，このアル＝マムーンが開けた盗掘坑である。

3　エジプト学の始まり

　エジプト文明に対する学問的な眼差しは，1798年のナポレオン・ボナパルトによるエジプト遠征に始まる。フランス革命の司令官であった彼は，当時敵国イギリスの統治下にあったインドとの交易路を遮断するため，大軍を率いてエジプト遠征を敢行する。ナポレオンが大ピラミッド前で述べた「兵士らよ，あのピラミッドの頂から4千年の歴史が諸君を見下ろしている」という台詞はあまりにも有名である。圧倒的な力でカイロを制圧するも，その後間もなく「アブ・キール湾の海戦」でイギリス軍に惨敗し，海路を絶たれたフランス軍はその後3年間エジプトに取り残されることとなる。だが，この時の軍事遠征は通常とは異なり，4万人の兵士の他にフランス学士院の科学者や技術者など167名の学者を同行させていた。彼らはこの間を利用してエジプトからヌビアまでを調査し，古代建造物から現地の風習に至るあらゆる資料の記録収集を行う。最終的にイギリス軍に敗北したが，フランス軍は調査で収集した全ての記録を本国に持ち帰り，その一部は『エジプト誌（Description de l'Égypte）』として刊行された。学問としてのエジプト学はここに始まり，またこの出版が契機となりヨーロッパにエジプト・ブームが巻き起こることとなる。

　ナポレオンのエジプト遠征でもう一つの収穫は，デルタ西部の町アル＝ラシード（英語名ロゼッタ）で発見された「ロゼッタ・スト

ーン」である。この石碑を主な資料として，1822年にシャンポリオンがヒエログリフの解読に最終的に成功する（テーマⅥ参照）。

4 トレジャー・ハンターの時代

　ナポレオンのエジプト遠征以後，エジプト学は学問としてスタートを切ったが，その一方でエジプト・ブームの高まりにより，ローマ属国以降のような略奪の時代が再来する。エジプトを訪れるヨーロッパの人々は，観光だけでなく，盗掘まがいの調査を行い，遺物を持ち出した。これは，時のエジプト総督ムハンマド・アリが西洋的近代化を促進していたため，彼らのこうした行為に寛容であったことも大きい。また，ヨーロッパの貴族または博物館は，古代の遺物を集めることに躍起となっていた。そのため，領事館に依頼されたトレジャー・ハンターが遺物を掘り出し，それを本国に売り払うというビジネスが成立していたのだ。その代表的なコンビが，イギリス総領事のヘンリー・ソルトと，イタリア人のジョバンニ・ベルツォーニだ。ベルツォーニは元々，自作の揚水機を売り込むためエジプトを訪れた。それは失敗に終わるも，ソルトと出会い，遺物蒐集に乗り出す。ルクソール西岸の王家の谷では，1816年から1817年にかけて精力的に調査を行った。なかでも，王家の谷で最も保存状態が良く見事な壁画で彩られたセティ1世の墓の発見は，彼にとって最大の成果の一つである。その玄室に置かれていたセティ1世のアラバスター（方解石）製石棺は，古代エジプトの最高傑作の一つであるが，これも運び出され，現在はロンドンのサー・ジョン・ソーンズ美術館に展示されている。この他，彼はエジプト最南端まで探検し，砂に埋もれていたアブ・シンベル大神殿のクリーニングも行った。また，彼が持ち出した遺物のなかで有名なのは，ラメセス2世の巨像である（図2-3）。ルクソール西岸のラメセス2世の葬祭殿ラメセウムには，エジプト最大の王の像（若きメムノン）が横

通史

図2-3 ラメセス2世像

たわっていたが、その大きさゆえ誰も運び出すことができなかった。水力学を学び、怪力男としてサーカス団にも所属したベルツォーニは、その知識と技術を用いて、巨像を動かすことに成功した。現在ラメセス2世のこの巨像は、ロゼッタ・ストーンに並ぶ大英博物館の秘宝として展示されている。当時のこうしたトレジャー・ハンターにより、ヨーロッパの博物館のエジプトコレクションは、その基礎が形成されたのだ。

5 科学的なエジプト学の到来

さて、ヨーロッパ人による略奪行為に一定の規制をかけたのが、フランス人のオーギュスト・マリエットである（図2-4）。彼は学芸員として働いていたルーブル美術館の命を受け、1851年に初めてエジプトの地を踏む。当初の目的はコプト文書を入手することであったが、サッカラでセラペウムを発見したことを契機に、発掘調査と遺跡・遺物の保護へと傾倒するようになる。セラペウムとは、歴代の聖牛アピスの遺骸を埋葬したカタコンベであり、そこで彼はアピスの未盗掘の石棺を含め、数々の大発見をした。その後もエジプトに留まり、ギザではカフラー王の河岸神殿を発見するなど、精力的に全土で発掘調査を行う。1858年、時のエジプト総督から「ベイ」の称号を授かり、新たに設立された考古局の初代長官に任命される。そこで彼は、発掘権の制度化を進めるとともに、エジプト各地に査察局（タフティーシュ）を設置し、遺跡の保護・管理体制をつくっていった。さらに1863年には、エジプトで初となる国立考

古博物館をカイロのブラークに建設。彼のこうした活動により，遺物の海外流出に一定の歯止めをかけることができたのだ。ちなみに，古代エジプトを舞台にしたオペラ「アイーダ」の戯曲を書いたのは，このマリエットである。

19世紀はトレジャー・ハンターから学問的な調査への大きな変換期であったが，ナポレオン遠征に始まったエジプト学を地道に続けていた研究者もいた。例えば，『エジプトおよびエチオピアの記念物（*Denkmäler aus Ägypten und Äthiopien*）』を出版したリヒャルト・レプシウス，『古代エジプト人の風俗習慣（*The Manners and Customs of the Ancient Egyptians*）』を執筆したガードナー・ウィルキンソン卿などであり，これらは現在でも引用される文献である。そうした流れのなかで19世紀末に登場するのが，イギリスのフリンダース・ピートリ卿である（図2-5）。彼は，ギザのピラミッド調査の測量士として1880年にエジプトを初めて訪れるが，その後，イギリス女流作家アメリア・エドワードが設立したエジプト探査基金の支援を受け，

図2-4　マリエットの銅像と棺

図2-5　ピートリ卿

通史

エジプト全土で発掘調査を実施する。40年以上にわたって調査を行い，マリエットと並びエジプトで最も多くの遺跡を調査した。ピートリは，「エジプト考古学の父」と称されるが，それは，彼が科学的な考古学を実践したからである。それまでは見捨てられていた土器や石器など美術的価値の低い遺物も取り上げ，できるかぎり全

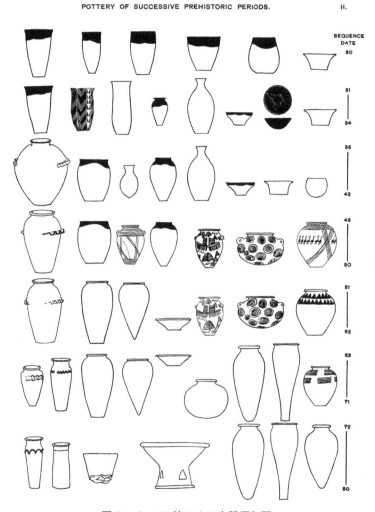

図2-6　SD法による土器編年図

ての出土遺物を報告書に掲載した。また，遺跡では層位的な発掘を心掛け，出土遺物を形式分類して編年を構築するなど，まさに彼が近代的な考古学を築いたのだ。編年構築のために考案したSD法（Sequence Dating：継起年代）も特筆され，形式変化と供伴関係をたよりに遺物の相対的序列を求めるその方法は，科学的研究の幕開けを象徴するものである（図2-6）。

主要参考文献

N.リーブス（岡村圭訳）　2002『古代エジプト探検百科―ヴィジュアルクロニクル』原書房

B.M.フェイガン（兼井連訳）　1988『ナイルの略奪　墓盗人とエジプト考古学』法政大学出版局

第3章

エジプト文明の起源（新石器時代）

　エジプト文明は、どのように誕生したのであろうか。エジプト史を編纂したプトレマイオス王朝の神官マネトによれば、最初のファラオはメネス（古代語でメニ）であり、それ以前は、「死者の魂（Spirits of the Dead）」とよばれる神々がエジプトを支配していた。その代表が、「ネケンの魂（Spirit of Nekhen）」と「ペの魂（Spirit of Pe）」の神であり、神話では、上エジプトのヒエラコンポリスと下エジプトのブトがそれぞれの中心地とされる。そして、この北と南の二つの地域を統一してエジプト王朝を築いたのが、メネスという。このように古代の人々は、エジプトが北と南の二つの国からなると考えていた。景観を異にするデルタとナイル渓谷である。それは、「2国の支配者」というファラオのタイトルに如実に表れている。

　マネトが述べたエジプト文明誕生のストーリーは、かつては対称性や対概念を好むエジプト人が生んだ神話と考えられていた。しかし、発掘調査が進んだいま、王朝の成立以前に二つの異なる文化が存在していたことが明らかとなってきた。神話と同じく、その中心地は、ヒエラコンポリスとブトである。現在、エジプト考古学では、王朝の成立は紀元前3050年頃であり、その最初のファラオは、メネスではなくナルメルであることが文字資料から判明している。そして、それ以前の神々が支配する時代を「先王朝時代」とよび、文字通りこの時期は、王朝時代の文化・社会的要素が醸成された文明の形成期にあたる。以下、三つの章にわたって先王朝時代について述べていくが、本章ではまず、新石器時代まで遡ってエジプト文明の起源を探ってみたい。

1　ナブタ・プラヤ遺跡の発見

　エジプト最南端の遺跡アブ・シンベル神殿から西に約100km，サハラ砂漠のとある盆地（図3−1）。砂漠で長年調査をしていたアメリカのF.ウェンドルフを中心とするグループは1973年，偶然立ち寄ったこの場所で，エジプト文明の起源ともいえる証拠を見つけた。ナブタ・プラヤと名付けられたこの大きな盆地（プラヤ）には，縁に沿って新石器時代の様々な活動の痕跡が残っていたのだ。現在，サハラ砂漠は年間降水量が1mmにも満たない極度に乾燥した場所である。しかし，およそ1万年前に終わった最終氷期以降，熱帯収束帯の北上により，サハラ砂漠は湿潤で夏期の降雨をもたらす気候へと変化した。それにより，ナブタ・プラヤの盆地には季節的な湖がうまれ，湖畔には植物が繁茂し，人と動物が集まる場所となった。ここに遺跡を残した人々は，ウシを携えて季節的に移動する遊牧民である。しかし彼らは，土器を作り，植物を加工し，そして最終的には高度な社会を形成するに至った。ナブタ・プラヤ遺跡の新石器時代は前期・中期・後期に分かれるが，以下その文化の様相を時期ごとにみてみよう。

2　前期新石器時代（紀元前7050〜6700年）

　ナブタ・プラヤの人々は，秋から春の間ここで生活し，夏の雨期は他の場所に移動していた。夏が終わった頃，湖畔に繁茂した植物を採取し，それを貯蔵して冬以降の食糧として備蓄した。冬は乾期となるため，深く大きな井戸を掘って水を確保していた。井戸はサハラ砂漠で最古の例である。また彼らは，この時代からすでに大型の家屋を建てていた。床は地面を30cmほど掘り下げ，壁と天井は，湖畔に自生するタマリスクやアカシアの灌木を骨組みにして，葦やマットで覆って作られていたようだ。家屋の形状は楕円または円形であるが，なかには長さ7mのものも存在する（図3−2）。床面に

第 3 章　エジプト文明の起源（新石器時代）

図 3 − 1　遺跡地図（新石器・先王朝時代）

図3−2　ナブタ・プラヤの家屋復元図

は土器が埋め込まれ、また中心軸に沿って炉址が設けられていた。土器はエジプトで最古の例である。在地の粘土を用い、全てお椀のかたちに作られている。外面全体には櫛目文様が施されており、縄文土器のような雰囲気を醸し出している。この装飾は同時代のスーダンの土器と類似しており、文化的つながりがあったことを示唆する。前期新石器時代の土器には煤の付着が一切みられないため、調理用ではなく、貯蔵・運搬または儀礼用の容器として用いられたとされる。土器以外には、ダチョウの卵を使った容器や装飾用のビーズが特筆される。

　家屋の周辺には貯蔵穴が多く見つかっており、ソルガムやミレットなどの雑穀を主に貯蔵していた。石皿と磨り石も多く出土していることから、雑穀は挽いて粉にして、お粥のように食されていたようだ。注目すべきはソルガムで、形態的には野生種であるものの、栽培されていた可能性が指摘されている。なぜなら、貯蔵穴にはソルガムのみが入れられており、それだけを選別して採取することが難しいからである。つまり、ソルガムの種を撒いて意図的に育てていたのだ。なお、栽培についても、ここで検出されたオオムギの炭化種子が栽培種であると報告されたことがあるが、現在においては、分析および発掘の不備があったとされ、栽培種ムギの存在は否定されている。

　ナブタ・プラヤの住人を特徴づけるウシについては、その骨が出土している。彼らにとってウシは主に、殺して肉を食べるためではなく、ミルクや血を得るためである。このウシが、形態的に家畜種（馴化）であるかはまだ明らかとなっていない。それではなぜ、ナブタ・

プラヤに野生種として生息していたのではなく、遊牧民が引きつれて来たといえるのであろうか。それは、野生のウシと同じ環境にいるはずのハーテビースト（ウシ科）など、草原に生息する野生動物骨の検出例がないことが挙げられる。つまり、人が関与しているのである。砂漠の奥地に野生ウシが自ら到達できるはずがなく、遊牧民が野生ウシを連れてナブタ・プラヤに訪れたとしか考えられないのだ。馴化の同定は難しいのだが、それがこの北東アフリカで最初に起きたことは確かのようだ。ナイル川流域のスーダンでは、後期旧石器時代から狩猟採集民はウシを保有しており、その時代からの人間とウシの長い関わりのなかで、徐々に馴化していったのである。ナブタ・プラヤはその過程の最終段階に位置しており、後述する後期新石器時代には、確実に馴化を遂げたとされる。

　ここまで読んで、ナブタ・プラヤの文化を新石器時代とすることに疑問をもつものもいるであろう。新石器の定義には一般的に、農耕と牧畜、土器と磨製石器、そして定住が挙げられるが、ナブタ・プラヤ遺跡では、ウシの牧畜、土器の製作しか当てはまらない。農耕はソルガム栽培の可能性にとどまり、定住も通年ではなく、雨期の夏はここから移動していたとされる。そのため、「"土器"新石器西部砂漠文化」と限定して名付けるべきとの意見もある。ただやはり、遊牧民でありつつも、土器を作り、集約的な食物採取を行い、家屋を造って比較的長く一ヶ所に留まる生活様式は、北東アフリカのそれまでの旧石器文化とは大きく異なる。ナブタ・プラヤは、完全なる新石器化への過渡期の遺跡なのだ。

3　中期新石器時代（紀元前6000〜5500年）

　前期旧石器時代が終わると乾期が訪れるが、その後また、人々はナブタ・プラヤの盆地に新たな重要な要素を引き連れて戻ってきた。それは家畜化されたヒツジとヤギである。この時期、ナイル川下流

通史

域の下エジプトでは，西アジアから馴化種のヒツジとヤギが導入されていたが，その一派が西部砂漠にも及んだようだ。ウシとは違い，ヒツジとヤギは主に食肉用として持ち込まれた。

　この時代は，数多くの井戸が見つかっており，中には歩いて下りられる井戸もある。つまり，前時代に比べて乾燥化が進み，ここでの水資源の確保が容易ではなく，より遊牧的な生活であったとされる。

4　後期新石器時代（紀元前5400～4400年）

　中期新石器時代以降ふたたび乾期が訪れるが，その後また遊牧民はナブタ・プラヤに戻ってきた。しかし，後期新石器時代の彼らは，それまでとは全く異なる文化を備えていた。それは巨石文化である。まず注目されるのが，小高い丘の上につくられた環状列石だ（図3-3）。これは，直径4ｍ弱の円形状に砂岩の平板を立てたもので，対を成す大きめの平板が4組，十字状に配置されている。そのうち，2組はほぼ正確に南北を指し，もう2組は北から東に70度ぶれた位置に置かれている。この赤ちゃんストーンヘンジを「カレンダー・サークル」と発掘者のウェンドルフはよぶが，その理由は，70度の指す方角が夏至日の太陽の日の出の位置を指すからという。つまりこれは日時計なのだ。雨による恵みを求めてナブタ・プラヤに訪れる遊牧民にとって，雨期の到来を告げる夏至を予測することはなによりも重要だったのだ。

　このように当時の遊牧民にとって雨は最大の恵みであっ

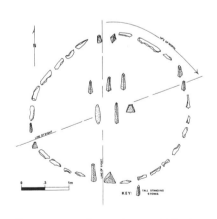

図3-3　ナブタ・プラヤの環状列石

36

第3章　エジプト文明の起源（新石器時代）

たが，そのための雨乞または祭祀といった信仰も芽生えていたようだ。この時代のナブタ・プラヤでは，砂岩の石で覆われた石塚が少なくとも13ヶ所で確認された。石塚の内部は人工物（ゴミ）が堆積し，その下には動物が埋葬されていた。ヒツジやヤギも見つかったが，ほぼ完全なかたちの仔牛の骨もあった。また人骨を埋葬した石塚もあった。遊牧民にとって，ウシは「歩く貯蔵庫」といわれるほど貴重な財産であり，祭祀や儀礼以外に殺して肉を食すことはめったにない。こうしたことから発掘者は，これら石塚は，雨乞いのための生け贄，または雨に対する祝宴と雨の神への献納として築かれたという。雨期にナブタ・プラヤに遊牧民が集まり，一年に一度の祝宴や祭祀がここで執り行われていたのであり，この時期すでに自然に対する信仰があったようだ。

さて，彼らが巨石文化の遊牧民といわしめるのは，カレンダー・サークルや石塚ではない。「祠堂」とよばれる石造構造物の存在による。それは，岩盤まで掘られた直径6m，深さ3mほどの穴の中に，重さ4トンの砂岩の石が垂直に立ち，穴の地表面に重さ数トンの砂岩の石が並んだものである（図3-4）。驚くことに，これら巨

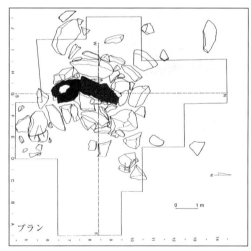
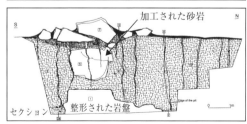

図3-4　ナブタ・プラヤの巨石構造物（祠堂）

37

大な砂岩は，その表面が滑らかに整形されているのだ。岩盤の砂岩も，直径3.5mほどの円形状に整形され，表面がツルツルに仕上げられている。こうした構造物がいくつも発見されている。穴の中からは巨石以外には何も見つかっていないので，その用途は不明であるが，発掘者のウェンドルフは，重要な人物の概念的な墓，または何らかの儀式のための施設であったと考えている。いずれにせよ，巨石を動かし，整形して構造物を造る社会がすでに存在していたことに驚かされる。これは明らかに個人を超えた作業であり，集団の協業がない限りなし得ない。そこには，協業的活動を指示・統括するリーダーの存在があったにちがいない。ここに複雑化社会の萌芽がみてとれ，そして，リーダーを中心とした社会の紐帯を強化したのは，石塚の例にみる信仰の存在が大きかったと考えられるのである。

5　ナイル渓谷への移動？

　後期旧石器時代以降，西部砂漠一帯はさらなる乾燥化に向かったことから，遊牧民によるナブタ・プラヤでの活動は途絶えてしまい，その後の彼らの足跡は不明である。これほどまでの文化をもった彼らはどこへ行ってしまったのであろうか。一つの可能性として，生活の拠点をナイル川下流域に移し，そこで土着の人々と融合し，先王朝時代の人々の祖となったというストーリーが挙げられる。その根拠は，タサ文化のチューリップ形土器（図3-5）と黒頂土器（ブラック・トップ）が，後期新石器時代の後半から，ナブタ・プラヤや近隣の遺跡で出土しているからである。タサ文化は，上エジプトにおける先王朝時代最古の文化であり，20世紀初頭に最初に発見されたタサ遺跡にちなんで名付けられた。発見当初は独立した文化期とされたが，その後存在が疑問視され，後続するバダリ文化の一部とみなされるようになった。しかし近年になり，西部砂漠，また

東部砂漠でもタサ文化を代表するチューリップ形土器が相次いで発見されたことで，砂漠とナイルを行き来する遊牧民の人々が残した文化期であると考えられるようになっている。黒頂土

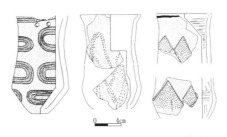

図3－5　タサ文化のチューリップ形土器

器については，上エジプトで本格的な農耕牧畜を生業基盤とするバダリ文化，そしてエジプト文明成立の直接的な立役者となるナカダ文化まで作られ続けた土器である。つまり，後期新石器時代にはすでに，遊牧民はナイル川下流域での活動にウェイトを置くようになっており，その後の急激な乾燥化によって砂漠を放棄し，ナイル川に生活の場を完全に移行させたと考えられる。彼らが有する牧畜と栽培の技術，そしてリーダーを擁する社会組織が，上エジプトに先王朝時代の文化をもたらしたと考えられるのである（図3－6）。ちなみに，ファラオは両手に殻竿（ネケク）と笏杖（ヘカ）を持つ姿で表現されるが（テーマⅡ参照），前者は脱穀用の竿，後者は牧畜の杖である。つまりそれぞれ，ナイル川流域に住む農耕民と，砂漠を

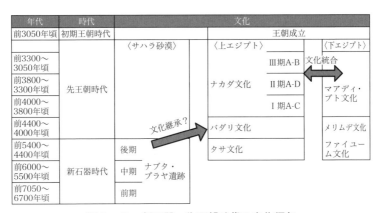

図3－6　新石器・先王朝時代の文化編年

往き来する遊牧民を象徴しており，両者の融合がエジプト人のルーツであることを示しているように思われる。

　ただし，こうしたストーリーはそれを実証する明瞭な証拠がまだ薄く，今後の調査の成果を期待したい。なお，ナブタ・プラヤ遺跡をエジプト文明の巨石文化の起源とする話が散見されるが，巨石文化が継承された痕跡は後の先王朝時代には全くみられず，ピラミッドなどへの連続性はいまのところない。

主要参考文献

Hendrickx, S. and Huyge, D. 2014 "Neolithic and Predynastic Egypt", in Renfrew, C. and Bahn, P. (eds.), *The Cambridge World Prehistory Vol. 1*, Cambridge: 240-258.

Wendorf, F. and Schild, R. 2001 *Holocene Settlement of the Egyptian Sahara: Volume 1: The Archaeology of Nabta Playa*, New York.

第4章
上エジプトの文化（先王朝時代1）

　先王朝時代のナイル川下流域では、南と北で異なる物質文化をもつ集団が併存していた。上エジプトのバダリ文化とナカダ文化、そして下エジプトのマアディ・ブト文化である。両者の差異は特に墓において顕著であり、上エジプトの文化は下エジプトに比べて厚葬なのが特徴である。ナカダ文化は最終的に、下エジプトの文化を凌駕してエジプトに国家をもたらすその立役者であり、王朝時代の基層となる文化である。特にナカダ文化の墓地資料からは、階層化が進み、王朝時代の国家へと続くその過程を追うことができる。以下では、上エジプトの文化内容とその社会変化を追ってみたい。

通 史

1　バダリ文化（紀元前4400〜4000年頃）

　上エジプトで最初の農耕牧畜社会がバダリ文化である。1922年，イギリス隊がバダリ遺跡を発見したことからこの名が付けられた（図3-1）。その後，バダリ遺跡を中心とする中部エジプトにて集中的にバダリ文化の遺跡が見つかり，その文化的様相が明らかとなった。なお，かつてバダリ文化は中部エジプトに限定されると考えられていたが，現在では，土器などの遺物のみではあるが，南はヒエラコンポリス遺跡まで広く確認されている。バダリ文化の特徴は，六条オオムギとエンマーコムギ，そしてマメとアマの栽培であり，それらを備蓄した貯蔵穴が数多く見つかっている。貯蔵穴の中には直径2.7m深さ3mにも及ぶ大型のものもある。家畜については，ウシ，ヤギ，ヒツジの馴化動物の骨が発見されている。ただし，魚やカバやワニの骨も同じく見つかっていることから，バダリ文化の人々は，農耕と牧畜を生活の基盤にしつつも，ナイル川の水産動物に大きく依存していたようだ。集落では，数多くの炉址やドーム型のオーブンが検出されているものの，恒久的な住居の址は見つかっていない。

　彼らのもう一つの特徴が，墓地をつくり，遺体を比較的手厚く埋葬したことだ。独立した墓地が造営されたのはエジプトで最初である。直径1m程の楕円形の墓に，両手を顔の前に置いた胎児のような屈葬姿勢で遺体が埋葬される。おおむね頭位は南で，顔を西に向ける。副葬品は多くはなく，先行するタサ文化から引き継ぐ黒頂土器や，当文化に特徴的なさざ波文様土器などを少量伴う墓が主体をなすが，なかには石製パレットや獣骨製の櫛や腕輪，象牙製スプーン，人間や動物を象った土製の人形などを含む墓もある（図4-1）。こうした埋葬のなかにも社会的身分の分化がみられる。比較的大きい墓に副葬品が多く，かつそれらの墓がある特定の場所に集中することから，一握りの富裕層が存在したとの指摘がある。その

第4章　上エジプトの文化（先王朝時代1）

富裕層が副葬していた遺物には，凍石製や銅製のビーズ，紅海産の二枚貝，トルコ石などが含まれる。これらは，彼らの生活圏であるナイル川流域では手に入らないものだ。凍石は東部砂漠か西アジア，銅とトルコ石はシナイ半島であり，バダリ文化ではすでに，遠距離の交換・交流があったようだ。

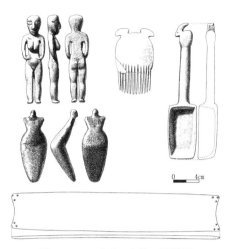

図4-1　バダリ文化の副葬品

　このように，バダリ文化は上エジプトに農耕牧畜を根付かせ，本格的な複雑化社会をスタートさせた。バダリ文化の誕生は，先述したように家畜を有する遊牧民のタサ文化を母体とするが，しかしそれだけではなく，ムギ栽培に関しては，下エジプトの新石器文化から持ち込まれたと考えられる。まさに上下エジプトの両文化を取り入れて，上エジプトの基層文化は生まれたのだ。そしてその文化的伝統は，次のナカダ文化へと確実に継承されていく。

2　ナカダ文化Ⅰ期～Ⅱ期前半（紀元前4000～3650年）

　ナカダ文化は，支配者（エリート）が誕生し，社会の分化が加速する時代である。遺跡は，北はマトマールから南はエレファンティネまで，上エジプト全体で見つかっている（図3-1）。ナカダ文化は，遺物の相対編年に基づいてⅠ期からⅢ期までの3時期に区分されるが，ここでは，大きな画期とされるⅡ期中葉で分け，各時期を代表する遺跡を取り上げながら文化内容について述べていきたい。

　ナカダⅠ期～Ⅱ期前半では，生業面において，先行のバダリ文化

43

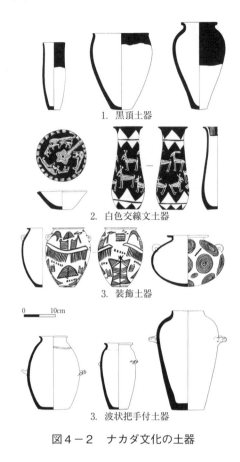

図4-2　ナカダ文化の土器

から着実に進展する。より農耕牧畜に依存した生業基盤を築き，エンマーコムギや六条オオムギ，アマの出土量は増加する。その他，豆や根菜といった野生植物，それにナツメヤシやイチジク，ドームヤシなどの果実も新たに加わり，より豊かな食生活であったようだ。動物では，引き続いてヒツジ，ヤギ，ブタ，ウシの家畜が主に飼育されていた一方で，野生動物の骨の出土量が減ることから，この時期，狩猟から家畜へその依存が大きくシフトしたと考えられる。なお，魚骨の出土はこれまでと同様に多く，ナイル川での漁猟も主な生業活動の一つであった。

　工芸技術の発展もみられる。黒頂土器はさらに精巧さを増し，赤地に白色で装飾を施した白色交線文土器が新たに生まれる（図4-2-1・2）。また，精巧に動物などを象ったスレート（片岩）製のパレット（図4-3-1）や，金，銅，黒曜石やラピスラズリなどの貴石を使ったビーズの装飾品も特徴的である。

　これら工芸品に用いられる素材のなかで，長距離の交換・交易を示すものがある。それが，黒曜石とラピスラズリだ。これらはエジ

第4章　上エジプトの文化（先王朝時代1）

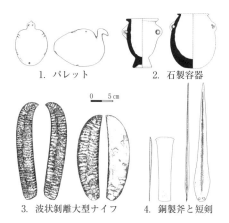

1. パレット　　2. 石製容器

3. 波状剝離大型ナイフ　　4. 銅製斧と短剣

図4－3　ナカダ文化の遺物

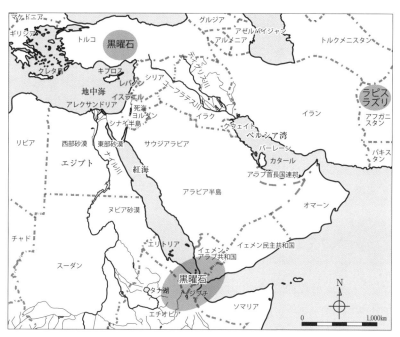

図4－4　黒曜石とラピスラズリの産地

プトでは採取できない鉱物であり，その起源はおのずと遠方となる（図4-4）。黒曜石は，古くからアナトリア（トルコ）が原産地とし

45

通史

て名を馳せており，それにより西アジアとの関係が示唆されていたが，近年の分析により，ナカダ文化出土の資料はどれもエチオピア東部またはイエメンが原産地であることが判明した。なお，下エジプトの黒曜石は従来通りアナトリア産とされる。ラピスラズリについては，4,000km離れたアフガニスタンのバダクシャン地方の鉱脈がエジプトから最も近い産地であることから，西アジアを経由して入ってきたとされる。

　墓に関しては，先行するバダリ文化とさほど変わらず，浅く掘った楕円形の墓であり，屈葬姿勢の遺体が入るほどの小さな規模である（図4-5-1）。遺体はマットの上に置かれ，さらに遺体の上にもマットが掛けられる例が多い。頭位を南に，顔が西を向くように左側面を下にした姿勢が優勢ではあるが，当時の方位はナイル川を基準にしていたので，墓地によって頭位方向はまちまちである。副葬品は上述した工芸品が主であり，それらは生前に使用していた日用品と思われる。副葬品の配置について，パレットなどの道具類や彩文土器は顔の前に置かれ，貯蔵用の大型土器は下半身または頭上に置かれる傾向があるとの意見もあるが，先王朝時代の埋葬に同じものは二つと無いといわれるほど，墓ごとにその位置と内容は異なるのが実情である。

3　ナカダ遺跡

　ここで，この時代の標式遺跡となったナカダ遺跡を紹介したい。ルクソールから約25km北のナイル川西岸に位置するこの遺跡は，19世紀末にF.ピートリによって調査され，初めて先王朝時代の存在が認識された学史上重要な遺跡である。低位砂漠の縁辺部に，集落と墓地がそれぞれ分かれて形成されている（図4-6）。墓地は，ピートリにより，「大墓地」「T墓地」「B墓地」の3ヶ所で発見され，総計2,200基以上もの墓が確認された。なかでも大墓地は，2,000

第4章　上エジプトの文化（先王朝時代1）

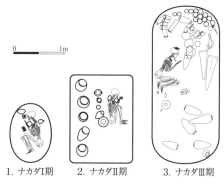

1. ナカダI期　2. ナカダII期　3. ナカダIII期

図4−5　ナカダ文化の墓の変遷

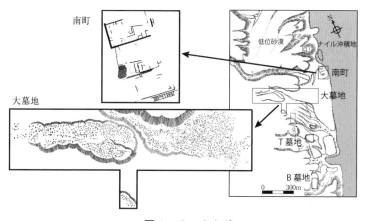

図4−6　ナカダ

基近くの墓が造られ，先王朝時代で最大規模を誇る。墓はおおむね楕円形の小型なものである。

　しかしなぜ，ナカダがこれほど大型の遺跡を形成するに至ったのであろうか。その理由の一つに立地が挙げられる。ナカダ遺跡の対岸には，東部砂漠を貫いて紅海まで続く大きな涸れ谷ワディ・ハママートが存在する（図3−1）。ここを通って，東部砂漠の鉱物資源，また紅海沿岸を伝ってシナイ半島または南方のアフリカ大陸からエキゾチックな物資が集約された可能性がある。特に，王朝時代に入るとここは「黄金の町：ヌブト」とよばれていたことから，東部砂

47

漠またはアフリカからもたらされた金の集積地として先王朝時代から機能していたのだろう。「南の町」とよばれる集落では，厚さ2mの日乾レンガの壁体で構築された建物が発見された。これはナカダⅡ期後半の時期とされるが，物流管理に関連する印影付きの封泥が多数みつかっており，ここで金をはじめとする物資の保管・分配が行われていたと考えられる。

4 ナカダ文化Ⅱ期後半（紀元前3650～3300年）

　農耕・牧畜の安定的な生業基盤に支えられたナカダ文化は，この時期に文化・社会のさらなる発展を遂げる。まず集落では，長方形の家屋が新たに出現する。また建材として日乾レンガが使用されはじめる。さらに大きな変化として挙げられるのが，大型集落の出現だ。それは上述のナカダ遺跡の南の町とヒエラコンポリス遺跡である。つまりナカダⅡ期後半から，集落の規模に格差が生まれ，これまでと同様な小規模集落の他に，それをはるかに凌ぐ規模の大型集落が誕生する。大型集落は，その規模や想定される人口から，ナカダⅡ期後半には都市ともよべる集落であったとされる。

　こうした都市の誕生は社会の複雑化や職能組織の出現と不可分な関係にあるが，それは当時の工芸品に明瞭に現れている。石器や土器などの遺物にみられる熟練技術と規格性である。石器では，波状剝離による大型ナイフが製作されはじめる（図4-3-3）。それは連続した押圧剝離の加工技術によるものであり，人類史上最も美しい石器と称されるほどである。その技術と費やされる労力・時間に鑑みて，専門的な職人によることは間違いない。また石製容器についても，材質の硬・軟を問わず，多様な石材を用いて様々な器形が数多く製作されるようになる（図4-3-2）。銅製品はそれまでのたたき技法に鋳造技法が新たに加わり，斧や短剣などの道具や装身具などが生産され（図4-3-4），銅製品の使用がより一般的になる。

土器に関しては，ナカダⅡ期中葉から，マールクレイとよばれる新たな粘土を用いた土器が誕生する。これまでの土器は全てナイル川の沖積土（ナイルシルト）を粘土としていたのに対して，マールクレイは砂漠起源の石灰質粘土であり，焼き上がりがピンクまたはクリーム色を呈する。この粘土を用いて，装飾土器や波状把手付土器が新たに製作されるようになる（図4-2-3・4）。また，生活雑器としての粗製土器にも変化が生じる。粘土に混ぜる混和材の地域性が消え，どこでもスサ（切り藁）を混ぜる粗製土器へと変わり，かつ規格化される。こうしたスサを混和した粗製土器は，専業的職人による大量生産の産物とされる。エジプトではこの時期に大量生産大量消費社会が到来したのであり，それは経済活動が大きく変容したことを物語っている。

このように，ナカダⅡ期後半の工芸品からは，卓越した技術をもつ職人集団の存在と専業化の始まりがみてとれる。ここで重要なのは，こうした専業職人は支配者（エリート）の庇護がなければ存在できないことである。なぜなら，通年で工芸活動に専念する専業職人は，食糧を自給自足できないため，支配者の求めるモノを作りその見返りに食糧を得なければならないからだ。つまり，専業職人の出現は，エリートが支配する階層化社会があってはじめて成り立つのである。そのエリートの存在は，墓において顕著にあらわれている。

墓地ではこの時期，裕福な墓と貧しい墓の二極分化が進む。主流をなす小さな楕円形の墓では，副葬品の数が減少する。その一方で，少数の大型墓が出現し，日乾レンガで造られた長方形の墓には，多種多様な副葬品で満たされるようになる（図4-5-2）。この大型墓がエリートの墓と考えられ，彼らの副葬品には，威信財または奢侈品である高質な製品が多い。墓に関してもう一つ大きな変化がある。それは，エリートたちの独立した墓地が形成されることである。上述したナカダ遺跡では，大墓地から離れた場所に，大型墓が集

まるT墓地やB墓地が築かれた。ヒエラコンポリス遺跡でも同様に，墓地のすみ分けが明瞭にみてとれる。以下，この時期の代表的な遺跡として，ヒエラコンポリスの墓の様相と社会の複雑化について具体的にみてみよう。

5　ヒエラコンポリス遺跡

　ルクソールから約70km南の西岸に位置するヒエラコンポリス遺跡は，先王朝時代で最大規模を誇る。いちはやく都市化が興ったとされるこの遺跡は，ナイル沖積地の小高い丘（王朝時代の都ネケン），低位砂漠の縁辺部と巨大な涸れ谷の3ヶ所に遺構が広く分布する（図4-7）。ネケンの丘では，かの有名なナルメル王のパレットやメイスヘッド（棍棒頭）などの埋納（メイン・デポジット）が神殿域で発見された。低位砂漠と涸れ谷では，初期神殿や土器工房，ビール醸造施設など，先王朝の遺跡ではきわめてまれな墓以外の多様な遺構が発見されている。墓については，低位砂漠縁辺部で労働者墓地HK43，涸れ谷でエリート墓地HK6が近年調査され，両墓地の対照的な様相が明らかとなっている。

　HK43では，ナカダⅡ期中葉の450基以上の墓が発掘された。墓はどれも1mほどの浅い楕円形で，マットにくるまれた屈葬の遺体が収まる。副葬品は少なく，数点の土器に，パレット，櫛，ビーズ装飾品などが若干伴う程度で，いわゆる一般的な埋葬だ。この墓地では人骨の研究が大きな成果を挙げている。埋葬人骨の年齢は20代が最も多く，次いで30代，そして5歳以下の子供・幼児である。人骨は男女ともに骨格ががっちりしていることから，常に農作業などの重労働に従事していた人々とされる。「労働者墓地」とよばれるゆえんである。また，致命傷となる後頭部の怪我や腕の骨折などもあり，農作業のみの平和な生活ではなかったようだ。ちなみに，エリート墓地HK6の人骨にはそうした重労働のストレスはみられ

第4章　上エジプトの文化（先王朝時代1）

ず，また比較的豊かな食生活だったようだ。この他，HK43では遺体処理に関する資料もあり，それは，頸と頭に残る無数のカットマークである。これは死後，遺体の頭皮を剝ぐ，または首を切断する行為があったことを示している。さらに重要な発見は，エジプト最古のミイラ処理された遺体である（図4-8）。樹脂に浸した亜麻布で腕や顔を覆った遺体や，内蔵を一度取り出して同じく樹脂の亜麻

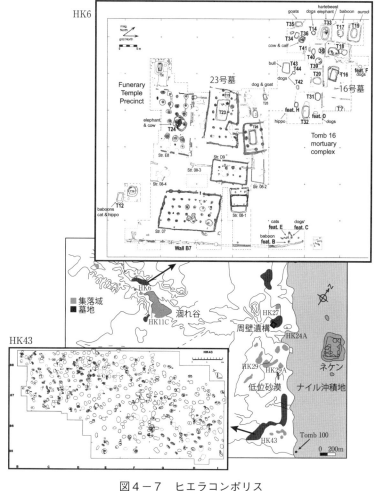

図4-7　ヒエラコンポリス

通史

布で巻いて腹部に戻した例もある。従来ミイラは，極度に乾燥した砂漠に遺体を埋葬したことでできた自然のミイラがその起源とされてきたが，この時期からすでに人工的にミイラ処理をしていたのだ。

一方，涸れ谷内に隔離されたエリート墓地HK6では，歴史を塗りかえる発見が相次いでいる。これまで60基ほどの墓が調査されたが，ここでは16号墓と23号墓について紹介した

図4−8　ミイラ処理された埋葬人骨

い。16号墓は4.3×2.6mの規模をもつが，驚くことに，ナカダⅠ期末ときわめて古く，この時期でこれほど大規模な墓はない。また特筆すべきは，付属する墓である。人間が埋葬された墓が周り，さらにその外側を動物の墓が取り囲む。付属墓に埋葬された人々は，半数以上が15歳以下の女性である。HK43の平均年齢と比較しても死亡年齢が若く，後の時代にみられる殉葬，つまり廷臣などが王の死に殉じる慣習がすでにここでは始まっていたのだ。そうした王朝文化の起源を示す資料として，近年発見された2体のドゥワーフ（矮人）人骨が挙げられる。ドゥワーフはその身体的特徴の神秘性から，王朝時代の宮廷で尊重され，高い地位が与えられた。また，動物の墓についても興味深く，家畜の他に，アフリカ象，野生ウシ，ヒョウ，カバ，ワニ，ヒヒなどの野生動物の埋葬もあり，それはまさに"動物園"である。特にアフリカ象は，この地域には生息しない希少な動物であり，大型な墓を用意して，マットで丁寧に埋葬されていた。こうした動物を従えることは，自然界の脅威を支配者がコン

第4章　上エジプトの文化（先王朝時代1）

トロールするという権威表象なのであろう。16号墓は，こうした王権や宮廷文化の源流をみてとれる点が特筆されるが，その被葬者がエリートとして特別な存在であったことも副葬品が示している。それは土製のマスクだ。切れ長の眼と長い顎が特徴的で，紐で顔に装着できるようになっている（図4-9）。ま

図4-9　土製のマスク

さに埋葬儀礼や祭祀に関連するものであり，エリートは精神的な信仰面においても人々を結びつける役割を演じていたのだ。

　こうした祭祀や信仰は，「初期神殿」でもみられる。低位砂漠に広がる集落域のほぼ中央にある初期神殿は，全長40mにも及ぶ楕円形の中庭を中心に据えたものである（図4-10）。西面には直径1mのレバノン杉の柱が4本立ち並び，これは中庭に接する大祠堂のファサードであったとされる。中庭では儀礼的屠殺が行われていたらしい。なぜならここからは，野生の若い獣類と，カメやワニや巨大ナイルパーチなどの淡水性動物の骨が数多く発見されたからである。自然界の動物を屠殺することで秩序を保つという祭祀活動が，16号墓と同じくここでも行われていたのだ。さらに興味深いのが，最近の調査で中庭の北側で発見された日乾レンガプラットフォームの痕跡である。ナルメル王のメイスヘッドの図像にも，プラットフォームと楕円形の中庭が描かれ，中庭には3頭の動物がいる（図4-11）。つまり，メイスヘッドの図像は事実として，初期神殿での活動を描いているのだ。

　話をエリート墓地に戻そう。16号墓の南にある23号は，ナカダ

53

通史

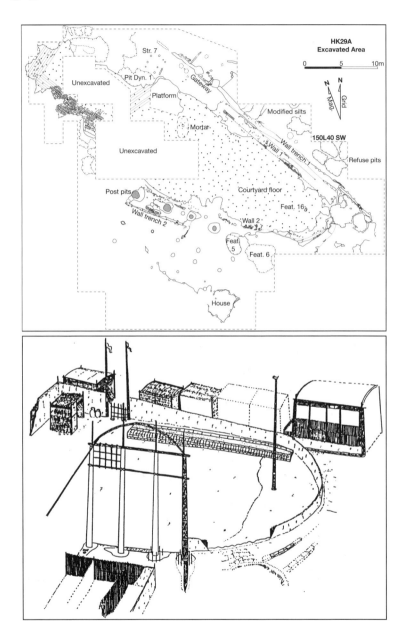

図4－10 初期神殿（遺構図と復元図）

第4章　上エジプトの文化（先王朝時代1）

図4-11　ナルメルのメイスヘッドの図像

　II期前半の墓であり，5.5×3mの規模を有する。東には「礼拝所」とよばれる列柱エリアがあり，ここから動物を象った石器，象牙製の棍棒，等身大の石灰岩製彫像の破片など，特異な遺物が集中して出土した。墓の周囲には，大小様々な矩形の構造物が伴うが，なかでもStructure 07は15×10.5mの規模をもち，24本の多柱室を構成する。ここからも特殊な遺物が出土し，紅海の貝，彫刻されたダチョウの卵殻，カバの彫刻をあしらった象牙製の棒，凍石製のカバ像，マラカイト製のハヤブサ像などが発見された。ハヤブサ像は最古の発見例となるが，ハヤブサがヒエラコンポリスの主神となり，ホルス神として王権の象徴となる王朝時代の信仰の起源は，この時期に遡るようだ。この多柱室は，彩色プラスター片の発見から，壁が赤や緑で彩色された印象強い建造物と考えられ，また，墓地の中心にあることから，エリートたちが葬送儀礼や祭祀を行う中核的葬祭施設と思われる。エジプト文明に特徴的な多柱式建築の伝統は，ヒエラコンポリスに始まるのだ。こうした，大型墓に大規模な施設が付随するコンプレックスは，現世におけるエリートの邸宅（王宮）とそれを取り囲む従者や関連施設のレイアウトを墓地で再現したものと思われる。

　このように，ヒエラコンポリス遺跡では墓地にみる社会的格差は著しい。しかもここでは，大型墓の出現時期がナカダI期末とこれ

まで考えられていたよりも断然古い。それは他に先駆けてエリートが誕生し、ヒエラコンポリスにて社会の階層化と複雑化が最初に興ったことを示している。まさにここが、王朝文化の諸要素を直接生み出した地であり、エジプト文明の起源なのである。

6　ナカダ文化III期（紀元前3300～3050年）

　さて、ナカダIII期になると、王朝統一へ向けて、集落の集約化や社会の複雑・階層化がいっそう加速する。しかしそれは、どの遺跡でも一様に社会変化が進んだわけではなく、ヒエラコンポリスやアビドスといった大規模な一握りの遺跡に限られる。つまり、階層化は集落単位を超え、ナカダ文化内の地域差へと広がっていったのだ。ヒエラコンポリス遺跡では、ネケンへの人口集約がさらに進み、厚い日乾レンガの壁体で囲まれた聖域に、神殿や王宮が建造された。エリート墓HK6では、ナカダII期中葉から大型墓の造営活動が一旦停止されるが、ナカダIII期になって再開され、6×3mの規模で、岩盤まで掘削した深さ2m以上の大型墓が建造される。その一方で、ナカダ遺跡ではT墓地などで大型墓が減少傾向をみせる。この時期から、ナカダ遺跡ではエリートが消滅し、ひいては集落も衰退していった。

7　アビドス遺跡

　ナカダ遺跡に代わって頭角を現すのが、アビドス遺跡である（図4–12）。それまでも小規模な墓地はあったが、ナカダII期後半になり、低位砂漠のウンム・エル＝カーブで大型墓が築かれるようになる。なかでも最も重要なのが、U–j墓だ（図4–13）。ナカダIII期初頭のこの墓は、9×7×1.5mの大きさで、これまで発見された先王朝の墓で最大規模を誇る。日乾レンガで内張された墓の内部は、大小12の部屋に区切られ、それぞれの部屋に副葬品が多数納

第4章 上エジプトの文化（先王朝時代1）

められていた。土器はエジプト製の他に，南レヴァント産とされる輸入土器も700個近く含まれ，それにはワインが入れられていた（テーマⅦ参照）。土器の胴部にサソリが頻繁に描かれることから，サソリが被葬者の名前であったようだ。また，王権の象徴となる象牙製のヘカ笏や，直径23cmもの黒曜石製皿など，まさにファラオとよぶにふさわしい副葬品が出土している。さらに大きな発見は，大量の文字資料だ。土器の表面にインクで書かれたもの，封泥に押された円筒印章の印影，そして木製および象牙製ラベルに刻まれたもの（図4-14）があり，700点以上の資料が得られた。これらはマークのような絵であるが，すでに音価をもつ表音文字であり，所有者と内容物の産地を記している（テーマⅥ参照）。これにより，文字の本格的利用はナカダⅢ期まで遡ることとなった。

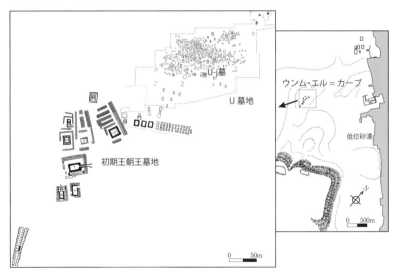

図4-12 アビドスのウンム・エル＝カーブ

通 史

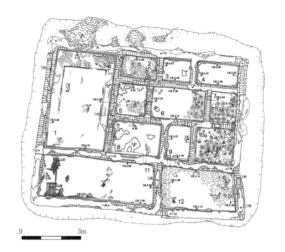

図4-13 U-j墓

図4-14 U-j墓出土のラベル

主要参考文献

Bard, K.A. 1994 *From Farmers to Pharaohs: Mortuary Evidence for the Rise of Complex Society in Egypt*, Sheffield.

Teeter, E. (ed.) 2001 *Before the Pyramids: The origins of Egyptian civilization*, Chicago.

Midant-Reynes, B. 2000 *The Prehistory of Egypt: From the first Egyptians to the First Pharaohs*, Oxford.

高宮いづみ　2003『エジプト文明の誕生』同成社

馬場匡浩　2014「エジプトの王墓」『アジアの王墓』高志書院

第5章

下エジプトの文化と王朝成立
（先王朝時代2）

　デルタを中心とする下エジプトでは、エジプトで最古となる新石器文化が紀元前6000年紀後半に誕生する。それがファイユーム文化である。その後、新石器文化はナイル川下流域に全体に広がり、それまでの狩猟・採取の生活から農耕と牧畜を主とする生業へと徐々に変わっていく。ファイユーム文化のあと、メリムデ文化やオマリ文化など紀元前5000年紀末まで新石器時代が続き、4000年紀からはマアディ・ブト文化の先王朝時代となる。マアディ・ブト文化は新石器時代の特徴を依然色濃く残しているが、時期的にナカダ文化に平行するため、エジプト学では慣例的にマアディ・ブト文化からを先王朝時代とよぶ。本章では、これら下エジプトの文化変遷を概観した後、王朝成立のストーリーを述べる。

通史

1 ファイユーム文化（紀元前5500〜4300年頃）

　ファイユーム文化は，エジプトのナイル川流域で最古の農耕・牧畜の証拠を残す新石器文化である。ファイユームは，カイロから100kmほど南にある砂漠盆地のオアシスであり，現在ではデルタに次ぐ規模の大穀倉地帯である（図3−1）。盆地の北端には巨大なカルーン湖が湛え，これがオアシスの水源となっている。遺跡は，カルーン湖畔の北側で発見されている。興味深いことに，遺跡は現在の湖水面よりはるかに高い場所にあるのだ。その理由は，カルーン湖の水位変動という古環境にある。湖はナイル川と繋がっているため，降雨量の増減による川の水位と地下水位に大きく影響を受け，これまで水位変動を繰り返してきた。現在のカルーン湖の水位は海抜−45mときわめて低いが，ファイユーム文化の時期は海抜＋15mと水位がとても高く，その湖畔で人々は生活していたため，標高の高い場所に遺跡が形成されたのだ。さて，この遺跡で特徴的なのが300基ほど発見された貯蔵穴である。直径30cmから150cmの大型まで様々であり，植物で編んだバスケットで内張された貯蔵穴もある（図5−1）。中からは，栽培

図5−1　貯蔵穴とバスケット

図5−2　石臼

種の六条オオムギ，エンマーコムギ，アマなどが見つかっている。こうした農作物を刈る直線形の鎌や，穀物をすり潰す石臼（図5-2）など，農耕に伴う遺物も数多く発見されている。また，粗製の土器もある。しかし，貯蔵穴と炉址以外には恒常的な家屋または墓地がないため，湖畔で農耕を行いつつ，生活の拠点は他の場所にあったのかもしれない。家畜に関しては，ヒツジとヤギ，馴化種と同定はできないがウシとブタの骨も見つかっている。ただし，ガゼル，カバやワニなどの骨も豊富に出土することから，狩猟と漁猟も依然重要な生業であった。つまり，ファイユーム文化は，それまでの狩猟・漁猟をベースに，農耕・牧畜が加わった生業体系であった。

　それでは，エジプト最古の農耕・牧畜はどこからもたらされたのであろうか。下エジプトというその地理的条件を考えると，新石器文化の先進地域である西アジアが有力候補に挙げられる。ここでは紀元前8000年頃からムギの栽培とヒツジとヤギの家畜を開始している。おそらく，ムギ・ヒツジ・土器という西アジア型の新石器パッケージとして，南レヴァントを経由して導入されたのであろう。

　しかし，そもそもナイル川下流域は豊富な水と耕作地（沖積地）に恵まれ，潜在的に農耕・牧畜にきわめて適した場所であるが，なぜその導入が2,000年以上も遅れたのだろうか。これについて，K.A.バードが，いくつかの理由を指摘している[1]。まず，後に栽培・家畜化されるようになる野生の植・動物がエジプトにはもともと存在しないこと。次に，エジプトと西アジアの接点であるレヴァントでも，農耕・牧畜の出現は紀元前6000年紀以降であり，また，農耕に適さない乾燥地帯であるシナイ半島が自然の障壁となって，その流入を拒んだこと。そして，水と沖積地が豊かなナイル川下流域は，狩猟・採集民にとって恵まれた環境であったため，農耕・牧畜を取り入れる必要性に迫られなかったこと，などである。たしかに，こうしたナイルの自然環境により，農耕・牧畜の開始が遅れたのか

通史

もしれない。

　さて，最古の農耕・牧畜については，前章のナブタ・プラヤ遺跡やバダリ文化でも触れたが，ここでまとめてみたい。まず農耕であるが，ムギ栽培についてはファイユーム文化がエジプトで最も古く，上エジプトのバダリ文化よりも700年ほど早い。ナブタ・プラヤでの栽培は，ソルガムやミレットなどの雑穀である。これら雑穀はアフリカに自生し，その育成に人々がながい時間をかけて関与した結果，栽培種になった。一方のムギはもともとエジプトに自生しないため，外部からの栽培種の導入，それはおそらく南レヴァントからであったとされる。牧畜については，ヤギとヒツジはファイユーム文化が最古であり，これも南レヴァント起源とされる。ウシはナブタ・プラヤ遺跡が最古であり，アフリカ起源となる。

　ウシ・ヒツジ・ムギは，王朝時代を通して人々の生活の根幹をなすものであるが，そうした生活スタイルは，新石器時代から先王朝時代にかけて，アフリカと西アジア双方からの影響を受けて形成されていったのである。

2　メリムデ文化（紀元前5000～4100年頃）

　下エジプトの新石器文化でもう一つ重要なのがメリムデ（現地名：メリムデ・ベニ・サラーマ）遺跡である。遺跡は，デルタ南西の沖積地に接する低位砂漠にある。遺跡は200,000㎡の規模をもち，5層の文化堆積が確認された。第1層から，六条オオムギやエンマーコムギなどの栽培植物，ヒツジやヤギ，ウシやブタなどの家畜の骨が出土しているが，漁猟と狩猟も生業において大きなウェイトを占めていた。この点はファイユーム文化ときわめて似ているが，第2層以降になると，それまでに無かったものが検出されるようになる。それは，家屋と墓だ。家屋は，地面を浅く掘り込んだ3×1.5mほどの楕円形で，粘土で固めた低い壁で囲まれている。家屋

内では、地面に据えられた壺や炉址、石臼などが見つかっている。それぞれの家屋には、バスケットで内張した貯蔵穴が伴い、家族単位で栽培を行っていたことを示唆する。墓に関しては、屈葬の姿勢で楕円形のピットに入れられた埋葬が数多く見つかっている。副葬品はほとんど無い。集落内で墓地のようにまとまった

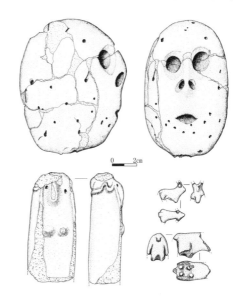

図5-3　人頭模型

埋葬もあるが、家屋の内外の例もある。ただし、これら集落内の埋葬人骨は、女性と子供が圧倒的に多いため、男性は、まだ発見されていないどこか隔離された墓地に埋葬されたのかもしれない。

　この他、メリムデ文化の特徴として、土製の人物像や動物像が挙げられる。動物像は第1層からすでにあるが、なかでも第3層以降から出土した土製の人物顔は特筆される（図5-3）。こうした土製像は、上エジプトでも先王朝時代になると出土するが、メリムデ文化がその起源であったのかもしれない。

3　マアディ・ブト文化 （紀元前3900〜3300年）

　ファイユームやメリムデの新石器文化を受け継いで誕生するのが、マアディ・ブト文化である。遺跡は、ファイユームの入口からカイロ近郊のナイル両岸、そしてデルタ一帯まで広がる。マアディ・ブト文化は、先王朝時代の下エジプトを代表する文化であり、上エジプトのナカダ文化の時期とほぼ並行する。つまり、王朝成立期にお

通史

けるナカダ文化のカウンターパートなのである。ここではその内容について，標式遺跡であるマアディとブトの遺跡をみてみよう。

(1) マアディ遺跡

　マアディ遺跡は，カイロ近郊のナイル川東岸に位置する低位砂漠に営まれた集落遺跡である（図3-1）。生業は，メリムデ文化などの新石器時代と同様，エンマーコムギとオオムギを主要穀物とする栽培と，ウシやブタ，ヤギやヒツジといった家畜動物の飼育を行うが，これまで以上にそれら農耕・牧畜への依存度が高まった。これに加え，ナイルパーチやナマズなどのナイル川での漁猟も活発であった。この遺跡で特筆すべきは，家屋である。植物の柵で囲まれた長方形や楕円形の平地式の簡素な家屋がある一方で，地面を深く掘った地下式の住居施設が存在する（図5-4）。これは，深さ2mほど掘って造られた楕円形または長方形の主体部と，その床面へと通じる階段状の通廊からなり，壁や階段は石で縁取りされている。主体部の床面には，柱穴が多数あることから，屋根が架けられていたとされる。また，炉址や埋設土器もあることから，単なる貯蔵施設ではなく，住居としてマアディの人々はここで生活していたのだ。こうしたあなぐら住居は，これまで六つ発見され，そのうちもっとも

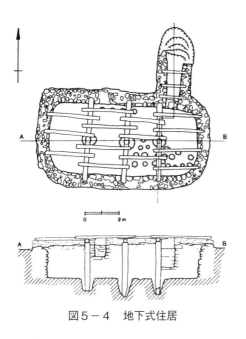

図5-4　地下式住居

64

大きいものは，主体部の全長が8mほどもある。地下式住居はエジプトでは他に例がなく，特異な住居形態といえるが，唯一の類例として，南レヴァントの同時代のビールシェバ文化が挙げられる。それは数十倍も規模の大きな地下住居であるが，マアディがレヴァントと強い関係をもっていたことを示している。南レヴァントとの繋がりは，土器にもみられる。一般的な在地の土器は簡素な粗製であるが，南レヴァントからの輸入土器やその模倣品も出土する。輸入土器はおそらく，ワインやオイルを入れてレヴァント地方から持ち込まれたのであろう。また，ここでは銅の存在も特筆され，道具だけでなく，インゴットや原鉱もあり，分析ではその原産地は南レヴァントとされる。マアディ遺跡では，エジプト最古のロバの骨が出土していることから，レヴァントとはロバを使った陸路交易で結ばれ，モノだけでなく人も頻繁に往き来する，西アジアとの玄関口として機能したのであろう。

　墓に関して，マアディ遺跡では小児埋葬しか見つかっていないが，近接するワディ・ディグラ遺跡で比較的大きな墓地が発見されている。墓は浅く掘った楕円形であり，遺体は屈葬姿勢で埋葬されている。遺体は，頭を南に顔を東に向けた姿勢が多い。これまで471基の墓が確認されたが，そのほぼ半数は副葬品を伴っていない。副葬品があっても，数点の土器や石器のみである。副葬品には，埋葬用に特別に作られたものはなく，土器などは集落で出土する在地の粗製土器と同じである。

　このように，マアディ遺跡にみる埋葬はきわめて質素であり，墓の規模や副葬品の多寡などの格差もなく，エリート墓や厚葬が特徴のナカダ文化とは対照的である。また，集落においても，南レヴァントとの強い関係を示すものの，文化的には簡素であり，ナカダ文化と比較しても社会の成熟度は低く，平等的な社会といえるだろう。

通史

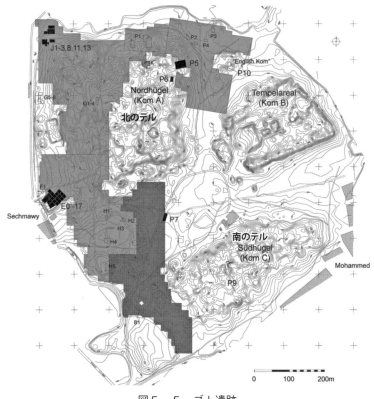

図5-5　ブト遺跡

（2）ブト遺跡

　ブト（現地名：テル・エル＝ファライン「ファラオの丘」の意）の遺跡は，デルタ北西部の地中海から40kmの内地に位置する（図3-1）。デルタは毎年，ナイル川の堆積作用により海岸線を押し広げているので，かつては海岸に近接していたとされる。遺跡は二つの大きなテル（人工的な丘）と神殿域で構成され，全体で直径1kmにも及ぶ（図5-5）。古代において，ブトは「ペ」と「デプ」とよばれる二つの町からなり，コブラのウアジェト神の信仰地として栄えた。ここでの調査は100年以上前に始まり，初期王朝からギリシア・ローマ時代まで継続的に利用されたことがわかっている。しかし，先王朝時

66

代については，堆積層が厚く，地下水位も高いため，発掘が困難であり，その存在を確認することができないでいた。よって，第3章冒頭で述べた，神々が支配する時代における下エジプトの中心地というブトの神話は，ながらく伝説のままであった。それに果敢に挑んだのがドイツ隊である。1980年代，彼らは伝説か史実かを確かめるため，北のテルにて調査を開始した。24時間ポンプを使って地下水を汲み上げながらの調査である。そしてついに，地表下7mで先王朝時代の層を検出することに成功した。土器をはじめとする物質文化は，マアディ遺跡のそれと類似する。時期的には，マアディ遺跡が途絶えるころに，ブトが営まれるようになる。やはりここでも，南レヴァントとの関係が色濃く，装飾を施した良質なレヴァント系土器が出土する。

　ブト遺跡の調査で最大の成果は，先王朝時代から古王国時代に至る連続的な層位が確認されたことだ。最下層はマアディ・ブト文化であり，過渡期を挟んでその上層では，土器や石器がナカダ文化のものへと変化する。この層から日乾レンガの使用も始まる。両文化が徐々に置き換わる過渡期はナカダⅡ期末にあたり，この時期にナカダ文化が北へと拡散したことが，考古学的証拠として初めて認識されたのだ。ブト遺跡での発見以降，デルタの他の遺跡でも同様な変化が確認されるようになり，王朝成立に先駆けて，下エジプト全体でナカダ的文化へと変容することが明らかとなった。

4　王朝の成立

　先王朝時代で，最大のイベントであると同時にその終焉となるのが，王朝の成立だ。これまでみてきたように，上エジプトには複雑化の進んだ成熟社会のナカダ文化があり，一方，下エジプトには比較的平等な社会であるマアディ・ブト文化が存在していた。王朝の成立とは，この二つの文化が統合され，人類最初の領域国家が誕生

通 史

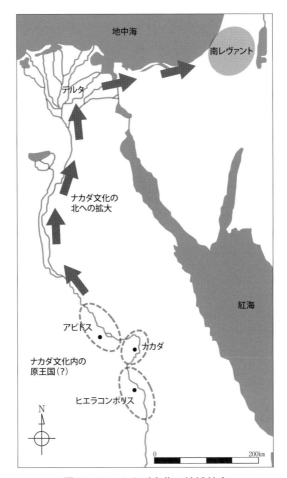

図5-6　ナカダ文化の地域統合

することを意味する。そのプロセスは，ナカダ文化が北へと拡大していき，マアディ・ブト文化を取り込み，最終的に一人の王が君臨する国家が樹立されるというものである。これを最初に提唱したのはW.カイザーだが[2]，彼は考古資料をベースに拡大過程を示したものの，それが物質文化からは認識が難しい政治的側面にまで解釈を広げてしまった。そこで彼の研究以降，文化的統合と政治的統合を区別して考えるようになっている。

第5章　下エジプトの文化と王朝成立（先王朝時代2）

　まず文化的統合について，ブト遺跡で層位的に確認されたように，ナカダⅡ期末からナカダ文化が下エジプトへ徐々に拡大し，ナカダⅢ期初頭には，マアディ・ブト文化の領域をナカダ的物質文化が凌駕し，統合に至る。そのプロセスについて，ブトを調査した二人の研究者から異なる解釈が提示されている。T.フォン・デァ・ヴァイは，ナカダ文化の拡張は南の集団が移住し，北の人々と共存・同化した結果とする[3]。一方，E.C.ケーラーは，ナカダ集団の移住を否定する[4]。彼女は，北と南という単純な区分ではなく，エジプト全体を一つの共同体とみなし，その内部において，地域間の交易・交流が活発化し，共同体全体が発展した結果，ブトにみる変化が現れたとする。どちらの見解についても，いまだ確証たる考古学的資料は得られていないが，ケーラーのいう交易・交流だけで，南の文化が北に濃密に広がるのか疑問に残る。また，エジプト全体を一つの共同体とみなすが，北と南の物質文化の差異は明白で，考古学的には異なる二つの社会集団と捉えざるを得ない。やはり，フォン・デァ・ヴァイが述べるように，集団の移動なしに文化的統合は起こらないように思われる。

　いずれにせよ，重要な点は，ナカダ文化が拡大したその背景である。ナカダ文化内の人口増加による流入など諸説あるが，南レヴァントとの交易路の掌握が最も大きいと考える。ナカダⅡ期後半から，波状把手付土器など南レヴァント系の遺物が増加し，Ⅲ期では，同じく南レヴァント産とされるアビドスU–j墓出土の大量のワイン壺が挙げられる。さらに直接的な接触を示す資料もみられる。南レヴァントの一地域では在地粘土によるエジプト的土器やエジプト的建造物が発見され，エジプト人の入植（植民地）によるものとされる。つまり，ナカダ文化のエリートたちが，エジプトにはないレヴァントの製品や原材料を安定的に供給する交易路を確保するため，下エジプトへと拡大していったと考えられる（図5–6）。それは，ステ

ータス・シンボルのためである。その結果，中継地点となった場所で南からの入植が進み，デルタにナカダ文化が浸透していったのだろう。

　一方の政治的統合については，これまで二人の研究者からモデルが提示されている。B.J.ケンプのモデルはモノポリーの考えを援用したもので[5]，T.A.H.ウィルキンソンはそれに考古資料を用いてある程度肉付けさせたものである[6]。両者のモデルを総合すると，当初は多数の小規模な政治集団が均質に存在しており，そこから五つの中心的集団が出現する。その後，淘汰・統合が進み，アビドス，ナカダ，ヒエラコンポリスが原王国として並立する（図5-6）。やがてナカダが力を失い，残ったアビドスとヒエラコンポリスが最終的に統合され，これが北へと進行して王朝が成立する，というものである。たしかに，ナカダ遺跡はナカダⅢ期から大型墓の減少がみられることから，おそらくナカダの集団は地域統合の過程で弱体，または他の共同体に吸収されたのであろう。一方アビドス遺跡は，その後も初期王朝時代の王墓地としてその重要性が維持され，ヒエラコンポリス遺跡も，王朝時代に王権の象徴であるホルス神の信仰地としてその重要性が保持されたことから，これら大型遺跡の集団が地域統合過程の中心的役割を演じ，かつ王朝成立を成した遂げた可能性は高い。

　最後に，最終的な政治的統合がどのように遂行されたかについて考えたい。つまりナルメル王のパレットに描かれる武力制圧があったのかについてである（図5-7）。パレット表面の上段では，下エジプトの象徴である赤冠を被ったナルメル王が旗竿（スタンダード）を持った従者を引き連れ行進し，その先には切られた首を股に挟んだ敵が横たわる。旗竿とは，紋章のようなもので，地域集団の信仰や象徴の対象である動物などの意匠を竿に付けたものである。下段では，王を表象するウシが周壁をもつ町を破壊している。裏面では，

第5章　下エジプトの文化と王朝成立（先王朝時代2）

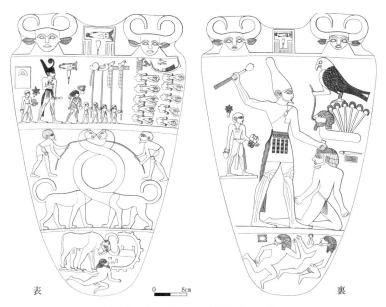

図5−7　ナルメル王のパレット

　上エジプトの象徴である白冠を被ったナルメル王が，棍棒で敵を打ちのめし，その上方では，王権の象徴であるホルスが，パピルスの生えた敵（擬人化した湿地）を押さえつけている。パピルスはデルタに繁茂する植物であり，下エジプトの象徴であることから，このパレットは南のナルメル王が北の民を軍事力で制圧したことを示す資料として古くから解釈されてきた。だが近年，その解釈を巡って賛否が分かれている。
　まずこれまで通り歴史的記述と解釈するG.ドレイヤーは，アビドスで出土した豊富な文字資料から，当時の日付は年の名前で示され，その年の最も重要な出来事にちなんで名前が付けられていたことを突き止めた。つまり，ナルメル王のパレットも彼が北の統合を果たした年を示しており，それは軍事的統合の歴史的事実を描いているとする[7]。
　対してケーラーは，年の名前は行政の運営上きわめて重要で，そ

71

の年の初めに決めなければ混乱を招くとして，彼の見解を否定する[8]。彼女によれば，王が棍棒で敵を打ち負かす図像は，王朝時代を通して変わらず用いられ，それは権力と秩序を保つ王の役割を示すものであり，ナルメル王のパレットも同じく概念的な表現であるとする。また，近年アビドスから出土したナカダⅠ期後半の土器に，棍棒を持って敵を服従させる絵が描かれていたことから，こうしたチーフはナルメル王よりも600年前から存在し，彼のパレットはそうした図像表現の長い歴史の延長線上に成り立っているとして，戦闘の歴史的事実を記録したものではないとする。いわば，平和裏な統合を想定する。

　どちらの意見も資料分析を通じて得たものであり判断は難しいが，黎明期の先王朝時代にE.C.ケーラーがいう図像表現の定型化を想定できるであろうか。ナルメル王の棍棒頭の図像がヒエラコンポリス遺跡の初期神殿と酷似する例（第4章）もあることから，この時代は，それまでの図像表現を参照しつつも実際の出来事を描いていたと考えられる。加えて，歴史的にみても古代エジプト人は頻繁に戦闘を行っており，それは人類史においても同様で，現代でも覇権・領土争いで戦争を繰り返している。文化・社会の異なる集団を統合することが平和裏に遂行されたとは考え難い。

主要参考文献

Hendrickx, S. 2014 "The emergence of the Egyptian state", in Renfrew, C. and Bahn, P. (eds.), *The Cambridge World Prehistory Vol.1*, Cambridge: 259-278.

Stevenson, A. 2016 "The Egyptian Predynastic and State Formation", *Journal of Archaeological Research* 24: 421-468.

Wengrow, D. 2006 *The Archaeology of Early Egypt: Social Transformations in North-East Africa, 10,000-2,650 BC*, Cambridge.

第5章　下エジプトの文化と王朝成立（先王朝時代2）

引用

1) Bard, K.A. 2007 *An Introduction to the Archaeology of Ancient Egypt*, Oxford: 84.
2) Kaiser, W. 1957 "Zur inneren Chronologie der Naqadakultur", *Archaeologica Geographica* 6: 69–72.
3) Von der Way, T. 1992 "Excavations at Tell el-Fara'in/Buto in 1987–1989", in Van den Brink, E.C.M. (ed.), *The Nile Delta in Transition: 4th.-3rd. Millennium B.C.*, Tel Aviv: 1–10.
4) Köhler, E.C. 1995 "The State of Research on Late Predynastic Egypt: New Evidence for the Development of the Pharaonic State?", *Göttinger Miszellen* 147: 79–92.
5) Kemp, B.J. 2006 *Ancient Egypt, Anatomy of a Civilization* (2nd edition), London and New York: 73–78.
6) Wilkinson, T.A.H. 2000 "Political Unification: Towards a reconstruction", *Mitteilungen des Deutschen Archäologischen Instituts, Abteilung Kairo* 56: 377–395.
7) Dreyer, G. et al. 1998 "Umm el-Qaab. Nachuntersuchungen im frühzeitlichen Königsfriedhof. 9./10. Vorbericht", *Mitteilungen des Deutschen Archäologischen Instituts, Abteilung Kairo* 54: 77–167.
8) Köhler, E.C. 2002 "History or Ideology?: New Reflections on the Narmer Palette and the Nature of Foreign Relations in Predynastic Egypt", in Van den Brink, E.C.M. and Levy, T.E. (eds.), *Egypt and the Levant: Interrelations from the 4th through the Early 3rd Millennium B.C.E.*, London and New York: 499–513.

第6章

ファラオと王朝文化の形成
（初期王朝時代）

　エジプト王朝の成立を成し遂げたナルメル王に始まる第1王朝と、続く第2王朝を合わせて初期王朝時代とよぶ。この時代は、新たな国家体制に向けて、首都、行政組織、王宮文化、王権観などが整いはじめ、およそ3,000年間続くエジプト文明的なるものを生み出した。

通 史

1 ファラオの系譜

マネトの「エジプト史」によれば，第1王朝はメネスにはじまり，そのあと7人のファラオが支配したとする。この伝承とも言える王系譜において，エジプト学で長らく議論されていた問題が，「メネスとは誰か？」である。なぜなら，第1王朝の時代に，メニの名前

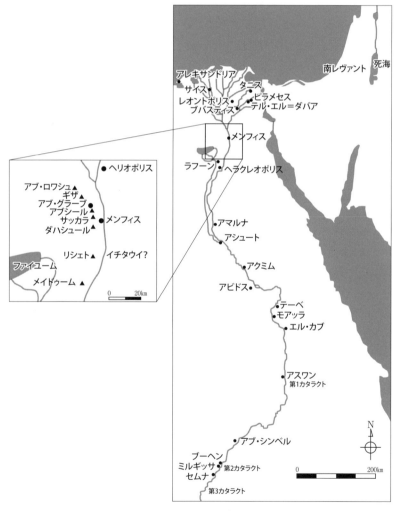

図6－1　遺跡地図（王朝時代）

第6章　ファラオと王朝文化の形成（初期王朝時代）

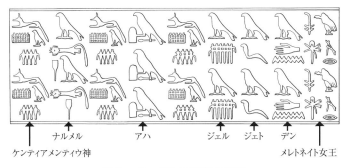

図6-2　デン王時代の印影

が考古学的に発見されないからであった。そこでメネスの同定を巡って，ナルメル王，アハ王，または神話上の王など様々な議論が戦わされてきた。そうしたなか，アビドスで調査するドイツ隊が，決定的な資料を発見した。それは，壺を密封する粘土に押された印影（シーリング・スタンプ）である（図6-2）。そこには第1王朝のデン王から遡って先代の王名が連記されており，その最初がナルメル王であった。これはデン王時代の印影だが，第一王朝最後のカア王のものでも最初の王はナルメルであった。これらアビドスの資料により現在，最初のファラオがナルメルであることが史実として認識されている。また，ナルメルに次ぐ7人の王についても，彼らが実在し，その統治順序も確定された。

　第2王朝のファラオについては，資料不足から曖昧な点が多い。マネトによれば，9人の王が即位したとされるが，考古学的に確認できるのは7人の王名だけである。さらに，これまで発見された王墓は4人（ヘテプセケムイ，ニネチェル，ペルイブセン，カセケムイ）だけである。第2王朝の歴史が不明瞭なことについて，当時の政治情勢が不安定であったとの意見がある。たしかに，ヘテプセケムイとニネチェルの王墓はサッカラに造られたが，ペルイブセンとカセケムイはアビドスの第1王朝の王墓の近くに造営していることから，原点回帰を計らなければならないほど政治的に混乱していたとも考えられる。

77

2　首都メンフィスの創設

ナルメル王による王朝成立後，最初の首都がメンフィスに築かれる（図6-1）。ここが首都に選ばれた理由は，そのロケーションにある。メンフィスは，上エジプトのナイル渓谷と下エジプトのデルタが接する場所にあり，両地域を政治的，経済的，軍事的に掌握しやすいのだ。近年の研究では，ナルメル王以前の時代からメンフィスの名前が確認されており，その地政学的な重要性はすでに認識されていたようだ。初期王朝時代のメンフィスは，「イネブ・ヘジュ」とよばれていた。これは「白い壁」の意であり，由来は王宮の壁が石灰岩で造られていたと考えられている。王宮はファラオの住居であるとともに，王権と政治の中心でもあることから，首都メンフィスの象徴としてこの名称が用いられたのであろう。しかし現在，メンフィスでは往古の姿をうかがい知ることはできない。なぜなら，ナイル川の厚い沖積土に覆われ，さらにその上に現代の家屋や農地があるため発掘調査が進まず，新王国時代のプタハ神殿などの一部の遺構を除いては，その全体像がわかっていないのが現状である。ただし近年の研究により，初期王朝時代のメンフィスは，サッカラ北部崖下にあった可能性が示されている（テーマⅢ参照）。

3　行政組織

王朝成立とは国家の誕生であり，それは首都メンフィスを中心に，南はアスワンから北は地中海沿岸までの領域を統治することを意味する。それには，行政組織の発達が不可欠であることはいうまでもない。すでに文字をもち，成熟した社会を築いていたナカダ文化のエリートたちは，ファラオをトップとする官僚組織を確立していった。当時の社会において大多数は農民であるため，官僚たちにとっては，領域全体で農民をファラオの臣民として管理する行政組織が必要であったと思われる。T.A.H.ウィルキンソンによれば，当時の

第6章　ファラオと王朝文化の形成（初期王朝時代）

行政組織は，頂点にファラオとそれを取り巻く王族グループが君臨し，その直下に「宰相」が位置する（図6-3）。宰相とはファラオの片腕として行政を指揮する職位である。古くは「ナルメル王のパレット」の表面に現れ，ナルメルの前で先導する人物に宰相と書かれている（図5-7）。さて，この宰相のもとに三つの組織（宮廷関係，地方統治関係，租税関係）がぶら下がる。宮廷関係は中央政府ともいえ，行政の中枢をなす王宮や葬祭施設などが含まれる。また王の「御料地」も存在していたことが文字資料から判明しており，ワインづくりのブドウ園も含まれる。その大部分は，農地が豊富なデルタを中心とする下エジプトである。御料地は官僚が管理し，そこで生産される食糧を中心とする品々は，王宮へと運ばれ，また副葬品としても供給されたであろう。地方統治関係では，上エジプトと下エジプトにそれぞれ「知事」を配置し，さらにより狭い地域を管轄する「市長」がその下に付く。加えて，砂漠地帯や領域外（外国）の防衛・管理する部署もあったとされる。この地方統治をベースに実施されるのが，租税関係の組織である。大きくわけて，上エジプトと下エジプトでそれぞれ農民から穀物余剰を徴税し，それを中央政府が管理する貯蔵庫に備蓄される。租税の目的は，官僚組織や神官，職人など自ら食糧生産を行わない人々への支給，また備蓄を元手に中央政府による，パンやビールの製造，オイルや亜麻布など他製品との

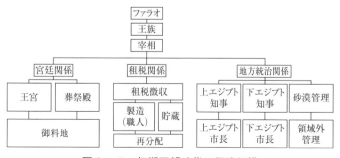

図6-3　初期王朝時代の行政組織

79

通史

交換などである。そして租税の最も重要な点は，臣民に対する「再分配」である。飢饉が起きた際に備蓄穀物や製品を臣民に与え，さらに国家事業に従事した者への労働対価として払う。つまり，租税と再分配により，臣民は支配されつつも，安全・保障を受けられるのである。逆に，中央政府にとっては，経済基盤の安定により王の墓や祭祀施設の建造が可能となり，それが王権の維持と臣民への誇示につながるのだ。

4　ノモスの萌芽

　「ノモス」とは，州や県に相当する地方の行政区分である。ノモスはギリシア語であり，古代では「セパト」とよばれていた。王朝時代には，上エジプトには22のノモス，下エジプトには20のノモスが存在した。各ノモスには行政の中心地があり，王によって任命された君主によって管理されていた。初期王朝時代には，ノモスのシステムはある程度整備されていたようであり，これにより，租税と再分配をスムーズに行うことができたのだ。ノモスは，こうした政治・経済的機能だけでなく，宗教においても重要な役割を演じていた。中心地にはそれぞれの地域で信仰する神を祀る神殿があり，その神はノモスの名前として採用されることが多く，またシンボルとして旗竿の上に標章される。この旗竿は先王朝時代にもあることから，ノモスのシステムは初期王朝以前に遡るとの意見もある。例えば古くは，ナカダⅡ期後半の彩文土器の図像であり，そこには船の上に旗竿が立てられている（図6-4）。またナルメル王のパレット表面にもみられ（図5-7），ナルメルの前で行進する4人の従者が旗竿を掲げており，ナルメルが王朝樹立以前に上エジプトで統合したいくつかの地域のシンボルであり，それがノモスの前身と考えられるのだ。

第6章 ファラオと王朝文化の形成(初期王朝時代)

5 王墓と高官墓

　このように初期王朝時代は，高度に組織化された社会を生み出したが，その社会階層のヒエラルキーは，墓において明瞭にみてとれる。つまり，行政の中枢を司る王や官僚の墓は，ひときわ巨大で，副葬品の量も格段に多いのだ。これはまた，エジプト文明の代名詞ともいえる巨大建造物文化の幕開けでもある。

図6-4
ナカダ文化土器に描かれた旗竿

王族や高級官僚などのいわゆる高官墓は，首都メンフィスの墓地として新たに開発されたサッカラ北部に築かれた。一方王墓は，先代にならって引き続きアビドスに築かれた。ただし，第2王朝ではサッカラにも王墓が建造された。この時代の墓は全て，マスタバ墓である(図6-5)。「マスタバ」とはアラビア語でベンチの意味であり，現代のエジプト人が使う背もたれのないベンチに似ていることからその名が付けられた。マスタバ墓は，長方形の地上の建物と地下の

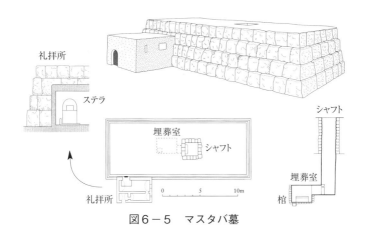

図6-5　マスタバ墓

81

埋葬室からなる。地上建物には礼拝所や副葬品を納める貯蔵室がある。地下埋葬室は，シャフト（竪坑）で地上と繋がり，ここに被葬者のミイラが安置される。この形式は，支配者層の墓として中王国時代まで継続して造られた。

　高官墓は，北サッカラの砂漠台地縁辺に沿って南北に立ち並ぶ（図6-6）。20世紀前半，イギリスのW.B.エマリーによる発掘調査で，その具体像が明らかとなった。墓は全て日乾レンガづくりのマスタバ墓であり，規模は様々だが長辺が65mにも及ぶ例もある。貯蔵室からは大量の副葬品が見つかり，例えばセケムカ（3504号）墓では，激しく盗掘されつつも，全68室から約2,500個の土器壺，約1,500個の石製容器が出土している（図6-7）。マスタバ墓の外壁は，王宮の外観を模倣したとされる凹凸壁（王宮ファサード）で飾られ，マットをモチーフにした幾何学紋様で彩色される。殉葬墓や壁体を伴う墓もある。ちなみに，王宮ファサードはこれまで西アジア起源とされ，エジプト文明誕生に外来文化が

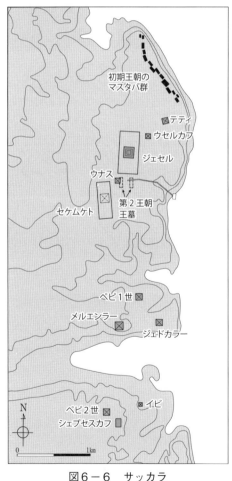

図6-6　サッカラ

第6章　ファラオと王朝文化の形成（初期王朝時代）

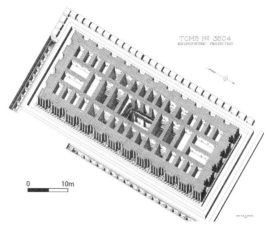

図6-7　サッカラのマスタバ墓（セケムカ）

影響したとする証拠とされて久しいが，近年では，王宮ファサードを描いた王名枠（セレク）（テーマⅡ参照）がナカダⅢ期に遡ることや，凹凸壁のような日乾レンガ装飾もナカダⅢ期の墓に見出すことができることから，エジプトで独自に発達した支配者層の象徴と考えられている[1]。

一方，アビドスの王墓は，ウンム・エル=カーブの墓地に造営された（図6-8）。ここには，ナカダⅢ期の支配者層の墓地（U-j墓など）もあり，初期王朝の王墓がそれから連続して南に展開することから，アビドスは王家の出身地とみなされている。19世紀末のピートリの発掘と近年のドイツ隊の調査により，これまで11人の王の墓が見つかっている。ジェル王以降の第1王朝の王墓は基本的に同じ構造であり，地下を掘って日乾レンガで造られた埋葬室とそれを取り囲む副室（貯蔵室）から成る。王墓はどれも盗掘されているが，唯一発見されたジェル王のミイラ化された腕には，様々な貴石で作られた装飾品が巻き付けられており，当時のファラオの豪華さをうかがい知ることができる。地上建物は残っていないが，日乾レンガで造られたマスタバ状のマウンドであったと復元されている（図6

83

通史

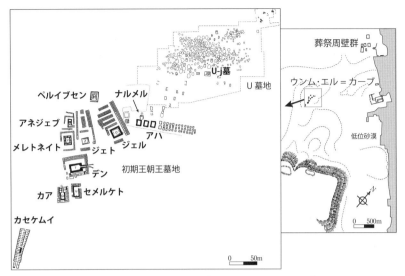

図6-8　アビドスのウンム・エル＝カーブ

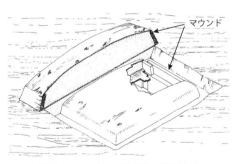

図6-9　ジェト王墓（復元図）

-9）。このマウンドは,「原初の丘」という古代エジプト人の世界観を反映したものとされる（テーマⅠ参照）。

　王墓の周囲には, 同一規格の小部屋が連なる構造の付属墓が伴う。ジェル王墓が最大で, 200以上の付属墓がめぐる。付属墓は, 王宮で仕えた人々の殉葬墓と一般的に解釈されるが, 実際に王の死去に伴って殺されたことには懐疑的な意見もある。こうした付属墓で興味深い点は, 王墓とともに設計段階から計画されたことがプラン図

第6章　ファラオと王朝文化の形成（初期王朝時代）

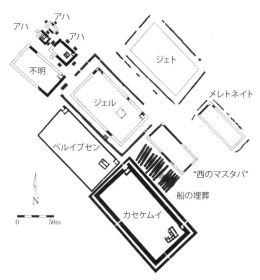

図6-10　アビドスの葬祭周壁

からうかがわれ，それは，先王朝のヒエラコンポリス遺跡のエリート墓で想定されたように（第4章参照），初期王朝の王墓でも生前の王宮環境が再現されている可能性が高いことである。古代エジプト人は，墓を「来世の家」と考えていたが，その概念がこの頃から生まれていたのかもしれない（テーマX参照）。

　さて，第2王朝になると，王墓地がサッカラへと移る（図6-6）。ヘテプセケムイとニネチェルの王墓は，上部の建物は残っていないが，地下施設が発見されている。石灰岩の岩盤を掘って長い通路が幾本も走り，通路の両側に無数の部屋が並ぶギャラリーとなっている。まさに迷路である。その後，ペルイブセンとカセケムイは再びアビドスに戻り，大規模な王墓を建造する。カセケムイの墓は，日乾レンガで建造するも，そのプランは先代の迷路構造に倣い，埋葬室を中心にギャラリー状に副室（貯蔵室）が並ぶ。

　アビドスでは，墓以外にも王に関連する施設がある。それは砂漠縁辺に建造された巨大な「葬祭周壁」である（図6-10）。これま

85

で，整然と並ぶ8基の葬祭周壁が確認され，その内6基は建造者の王名（アハ，ジェル，ジェト，メレトネイト，ペリイブセン，カセケムイ）が同定されている。どれも日乾レンガ製で長方形をなし，最も良く残るカセケムイ王の周壁の規模は126×65m，高さ11mもある。外壁は王宮ファサードで装飾され，東面の北と南にそれぞれ入口がある。周壁の内部には，南東隅に小さなプラットフォームがあるのみで，他に目立った構造物はない。カセケムイの周壁近くからは，全長27mほどの船を納めた「船の埋葬」も14基発見されている。この周壁の用途について，ウンム・エル＝カーブの王墓とその埋葬や葬送に深く関連することは確かである。おそらく，遺体を埋葬する前の葬送儀礼がここで行われていたのであろう。ただし，これまでいわれてきたような，死後も継続して王の祭祀が行われていたことはなかったようだ。L.ベストックによれば，最後に建造したカセケムイの周壁以外はどれも意図的に破壊されていることから，生前から王の儀式が執り行われ，その死とともに周壁も殺し，一緒に埋葬するといった性格のものであったという[2]。

かつてW.B.エマリーは第1王朝の王墓について，大規模なサッカラの墓こそが王墓であり，アビドスの墓は王の魂を納めるセノタフ（空墓）と解釈した[3]。しかしドイツ隊の再調査により，アビドス墓の規模が明らかとなり，さらに葬祭周壁の存在からも，近年の研究ではアビドスこそが王墓とする解釈で落ち着いている。

初期王朝時代のこうした埋葬・祭祀に関わる巨大建造物は，王権の確立を物語っており，それを象徴する建築要素は，ピラミッドが建設される次の時代へと確実に引き継がれていく。

主要参考文献

Spencer, J. 1993 *Early Egypt: The Rise of Civilization in the Nile Valley*, London.

Wilkinson, T.A.H. 1999 *Early Dynastic Egypt*, London.

引用

1) Hendrickx, S. 2008 "Les grands mastabas de la 1re dynasties a Saqqara", *Archéo-Nil* 18: 60–88.
2) Bestock, L. 2011 "The First Kings of Egypt: The Abydos Evidence", in Teeter, E. (ed.), *Before the Pyramids: The origins of Egyptian civilization*, Chicago: 33–44.
3) Emery, W.B. 1954 *Great Tombs of the First Dynasty II*, London: 1–4.

第7章

ピラミッドの誕生と展開
（古王国時代1）

　第3王朝から第6王朝までを「古王国時代」とよび、王をトップとする中央集権体制が頂点を極める時代である。この時期は「ピラミッド時代」ともよばれ、王たちは自らの巨大な石造ピラミッドを建てた。ピラミッド建設には、建設技術のみならず、資材調達や労働力の組織的な管理などが必要であり、成熟した官僚組織の存在があってはじめて可能となる。ここではピラミッドについて、その誕生から真正ピラミッドの成立までを追ってみたい。

通史

1 ジェセル王の階段ピラミッド

　エジプトで最初に建てられたピラミッドは，第3王朝最初の王ジェセル（ネチェリケト）の階段ピラミッドだ（図7-1）。これはあらゆる点で革命ともいえる。ピラミッドという全く新しい建築様式の幕開けのみならず，エジプト史上初の総石造の建物でもあり，本格的な大型石造建築の開始を告げるものだ。この革命の立役者がイムホテプである。彼はジェセル王の宰相であり，建築，神学，医学，天文学などあらゆる分野に造詣が深く，後に神格化されたほどの人物である。彼なしにはピラミッドは誕生しなかったであろう。イムホテプは，太陽神の総本山であるヘリオポリスの神官でもあり，そのため，太陽に向かって昇っていくようなピラミッドの形状を発案したのかもしれない。

　ジェセル王の階段ピラミッドは，サッカラ砂漠台地のほぼ中央に位置する（図6-6）。ピラミッドはコンプレックス（複合体）をなし，周壁の中に，ピラミッド本体と様々な施設が内包される（図7-2）。周壁（550×280m）内のほぼ中央に配置された階段ピラミッドは，その名の通り傾斜面が6段の階段状に築かれている。この形状は一度の建設工程で生み出されたものではなく，数回の増改築を経て完成された。J.-P.ロエールによれば，最初は正方形の石造マスタバであり，横方向への拡張後，縦方向への増築を2回経て，高さ62.5mのピラミッドが完成したようだ（図7-3）[1]。そのためか，ピラミッドでは唯一，平面が長方形をしている（121×109m）。比較的小型の石灰岩ブロッ

図7-1　ジェセル王の階段ピラミッド

第7章　ピラミッドの誕生と展開（古王国時代1）

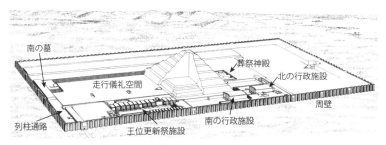

図7－2　ジェセル王のピラミッド・コンプレックス

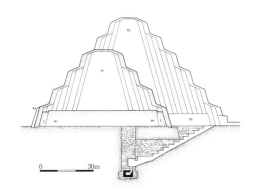

図7－3　階段ピラミッドの増築過程

クを用いて，層状に積んでいる点も特徴的だ。層状とは，ブロックを中心に向かって傾斜させて幾層にも積んでいく方法である。断面からは斜めのラインが層状にみえる。ピラミッドの地下には，巨大なシャフトの底部に赤色花崗岩で築かれた玄室が設けられ，かつ北側からの階段でもアクセスできる。玄室の周囲は，通路が複雑に走る巨大なギャラリーとなっている。これは，第2王朝の王墓の地下構造を踏襲しているのであろう。有名な青色タイルで装飾されたセド祭のレリーフは，この地下の一部にある。

　地上の施設には，ピラミッド北面に隣接する葬祭神殿とセルダブ，エジプトの北と南をそれぞれ司るための二つの行政施設（パビリオン），王位更新祭（セド祭）用施設，周壁の入口から続く列柱通路な

91

図7-4 階段ピラミッド列柱通路

どがある。セルダブとは，閉ざされた小さな部屋の中に彫像が安置されたもので，ここでは王の霊が外界をみられるように北壁に一組の丸い穴が開けられている。ピラミッドの南側は広い中庭となっており，ここで，王がセド祭の走行儀礼を執り行ったとされる。周壁内の南隅には「南墓」とよばれる謎の地下構造物がある。ピラミッドはないが，巨大な竪坑が地下に向かって垂直に伸び，その底部に赤色花崗岩の部屋がある。その周りにはギャラリーが走り，青色タイル装飾のレリーフも存在する。つまり「南墓」は，階段ピラミッドの地下と同じ要素をもっているのだ。その目的は，下エジプトのサッカラに対応する上エジプトの象徴とされ，「上下２国の支配者」たる王がここに表現されたと考えられる。

ジェセル王のピラミッド・コンプレックスは，その全てを石灰岩で築いた最初の石造建造物だが，しかしその意匠は，それまでの建造物が建材としていた葦や木などの植物をモチーフにしている。例えば石柱には，束ねた葦が表現されている（図7-4）。つまり，これまでの伝統を受け継ぎながら，そこに永遠性を求めたのである。しかし，これほどの大規模な石造建築を可能にするには，石材加工と建築の技術の飛躍的向上のみならず，建材調達や労働者を組織的に統制しなければならず，そこにはジェセル王を頂点に据える強力な王権国家の誕生が読み取れる。

第7章　ピラミッドの誕生と展開（古王国時代1）

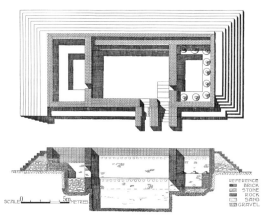

図7-5　高官墓にみるピラミッド要素の萌芽

2　ピラミッドの成立過程

　ジェセル王の階段ピラミッドは，突如として誕生したのではない。初期王朝時代のマスタバ墓にその胎動がみてとれる。その一つは，石材の部分的な利用である。サッカラの官僚墓では，デン王の時代から埋葬室の入口が巨石の落とし戸で封じられるようになり，アビドスにおいても，同じくデン王の墓から埋葬室の床面に花崗岩が使われるようになり，カセケムイ王墓では埋葬室の全面が石灰岩で構築されるようになる。つまりこの時代から，石材の加工と運搬の技術が徐々に高まっていったのである。ピラミッドの建築的要素の萌芽もこの頃からみられる。サッカラの高官墓では，第1王朝末からマスタバ内部にマウンドや日乾レンガの階段が造られるようになる（図7-5）。これは最終的に外壁に覆われて外見的には見えないものだが，階段ピラミッドへと建築的だけでなく概念的にも繋がっていくものである。
　また，ピラミッド・コンプレックスの成立について，それまでの葬祭施設の融合とする意見がある[2]。つまりそれは，アビドスで別々に造営されていた初期王朝時代の王墓と葬祭周壁の融合である。前

通史

章で述べたように、葬祭周壁は王の死とともに意図的に破壊されていたが、第2王朝最後のカセケムイ王ではそれが踏襲されずに残された。葬祭周壁の機能がここで変化し、死後も利用するようになったと考えられる。そしてジェセル王が、葬祭周壁とマスタバ墓を融合させ、王の埋葬と死後も継続して祭祀活動を行う複合施設としてピラミッド・コンプレックスを完成させたのであろう。

3　真正ピラミッドの誕生

　第4王朝になると、ピラミッドに大きな変化が起こる。それは真正ピラミッドの登場である。真正ピラミッドとは、側面が二等辺三角形をした我々がもっともよく知る形状である。これを最初に考案したのが第4王朝最初の王スネフェルだ。驚くことに彼は巨大ピラミッドを3基も建設したが、そこには真正ピラミッド完成までの試行錯誤がうかがえる。スネフェル王はまず、ファイユーム入口のメイドゥームにて、最初のピラミッドの建設に着手する。現在「崩れピラミッド」とよばれるこれは、外装のブロックが崩れて内部構造が露呈しているが、そのため建設方法がよくわかる（図7-6）。当初スネフェル王は、7段の層状階段ピラミッドとして建設に着手、その後8段に拡大させた。しかし彼は、他の二つのピラミッドの建設に着手したのち再びここを訪れ、階段部分に石材を積み、高さ92m、底辺144×144m、角度51°50′の真正ピラミッドへと変更させたのだ。

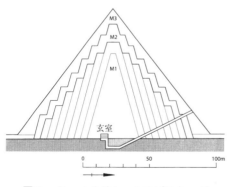

図7-6　メイドゥームのピラミッド

　このピラミッドでは、他にも新たに誕生した要素がある。その一つは、

94

玄室を地上レベルに設けたことだ。石材を積みながら玄室を造らなければならず，それには高度な建築技術が必要である。また，玄室の天井の「持ち送り積み」も新しい。これは，長い板状石材を一段ごと内側に張り出させて積んでいく建築技法であり，天井にかかる重量を軽減させる効果があるという。持ち送り積み天井は，このピラミッドで初めて登場し，その後も長く引き継がれていく。

　メイドゥームのピラミッドは，過渡期のものとして興味深い。今では崩れてしまっているが，それまでの伝統的な階段ピラミッドを核とし，新たな概念である真正ピラミッドの外観を併せもつ，いわばハイブリッドのピラミッドなのだ。崩壊した要因として，51°50′という角度が急すぎたとの意見もあるが，後述するクフ王のピラミッドもほぼ同じ角度であり，問題はおそらく，融合したがため，構造的に無理があり崩壊してしまったのではないだろうか。

4　屈折ピラミッド

　スネフェル王は，ダハシュールにてさらに二つのピラミッドを建設する（図7-7）。南の「屈折ピラミッド」と北の「赤いピラミッド」だ。屈折ピラミッドは，その名の通り傾斜角度が途中で変化するのが最大の特徴だ（図7-8）。下部の角度は54°27′，上部は43°22′。この角度変更の意味についていくつかの説が出されているが，最も有力視されているのが重量軽減策である。ピラミッドは当初，60°という比較的急な角度で建設が始まったが，何らかの構造的問題が発生したため，増築して一回り大きくしつつ角度を54°に変更した。さらに，高さ46mほど積んだ段階で内部構造にさらなる崩壊の危機が生じたため，43°に切り替えて重量の軽減を図ったとされる。たしかに，この説のとおり，内部にはヒビ割れを補修した痕跡がある。ただしそれだけではなく，角度変更には王が求める角度と建築技術の変化があったとも考えられる。ピラミッドの下部は，ブロックを

通史

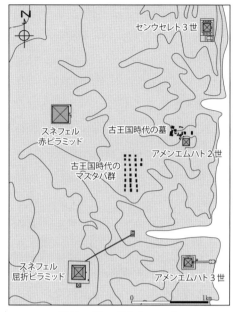

図7-7　ダハシュール

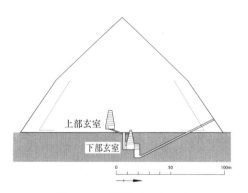

図7-8　屈折ピラミッド

内側に傾けて積む伝統的な建築方法だが，上部は水平に積むというそれまでにない新たな方法をとっている。そしてこの上部は，スネフェル王のもう一つの赤いピラミッドと，傾斜角度と水平積みの点で共通する。つまり，屈折ピラミッドの下部を建設していたある時

点で，スネフェル王は赤いピラミッドの建設に着手し，これが王の最終的に求めた角度であったため，屈折ピラミッドの上部の角度もそれにならって変更したとも考えられる。また，赤いピラミッドでは基礎部から水平積みであり，この新たに採用した建築方法を屈折ピラミッドでも実践したのかもしれない。

　屈折ピラミッドは，内部構造も特異である。持ち送り天井の玄室が上下に二つあり，入口もそれぞれ異なる。北面に入口をもつ下部玄室は，岩盤を掘った地下にある。一方，西面の入口からアクセスする上部玄室は，地上レベルにある。この二重構造の目的は定かではないが，ジェセル王の階段ピラミッドで「南墓」が設けられたように，「上下2国の支配者」を意味するのかもしれない。

5　赤いピラミッド

　一方の赤いピラミッドは，基礎部から頂部までブロックを水平に積み，傾斜面を一直線にそろえた，エジプトで最初の真正ピラミッドである（図7-9）。名前の由来は，石材として近くで採掘した石灰岩が薄茶色であったため，太陽の光を浴びて赤く輝くからだ。底辺220×220mは，クフ王のピラミッドに次ぐ規模である。傾斜角

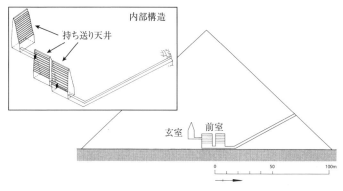

図7-9　赤いピラミッド

度は43°とエジプトのピラミッドの中で最も緩やかであるが，それは屈折ピラミッドの建設で経験した崩壊危機を回避するためといわれている。たしかにダハシュールの岩盤はあまり硬質ではないため，ピラミッド全体の重量を抑えるために角度を下げる必要はあったであろう。しかしそれでも，屈折ピラミッド上部と赤いピラミッドが同じ傾斜角度であることは，何らかの意味があろう。43°は，スネフェル王が最終的に欲した角度であり，それを建築家たちが実現したのではないだろうか。

　赤いピラミッドは，その内部構造でも大きな進化を遂げている。それは，二つの前室を経て辿り着く玄室を，地上レベルよりも上の空間に構築していることだ。これはまさに革新であり，スネフェル王によるこの建築技術の進化があって初めて，息子クフの大ピラミッドは実現するのである。

主要参考文献

Lauer, J.-P. 1962 *Histoire Monumentale des pyramides d'Égypte I. Les pyramides à degrés*, Le Caire.

Stadelmann, R. 1985 *Die Agyptischen Pyramiden*, Main am Rhein.

M.レーナー（内田杉彦訳）　2000『図説　ピラミッド大百科』東洋書林

M.ヴェルナー（津山拓也訳）　2003『ピラミッド大全』法政大学出版部

引用

1) Lauer, J.-P. 1999 "The Step Pyramid: Precinct of King Djoser", in The Metropolitan Museum of Art (ed.), *Egyptian Art in the Age of the Pyramids*, New York: 13-19.

2) O'Conner, D. 1991 "Boat Graves and Pyramid Origins", *Expedition* 33. 3: 5-15.

Stadelmann, R. 1996 "Origin and Development of the Funerary Complex of Djoser", in Der Manuelian, P. and Freed, R. (eds.), *Studies in Honor of William Kelly Simpson Vol. 2*, Boston: 787-800.

第8章

ピラミッドの絶頂と衰退
（古王国時代2）

　第4王朝以降、太陽神ラーへの信仰の最盛期を迎える。初期王朝時代の王は「ホルスの化身」とされていたが、この時代になると「ラーの化身」または「ラーの息子」とみなされ、太陽神ラーが最高神として崇められた。それを具体的に表しているのがピラミッドだ。真正ピラミッドの形状はまさに太陽の光であり、それはラー神の顕れである。つまり真正ピラミッドは、ラーの化身として現世に現れたファラオの象徴なのである。そして、ピラミッドの建設に人々を突き動かしたのは、神と王への信仰心なのである。

通史

1　ギザ台地の開発

　クフ王は，ダハシュールから20km北のギザ台地をピラミッド建設地に選定した（図8-1）。その理由は，ピラミッド建設に絶えうる広く強固な岩盤があること，そして太陽神の総本山ヘリオポリスが拝めることであったと考えられる（図6-1）。ヘリオポリスとは，ギリシア語で「太陽の町」の意味であり，古代では「イウヌウ」または「オン」とよばれていた。ナイル川東岸にあり，中王国時代のセンウセレト1世が建立したオベリスクが今も建っている。ギザ台地には，クフ，カフラー，メンカウラーの3人のピラミッドが聳えるが（図8-2），それらの南東隅を結んで直線を描くと，真っ直ぐ北東のヘリオポリスにつながる。つまり，ギザ台地のピラミッドは，太陽神信仰の中心地ヘリオポリスを指向して建設されているのだ[1]。ダハシュールからギザへとピラミッド建設地が移動した理由は，まさにこのヘリオポリスの重要性にあろう。なぜなら，D.ジェフリーズが述べるように，ダハシュールからはナイル川東岸のモカッダ

図8-1　ギザのピラミッドとスフィンクス

第8章　ピラミッドの絶頂と衰退（古王国時代２）

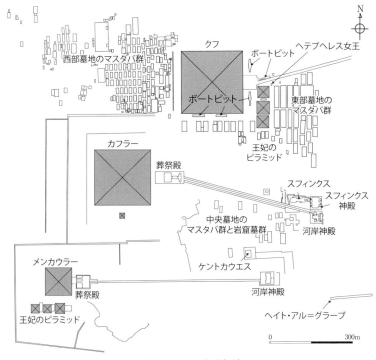

図8−2　ギザ台地

ムの丘が邪魔してヘリオポリスが望めないのである[2)]。太陽神信仰の高まりにより、クフ王は広大なギザ台地に建設場所を決めたのだ。このことからも、ピラミッドが太陽神信仰と強く関わっていることがわかる。

　ギザ台地には、ピラミッド以外にマスタバ墓などが数多く建造され、この時代で最大規模の墓地であった。空から台地を眺めると、ピラミッドを中心としてマスタバ墓が整然と立ち並んでいることに驚く。例えばクフ王ピラミッドの東と西ではそれぞれ、マスタバ墓が数多く発掘されたが、それらは全て南北方向に軸をそろえ、マス目状に規則正しく配置されている。分譲住宅さながらである。これは、墓地の青写真がギザ台地の造営当初からすでにできていて、き

わめて計画的にピラミッドとマスタバが建造されたことを示す。しかしこれほどまでに計画的な墓地造営がなぜできたのか。おそらくこのレイアウトは、生者の町、つまり王宮とその周りを高級官僚たちの邸宅が取り囲む環境そのものを反映しているのであろう。事実、クフ王のピラミッドの東方では、現在宅地となっているその地下で、参道と河岸神殿、そして王宮と思われる建物の一部が発見されている。この生者の町があるからこそ、計画的な墓地が造られたのであろう。まさにギザ台地は、死者の町なのである。

2　クフ王のピラミッド

クフ王のピラミッドは、高さ146m、底辺230×230mと人類史上最大のピラミッドである（図8-2）。スフィンクスの傍らから3大ピラミッドを眺めると、中央のカフラー王のピラミッドのほうが高く見えるが、それはクフ王のピラミッドよりも高い場所に建てられたからである。このピラミッドの特異性は高さだけでなく、その複雑な内部構造にある（図8-3）。北面の入口から延びる下降通路は長さ60m、岩盤下30mまで下って「地下の間」に到達する。下降通路は岩盤レベルのあたりで上昇通路へと繋がり、狭い通路を昇ると高さが9mもある「大回廊」に辿り着く。大回廊は、先代スネフェル王の建築技術を取り入れた「持ち送り天井」で築かれ、上昇しながら47mほど続いていく。大回廊の入口からは水平に南に延びる通路があり、ピラミッドの中心軸上に位置す

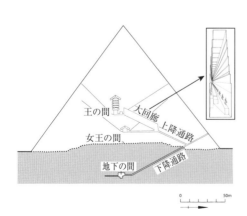

図8-3　クフ王のピラミッド

るいわゆる「女王の間」へと通ずる。女王の間は，実際に王妃などを埋葬するためではなく，クフ王の聖霊が宿る彫像を置いたセルダブとして用意されたとの意見がある。大回廊をさらに進むと「王の間」とよばれる玄室に辿り着く。王の間は全体が巨大な赤色花崗岩ブロックで造られているが，紙一枚入る隙間もなく積まれ，その精度の高さに驚かされる。王の間に置かれた唯一のものが，蓋のない赤色花崗岩の石棺だ。王の間の上には，5層からなるいわゆる「重量軽減の間」がある。これはそれまでのピラミッドに全くなかったものだ。一般的には，王の間にかかる重圧を軽減させるために設けたとされる。かつての探検家たちは，そこにクフ王の財宝が隠されていると思い，ダイナマイトを使って一段ずつ昇っていったが，結局は何もなく徒労に終わった。しかしその最上層で，クフ王のカルトゥーシュが発見され，これがピラミッド内で彼の名を示す唯一の文字となっている。これほど複雑な内部構造はクフ王のピラミッドだけであり，その建築技術はまさに驚愕である。それを成し遂げたのが，クフ王の宰相であり建築家であったヘムオンだ。スネフェル王の時代に培った技術をベースに，ヘムオンの創造性が発揮され，大ピラミッドは完成されたのだ。

3　カフラー王のピラミッド

　クフ王の死後，王位を継承したのは息子ジェドフラーであった。彼はギザ台地ではなく，そこから8km北にあるアブ・ロワシュの高台にピラミッドを建造した。その理由は太陽神信仰にあり，太陽神の総本山であるヘリオポリスの真西にあたるここにピラミッドを建造したかったためであろう。そして，ジェドフラー王の次の王カフラーは，再びギザ台地に戻ってきた。彼のピラミッドは，クフ王に比べて若干小ぶりであるが，10mほど高い場所に築き，傾斜角度53°10′とすることで，先王のピラミッドを凌ぐ高さを達成させた（図

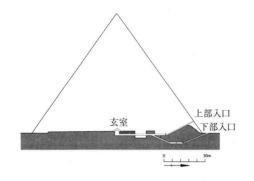

図8-4　カフラー王のピラミッド

8-4)。しかし，ピラミッドの内部構造はシンプルで，地上よりも高い場所に空間に部屋を設けることもしなかった。その内部へのアクセスは独特で，入口が北面に2ヶ所あるのだ。一つは地上レベルに，もう一つは地上から12mほど高いところにある。二つの入口から続く通路は最終的に合流して玄室に到達する。石灰岩で造られた玄室には，黒色花崗岩の石棺が安置されている。

　カフラー王のピラミッドの化粧石はその多くが奪われているが，頂上付近には残っており，もともとは真っ白な石灰岩で全面が外装されていたことがわかる。

　東面に備えられた葬祭殿は，激しく荒らされその基礎部が残るだけである。ただし床面の痕跡から，ここには数多くのカフラー王の彫像が据えられたとされる。葬祭殿からは，若干南に向かって真っ直ぐ参道が走り，その先にはスフィンクス神殿と肩を寄り添って建造された河岸神殿がある。

4　メンカウラー王のピラミッド

　カフラー王の息子として王位を継承したメンカウラー王も，ギザ台地にピラミッドを建造した。先代と同様に軸線を強く意識して建設場所を設定したが，その規模はクフ王のピラミッドの4分の1であり，高さも65mと縮小したピラミッドとなった（図8-5）。内部構造はカフラー王と同じくシンプルだ。入口はピラミッド北面の地上から4mほど高さにある。そこから通路を通って，ピラミッドの

真下に位置する部屋に辿り着く。これは副室とよばれ、部屋の床面と西壁に穿たれた二つの下降通路の先に玄室がある。発見当時、玄室には玄武岩製で凹凸装飾が施された優美な石棺があったが、蓋もなく空っぽであった。残念ながらこの石棺

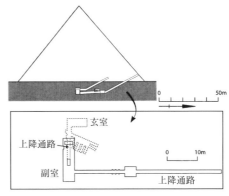

図8-5　メンカウラー王のピラミッド

は、19世紀前半にイギリスへ運ぶ途中に船が沈没してしまい、今は見ることができない。玄室ではメンカウラー王の名が刻まれた木棺の一部も発見されたが、これは末期王朝時代のものであり、この時代に王の遺体が再埋葬されたと考えられている。

　メンカウラー王は、ピラミッドの規模を縮小したものの、その分ほかに労力を使ったようだ。ピラミッドの化粧石に赤色花崗岩を用い、下層の16段を赤く

図8-6
メンカウラー王のトリアド像

飾った。花崗岩が採石できるのは、エジプト最南端のアスワンであり、ギザまでは1,000kmもの距離がある。また、花崗岩はとても硬い石材であり、その加工には相当の労力と技術が必要となるのだ。

　ピラミッドの東面には葬祭殿があり、そこから真っ直ぐ延びる参道の先に河岸神殿が鎮座する。ここで出土した有名な遺物が、メン

通史

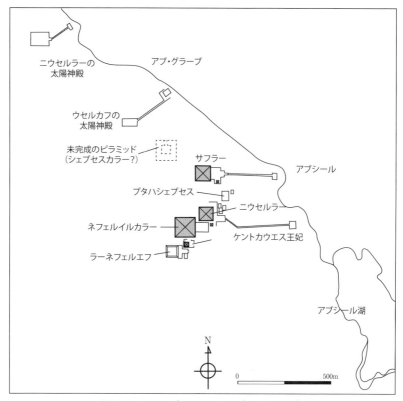

図8-7　アブシールとアブ・グラーブ

カウラー王の三体像（トリアド）だ（図8-6）。左足を踏み出した王の右側にハトホル女神、左側にノモスの神が並ぶ。こうした三体像は複数発見されており、おそらく本来は、全てのノモス、またはハトホル女神と関係が深いノモスの神を伴う三体像が、この河岸神殿に置かれていたのであろう。

5　アブシールの開発と太陽神殿

　第5王朝最初の王ウセルカフは、ギザ台地を離れてサッカラにピラミッドを建造したが、それとともに太陽神殿をアブ・グラーブに建立した。それにより、サフラー王に始まるウセルカフの後継者た

第 8 章　ピラミッドの絶頂と衰退（古王国時代 2）

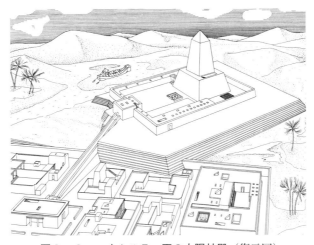

図 8-8　ニウセルラー王の太陽神殿（復元図）

ちは，アブ・グラーブとそのすぐ南のアブシールに，太陽神殿とピラミッドを建てることとなる（図 8-7）。アブ・グラーブは，ヘリオポリスを望むことができるその南限であり，第 5 王朝の王たちも太陽神を最も重要視していたことは明らかである。かつては六つの太陽神殿が存在していたようであるが，いまではウセルカフ王とニウセルラー王の 2 基が現存するのみである。太陽神殿は，ピラミッド・コンプレックスと同じく参道と河岸神殿を有するが，ピラミッドにかわってオベリスクを置くことが特徴である（図 8-8）。オベリスクは，ヘリオポリスのご神体とされるベンベン石を模したもので，上に向かって徐々に狭まる四角形の塔である。オベリスクの前には祭壇が設けられ，そこではパンやビールの他に，毎日 1 頭の雄牛が屠殺され，ラー神への供物として奉納された。太陽神殿を建設したその目的は，もちろん太陽神信仰によるものだが，ファラオによる王権の強化と誇示のためでもあった。第 5 王朝になると，それまで一握りの王族が牛耳っていた国家行政のポストに，王家の血筋にない人々が就くようになった。王家の権力と影響力を維持するた

107

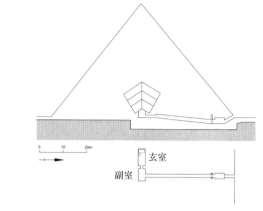

図8−9　サフラー王のピラミッド

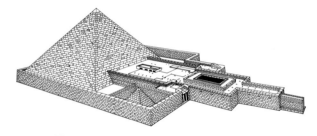

図8−10　サフラー王のピラミッド複合体

め，ファラオは太陽神殿を建設して「ラーの化身・息子」を誇示したとされる[3]。

　第5王朝のピラミッドは，規模が極端に縮小する。例えば，サフラー王のピラミッドは底辺が79×79mと，クフ王ピラミッドの8分の1の面積である（図8−9）。また，石材の積み方も粗い。その一方で，葬祭殿や河岸神殿などの付属施設がより複雑になり，精巧なレリーフ装飾が多く施されるようになる（図8−10）。こうした付属施設および太陽神殿など，ピラミッド以外の建築に力を注いだために，ピラミッド本体が縮小されたのかもしれない。

6　ピラミッド・テキストの誕生

　第5王朝最後の2人のファラオ，ジェドカーラー王とウナス王は，アブシールではなくサッカラにピラミッドを建設した（図6-6）。ウナス王のピラミッドは，規模はアブシールのピラミッドと比べてさらに小さいものの，その内部では画期的な新たな要素が加わった。それは，玄室の壁面全体にヒエログリフの文字が刻まれたのだ。ピラミッド・テキストの誕生である。エジプトで最古の宗教文書であるピラミッド・テキストは，死んだ王がオシリス神となって地下の冥界で再生復活を果たすためと，ラー神と同化して北の周極星となり天空の冥界で永遠の命を得るための，主に二つの主題で構成されている。なお，有名な「オシリス神話」もここに初めて登場する。ピラミッド・テキストにはこのようにオシリス神など太陽神以外の神々も登場し，それまでの強烈な太陽神信仰に陰りが出てきたようであり，それがアブシールからサッカラに建設場所が移動した理由かもしれない。

　ウナス王のピラミッド・コンプレックスで特徴的なのが，参道と河岸神殿である。参道は全長800mほどもあり，葬祭殿から谷間を通って東方へと延びて，河岸神殿につながる。参道には屋根が架けられ，その内部の壁面は美しいレリーフで装飾されていた。河岸神殿は花崗岩の円柱が建ち並ぶ重厚な造りであり，現在は修復され，サッカラ遺跡地区の玄関口として我々を迎えてくれる。

7　古王国時代の終焉

　テティ王にはじまる第6王朝の王たちも，サッカラにピラミッドを建設した（図6-6）。第5王朝に定型化された底辺78×78mの小型のピラミッドが踏襲され，ウナス王から引き続きピラミッド・テキストにより玄室は彩られた。しかし，ファラオはピラミッドを造るも，中央集権体制の衰えを止めることはできず，それが最終的

に古王国時代の終焉を招く。王権と中央集権の弱体化の要因として，政治・経済と環境の悪化が挙げられている[4]。政治・経済の悪化とは，一つにピラミッドにおける祭祀活動の弊害がある。これまで王たちは数多くのピラミッドを建造してきたが，そこでは神官団による亡き王への祭祀が行われ，日々膨大な量の供物が捧げられた。その供物を賄うため，地方の農地が徴税義務のない彼らの土地となっていった。同時に，神官や官僚たちが肥大化し，国家の負担が増大し，疲弊していったのだ。それに呼応して，中央のみならず地方においても官僚たちの権限と独自性が増大し，政治腐敗が進行した。それは墓を見ても明らかで，この時期から地方に君主の大型墓が出現し，中央においても官僚のマスタバ墓はピラミッドに並ぶほど大きいものも存在する。環境の悪化については，古王国時代後半は地球規模での寒冷期（4.2kイベント）であり，ナイル川の水位が低下した。それにより，不作が続き，争いが絶えずおき，疫病が蔓延した。こうした重層的な負の要因により，古王国時代は終わりを告げる。

主要参考文献

Verner, M. 1994 *Forgotten Pharaohs, Lost Pyramids: Abusir*, Praha.
Verner, M. 2002 *Abusir: Realm of Osiris*, Cairo and New York.

引用

1) Bárta, M. 2005 "Location of the Old Kingdom Pyramids in Egypt", *Cambridge Archaeological Journal* 15: 177-191.
    Goedicke, H. 1995 "Giza: Causes and Concepts", *Bulletin of the Australian Centre for Egyptology* 6: 31-50.
2) Jeffreys, D. 1998 "The topography of Heliopolis and Memphis: Some cognitive aspects", in Guksch, H. and Polz, D. (eds), *Stationen: Beiträge zur Kulturgeschichte Ägyptens, Rainer Stadelmann gewidmet*, Mainz: 63-71.

3）Bárta, M. 2016 "'Abusir Paradigm' and the Beginning of the Fifth Dynasty", in Hein, I., Billing, N. and Meyer-Dietrich, E. (eds.), *The Pyramids between Life and Death*, Uppsala: 51-74.

4）Bárta, M. 2015 "Long Term or Short Term? Climate Change and the Demise of the Old Kingdom", in Kerner, S., Dann, R. J. and Bangsgaard, P. (eds.), *Climate and Ancient Societies*, Copenhagen: 177-195.

Hassan, F. 2007 "Droughts, famine and the collapse of the Old Kingdom: Re-reading Ipuwer", in Hawass, Z. and Richards, J. (eds.), *The archaeology and art of ancient Egypt: Essays in honor of David B. O'Connor I*, Cairo: 357-377.

第9章

混沌と再生（中王国時代）

　各地の君主が覇権争いを繰り広げていた第1中間期。そのなかで、北のヘラクレオポリスと南のテーベのグループが頭角を現すようになる。最終的にテーベ君主のメンチュヘテプ2世がヘラクレオポリスを倒し、エジプトを再統一する。中王国時代の幕開けである。王朝区分では、第11王朝後半から第13王朝までが中王国時代となる。この時代、ファラオは王権を復活させるためピラミッド建設を再開し、強力な中央集権国家を再建するため、政治・経済・軍事の立て直しを図った。

1　第1中間期のエジプト

　第1中間期の惨状は，アンクティフィーの墓に詳しく記されている。彼は第3ノモスの君主であり，ルクソールから約30km南のモアッラに岩窟墓を建てた（図9-1）。墓の壁面の自伝でこう述べる。「私は餓えた人にパンを与え，裸の人に服を与えた。私のオオムギは，南は下ヌビア，北はアビドスまで運ばれた。上エジプトの人々は飢餓で死にそうで，子供を食べる人までいる。しかし私のノモスでは飢えで死ぬようなことはさせなかった」。これは自伝であるため，アンクティフィーの英雄談として，支配域を広げたことや人々を助けたことを語っているかもしれない。それでもやはり，飢餓について述べていることからも，この時代は社会的混乱にあったことは確かであろう。

　こうした社会的状況のなか，北と南の二つの勢力が頭角を現す。ファイユーム近郊のヘラクレオポリスとテーベの君主である。ヘラクレオポリスの君主については，ケティやメリカーラーなどが君臨していたようだが，考古学的証拠がほとんど無く，彼らを具体的に知ることはできない。一方，テーベについては遺構と文字資料が残っており，インテフ（1世から3世）やメンチュヘテプ（1世から2世）

図9-1　アンクティーフィー墓

という名の君主が支配していた。彼らは独特の墓をテーベ西岸のターリフに残している。それはサフ墓（サフはアラビア語で「列」の意）とよばれるもので，巨大なスロープに挟まれたオープンコートの先に列柱室があり，それを取り囲むようにいくつもの岩窟墓が穿たれている（図9-2）。ここには君主のみならず，彼らの廷臣の墓も連なっている。その壮大な墳墓形態から，権勢を誇るテーベ君主の姿がうかがえる。

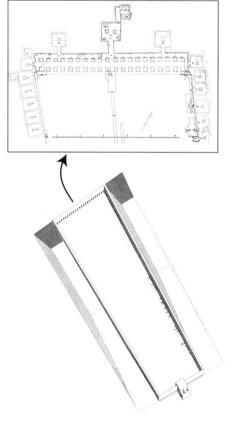

図9-2　サフ墓

通史

2　エジプトの再統一

　さて，テーベではインテフ1世の弟であるインテフ2世が君主の地位を継ぐが，彼が北のヘラクレオポリス君主に対して最初のアタックを仕掛ける。まずはアビドスまでを自らの支配域に置き，そこを起点としてさらに北のアシュートまで進行した。しかしヘラクレオポリスも踏ん張り，一度は失敗するも，インテフ2世はアシュートを陥落させることに成功した。その後，各地の君主が勝者であるテーベ側についたため，ヘラクレオポリス君主の力は急速に衰えていった。そして，最終的にメンチュヘテプ2世が全土を支配し，ここにテーベ君主によるエジプト再統一が果たされることとなる。中王国時代の幕開けである。メンチュヘテプ2世はテーベに拠点を置きながら，強力な中央集権国家を取り戻すため，国内行政の再編を進め，国境警備を強化し，そしてヌビア（現スーダン）遠征を再開させた。

3　デル・エル＝バハリの葬祭殿

　メンチュヘテプ2世は51年間の治世のなかで，上エジプトを中心に神殿や祠堂を寄進するなど数多くの建設事業を行った。なかでも最大の事業が，デル・エル＝バハリの葬祭殿である。デル・エル＝バハリは，先代のサフ墓があるターリフから3kmほど南に位置し，切り立った断崖に3方を囲まれた独特な景観を有する場所だ。メンチュヘテプ2世はここに，サフ墓の要素を取り入れつつも全く新しい様式の葬祭殿を造り上げた。その構成は，沖積地から真っ直ぐ伸びる参道，スロープ状の壁を有する広大な中庭，列柱廊に囲まれたテ

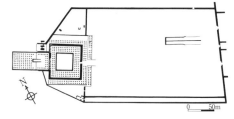

図9−3　メンチュヘテプ2世の葬祭殿

第9章 混沌と再生（中王国時代）

ラス式の葬祭殿中心部，その背後にある列柱室である（図9－3）。この葬祭殿は，死して神格化されたメンチュヘテプ2世，メンチュ神とラー神への儀礼を行うためであるが，王を埋葬する玄室もある。その玄室は，最奥から150mもある下降通路で降りた先にあり，花崗岩で内張された埋葬室となっている。残念ながら王の遺体は発見されていない。

最も特徴的なのがテラス式の中心部分だが，崩壊していたためにその最上部の形態にこれまでいくつかの復元案が提示されている（図9－

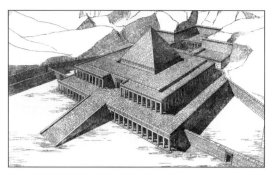
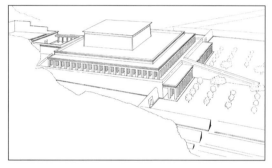
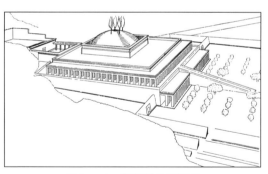

図9－4　葬祭殿の復元案

4）。古くは「ピラミッド案」であり，これが長く支持されていた。しかし，再調査を行ったD.アーノルドは，ピラミッド案では構造的に支えられないこと，そして傾斜面のある石材がないことからそれを否定した。彼は調査成果をもとに「台座状案」を提示し，一辺

117

20mほどの正方形の構造物が載っていたとする。この形状は『原初の丘』を模したものとされるが，そのコンセプトを発展させた「マウンド案」がR.シュタデルマンによって提示されている。いずれにせよ，メンチュヘテプ2世の葬祭殿の独創的かつ壮麗な佇まいは，後の建築様式に多大な影響を与えることとなる。

4　第12王朝のはじまり

　第12王朝はアメンエムハト1世に始まる。彼はもともと，第11王朝最後の王メンチュヘテプ4世の宰相であり，その王位継承についてクーデターにより奪ったとの説もある。いずれにせよ，彼は王族の出身ではないため，ファラオとしての正当性を強く示す必要があった。そのためアメンエムハト1世は，いくつかの偉業を成し遂げる。まず挙げるべきは，首都イチタウイの設立である。それまでの中心であったテーベを離れ，ファイユーム近郊のリシェトに首都を新たに建設したのである（図6-1）。イチタウイとは「2国を掌握するもの」の意味であり，古王国時代の王たちがメンフィスで行政を行っていたように，地勢的に上下エジプトを統治しやすい場所としてここに首都を移転させたのであろう。また大穀倉地帯であるファイユームの利点を生かして国家の経済的基盤を安定させる狙いもあったであろう。そして北へ移動したもう一つの理由に，西アジアへの警戒がある。文学作品『ネフェルティの予言』には，「アメンエムハト1世がアジア人の侵入を防ぐために「支配者の壁」を築く」と記されている[1]。この時代からすでに，西アジアの民は脅威だったようであり，アメンエムハト1世はその防御のために軍隊を引きつれ，デルタ東部に防塁を築いたとされる。なお，首都イチタウイについて，文字資料ではその名前が頻出するも，まだ発見されていないため，その位置や規模など具体的にはわかっていない。

5　ピラミッド建設の再開

　アメンエムハト1世のもう一つの偉業は，ピラミッド建設を再開させたことだ。彼は，イチタウイに対応するように，リシェトの砂漠にピラミッドを建設した。イチタウイは沖積地に造られたため今ではその存在は確認できないが，アメンエムハト1世は，古王国時代のように行政の中心地とピラミッドをセットで存在させることで，ファラオの正当性を誇示したのであろう。ピラミッド・コンプレックスの配置も古王国時代後半のそれを踏襲しており，ピラミッド自体の築造方法も同じく，粗く積んだ核を化粧石で覆う方法である。また興味深いことに，石材には，クフやカフラーなど古王国時代のピラミッド・コンプレックスのものが用いられているのだ。それは再利用というよりも，偉大な先代ファラオの神聖さと霊力を吹き込むためであったのだろう。

　アメンエムハト1世に始まる第12王朝の王は，彼にならってピラミッドを造営した。アメンエムハト1世の後継者であるセンウセレト1世は同じくリシェトに建造したが，その後はこのファイユーム近郊とダハシュールの二つの場所に交互に造られるようになる。中王国時代のピラミッドの変遷をみると，二つの大きな変化がある。まず，センウセレト2世からピラミッドの核の建材に日乾レンガが大規模に使われるようになる。外装は石灰岩の化粧石が葺かれていたが，今ではそれらが剥がれ落ち，日乾レンガが露呈した黒いピラミッドとなっている。もう一つは，ピラミッド・コンプレックスの配置である。センウセレト1世までは古王国時代後半のレイアウトを真似ていたが，それ以降，特にセンウセレト3世では，参道や葬祭殿などの基本要素は同じだが，軸線を南北方向に変え，コンプレックスの周壁に凹凸装飾を施し，入口を南東隅に設けている（図9－5）。ダハシュールに建設されたこのピラミッドは，ジェセル王のコンプレックスに強く影響を受けたとされる。センウセレト3世の

通史

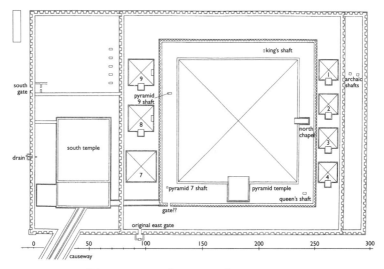

図9-5　センウセレト3世のピラミッド

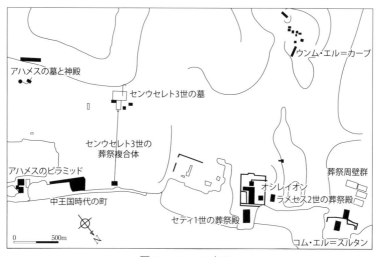

図9-6　アビドス

　もう一つの特徴は，アビドスにもう一つ埋葬施設を造ったことだ（図9-6）。アビドスの施設はセノタフ（空墓）と長らく考えられてきたが，最近では，アビドスが最終的な埋葬場所とされる[2)]。

6　ラフーンの「ピラミッド・タウン」

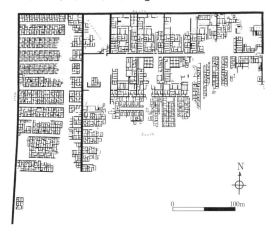

図9-7　ラフーンのピラミッド・タウン

古王国時代と同じくこの時代も，ピラミッド・コンプレックスに付属するいわゆる「ピラミッド・タウン」が形成された。なかでも有名なのが，ラフーン（カフーンともよばれる）であり，センウセレト2世ピラミッドの河岸神殿に隣接する巨大な集落遺跡である（図9-7）。そのプランは，一辺300m以上の壁体で囲まれたなかに通りが幾筋も走り，それに沿って2,000軒以上の家屋が整然と並ぶ。まさに，国家によって造営された計画的なタウンなのだ。ピラミッドでの祭祀活動に仕える人々の居住が主な目的だが，ここには神官以外にも，彼らを支える商人や工人も住んでいたようで，およそ1万人が生活していたと推定されている。大小異なる同一規格の家屋が規則正しく配置されているが，それは明確な身分差の表れであり，国家によって厳しく統制・管理されたいかにも中王国時代らしい社会の特徴を示している。

7　オシリス信仰の隆盛と埋葬様式

中王国時代に信仰に対する大きな変化が起こる。それは，オシリス神信仰の大衆化である。死して来世で冥界の王オシリスとなり再生・復活するという考えは，ピラミッド・テキストにみられるように，もともと王に限定された信仰であった。それがこの時期，一般

の人々にも広がったのである。その理由は，中王国時代になるとオシリス神が死生観に関わる神々のトップとなり，王はオシリス神への祭祀を積極的に行うようになったが，一般の人々もその祭祀に参列できたため，信仰が急速に広まった。第1中間期を経験したエジプト人にとって，新たな価値観を切望していたことも，大衆化に拍車をかけた一因であろう。オシリス神の祭祀とは，「オシリス神の死と復活」を王や神官が再演する祝祭であり，特にアビドスがその場所として有名である（図9-6）。センウセレト3世がアビドスに埋葬施設を築いた理由もオシリス神信仰にあり，彼の治世に信仰のピークを迎える。ここはオシリス神信仰の聖地となり，人々は来世での復活を願ってアビドスを巡礼に訪れ，オシリス神の墓とみなされるようになった第1王朝のジェル王墓に至る参道にステラなどを奉納した。

　この時期は埋葬様式にも変化がみられる。まず特筆すべきは，「コフィン・テキスト」の出現である。君主や官僚といった身分の高い人々の木棺内部を装飾する呪文である。これはピラミッド・テキストを抜粋したものだが，来世の地下世界に特化した呪文で構成され，死者が安全に来世に行くための指南が記されている。第1中間期にはじめて出現するが，ピラミッド・テキストが王の特権であることを考えると，オシリス神信仰の一般化を推進した最初の要因と思われる。この他の変化として，木棺の形態・装飾の多様化や，ミイラ型木棺やミイラ・マスク，木製モデルやシャブティ（埋葬人形）など新たな副葬品の誕生がある。これらの変化もオシリス神信仰の影響であり，それまで墓地に墓を造ることができたのは王族や高級官僚のみであったが，中王国時代からは「中流階層」とよばれる行政組織の下位の人々も質素ながらも墓をもつようになったからである[3]。ただし，こうした埋葬習慣においても国家的な統制がみられるのが中王国時代の特徴だ。例えば，中流階層の墓は規模や構

造，方位に至るまで統一的で，副葬品のレパートリーも限定的である。この傾向はどの地域でもほぼ同じであり，特に土器などの生産活動も国家主導で行われていたといわれている。

8 積極的な軍事遠征

　中王国時代は，積極的な外交政策を行ったことでも知られる。南のヌビアに対しては，要塞を築きながら制圧・支配を進めていった。センウセレト1世の治世までには第2カタラクト（急湍）のブーヘンやミルギッサを支配下に置き，センウセレト3世はさらに南に進行し，セムナまで版図を拡大した（図6-1）。セムナに最大規模の要塞を整備して，第3カタラクト周辺（クシュ）を実行支配していたケルマ王国を牽制した。北の西アジアに対しては，センウセレト3世は軍を北進させて南レヴァント地域までを実行支配した。こうした軍事政策により，エジプトでは希少な資源を安定的に得ることができるようになり，国家の経済基盤を強化させた。

主要参考文献

Bourriau, J. 1988 *Pharaohs and mortals: Egyptian art in the Middle Kingdom*, Cambridge.

Grajetzki, W. 2006 *The Middle Kingdom of ancient Egypt: History, archaeology and society*, London.

O'Conner, D. 2009 *Abydos: Egypt's first Pharaohs and the cult of Osiris*, London.

Willems, H. 2010 "The First Intermediate Period and the Middle Kingdom", in Lloyd, A.B. (ed.), *A Companion to Ancient Egypt I*, Oxford: 82–100.

引用

1）屋形禎亮　1978「エジプト」『筑摩世界文学大系1　古代オリエント集』筑摩書房　467頁

2）Wegner, J. 2007 *The Mortuary Temple of Senwosret III at Abydos*, New Haven.

3）Richards, J. 2005 *Society and Death in Ancient Egypt: Mortuary Landscapes of the Middle Kingdom*, Cambridge.

第10章

異民族の支配（第2中間期）

　中王国時代も第12王朝末になると王権と中央集権体制に陰りがみえはじめる。それに呼応するかのように、デルタ東部にはレヴァント方面からの移民が増加し、次第に勢力を拡大させた。彼らはヒクソスとよばれる異国の民であり、最終的にはアヴァリスに都を建設してエジプトを支配するようになる。これが第2中間期のはじまりであり、北のヒクソス（第15王朝）と南のエジプト人（第16・17王朝）が対峙する混沌とした時代にエジプトは再び突入する。

通史

1 ヒクソスとは

ヒクソスとは，古代エジプト語の「ヘカ・カスト（異国の地の支配者）」に由来する。この言葉はすでに中王国時代に登場する。ベニ・ハサンにあるクヌム・ヘテプ2世の墓の壁画には，シリア・パレスティナ方面のベドゥインの長が描かれているが，その人物のタイトルにヘカ・カストと記されている。つまりヒクソスとは当初，広く異国の支配者を指す言葉であったが，それが次第に，エジプトを支配したアジアの支配者の呼称となったのだ。

ヒクソスがエジプトを支配するに至ったストーリーは，マネトの「エジプト史」に以下のように記されている。「東方から突然現れた正体不明の侵入者たちが我々の土地を占領した。彼らは町を焼き払い，神殿を破壊し，人々を無慈悲に殺し，女子供を奴隷にした。挙げ句の果てに，彼らはサリティスという人物を国王として立てた。彼はメンフィスに居を構え，エジプト全土から貢ぎ物を納めさせた。そして，東デルタにアヴァリスと呼ぶ城塞都市を建てた」

マネトによるこの伝承は，ヒクソスを物語る資料として長らく語り継がれてきたが，オーストリア隊によるテル・エル＝ダバア遺跡の発掘調査により，現在大きく修正されつつある。

2 テル・エル＝ダバア遺跡

ヒクソスの都アヴァリスは，文字資料には登場するものの，その正確な位置は長らく不明であった。1970年代になり，M.ビータック率いるオーストリア隊のデルタ東部の発掘調査により，その場所がようやく判明した。それがテル・エル＝ダバア遺跡である。かつてデルタの最も東を流れていた支流沿いに位置するこの遺跡は，主に二つのテルからなり，その規模は2.5km^{2}にも及ぶ（図10-1）。オーストリア隊の調査で最大の特徴は，層位的発掘による時期区分が明瞭な点にある。以下，時期を追って遺跡の様相をみてみよう。

第10章 異民族の支配（第2中間期）

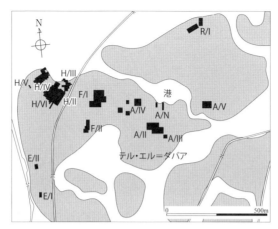

図10-1　テル・エル＝ダバア遺跡

　ダバア遺跡の歴史は，第12王朝最初の王アメンエムハト1世の時期に始まる。その最も古い遺構は，西側テルのほぼ中央で発見された居住域だ（Area F/I）。周壁で囲まれたなかに，日乾レンガで造られた同一規格の家屋が整然と建ち並ぶ。ラフーンのピラミッド・タウン（図9-7）に酷似するその町並みは，まさにエジプト的な建築様式であり，国家によって計画的に建設されたものである。その目的は戦略的なもので，ここは，東方防衛の強化，東地中海世界との交易，シナイ半島の採鉱遠征の拠点であり，エジプトと地中海を繋ぐ港湾都市として機能していた。

　第12王朝末から遺跡の状況は一変する。それは，レヴァント系住民の登場である。居住域（Area F/I）には，中央広間をもつ構造物が建てられ，そのプランはシリアの様式である（図10-2）。彼らの墓は，居住域内また家屋に接して建てられたものが多く，墓地を分離させるエジプト文化とは異なり，これもシリアやパレスティナなど中期青銅器時代のレヴァントにみられる埋葬方法だ。ただし，墓自体の構造はエジプト的である。日乾レンガで造られた墓は，地面に掘られた埋葬室と，その上のかまぼこ型のヴォールト天井のチ

127

通史

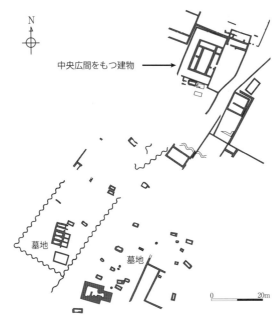

図10-2　Area F/I 居住域（第12王朝末）

図10-3　Area F/I 居住域（第13王朝前半）

ャペルからなり、こうした建築様式は古王国時代から存在するものだ。副葬品は、その多くがエジプトの土器であるが、なかにはレヴァント系の銅製の短剣や斧を伴う墓もある。これら武器を副葬する被葬者は男性のみであり、彼らはエジプト政府に雇われたレヴァントの傭兵であったとされる。

　第13王朝になると、レヴァントの人々の流入がさらに増え、居住域も拡大する。西側テルの東には、彼らの密集した居住域があり（Area A/II）、中期青銅器時代のレヴァント系土器が全体の40%を占めるようになる。この輸入土器の多くはアンフォラ

第10章 異民族の支配（第2中間期）

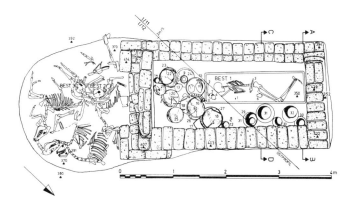

図10−4　官僚アアムの墓（左がロバの埋葬）

であり，オリーブオイルやワインを運んだものとされる。また，東地中海の島キプロスからの輸入土器もこの頃から出現する。

　第13王朝では，その初期に行政エリアが設置される（Area F/I）。王宮的建造物を中心に，高官たちの行政施設が広がる（図10-3）。その高官の出自だが，彼らはエジプト政府に仕えているもののレヴァント系とされる。なぜなら，行政エリアに隣接する墓地には彼らの墓があり，チャペルの前には木が植えられ，ロバの埋葬を伴う。これらの特徴はレヴァント系である。さらに，副葬する短剣などの武器もレヴァント様式だ。ある墓で見つかったスカラベには，「異国の監督官」や「遠征隊長」という高官のタイトルが記されている。また，等身大以上の石灰岩製彫像が発見されたが，それはレヴァントにみられるマッシュルームのような髪型と衣装を身につけていた。行政エリアでは，王宮の建築様式がエジプト的であることからも，エジプトの政府に雇われたレヴァント系の人々が高官として行政を担当し，対外交易や遠征をコントロールしていたようだ。

　こうしたアジア系の高官は他の地区でも見つかっている。西側テルでは，レヴァント様式の神殿とエジプト様式のチャペルが併存する神殿域（Area A/II）が第13王朝に形成されるが，そこに付随す

る墓地で、「アアム（アジア人の意）」という名前の官僚の墓が発見されている（図10-4）。脚を曲げた側臥位姿勢の遺体、中期青銅器時代特有の武器の副葬、墓前に5～6体のロバの埋葬を伴う点など、その名の通り、レヴァント様式の埋葬様式をもつ。副葬品のスカラベに刻まれた彼の称号は「宝庫長代理」であり、地位の高い役職である。これは、レヴァントの人々がエジプトの政治組織の中枢にまで上りつめていたことを示している。なお、神殿域には長軸が30m規模のレヴァント系の神殿があり、東地中海世界で最大規模を誇る。神殿の前庭部には祭壇とオークの木が存在することから、木を依り代として信仰されるレヴァントの女神アシェラト（神々の女神）が祀られていたとされる。

3　ヒクソスの近年の解釈

このように、テル・エル＝ダバア遺跡の調査により、マネトの記述は修正しなくてはならない。ヒクソスは東方から突然現れた侵入者ではなく、彼らは第12王朝末から徐々に増えていったレヴァント系の移住者で、元々はエジプト政府に雇われた傭兵や、船員、船大工、銅製品の工人などであった。また、彼らは神殿を焼き払うこともなく、エジプト系とレヴァント系が共存する神殿域や埋葬をみても明らかのように、エジプトの社会にうまく融合していたのだ。

マネトの「エジプト史」は紀元前3世紀に書かれたもので、ヒクソスについてはそれ以前の伝承を書き留めたものだろう。そこには、異国の民に支配された屈辱の時代という後世のエジプト人の思いが込められ、ヒクソスを悪者とするストーリーが作られたのだろう。

4　ヒクソス王朝（第15王朝）の成立

第13王朝までエジプト人と共存していたレヴァントの人々が、その後どのようにしてヒクソス王朝の樹立に至ったのであろうか。

再びテル・エル＝ダバア遺跡の調査成果をみてみよう。

　第15王朝（ヒクソス時代）の直前から，居住域はより一層の広がりをみせる。それは，これまで以上にレヴァントからの移住が増加したことに加え，以前からエジプト国内にいたレヴァント系の人々も集まってきたためとされる。レヴァント系のコミュニティーが多数派を占めるようになり，ここにヒクソス王朝成立の基盤が醸成される。またこの頃から，それまで比較的均一であった家屋の規模に格差が生じるようになる。複数の部屋をもつ強固な造りの大型家屋が出現し，小さな家屋はその周囲に配置される。つまり，先述した高官たちを中核にして，レヴァント系の人々のなかに社会的身分差が生じたのだ。これも，社会の組織化という点で，ヒクソス支配をもたらす大きな要因となっただろう。

　ヒクソス王朝の成立には，アヴァリスでの変化だけでなく，エジプト全体の政治状況も大きく関わっている。第13王朝のセベクヘテプ4世以降，ファラオの権力と中央集権体制は弱体化が進み，エジプトは分裂状態に陥っていた。主を失ったエジプトの地において，ヒクソスが自らの王朝を樹立させるのも難しいことではなかった。

　サリティス（セケルヘル）に始まるヒクソスの王たちは「上下エジプトの王」を名乗り，デルタを起点にエジプトを支配下におさめた。アヴァリスには王宮が建てられ（Area F/II），王朝末期には城塞が築かれた（Area H）。城塞は西側テルの北西で発見されており，かつてのナイル支流に面した場所である（図10-5）。支流に沿って6m以上の幅をもつ巨大な城壁が走り，城壁内には果樹園があり，ブドウやオリーブが植えられていたとされる。

5　メンフィスの状況

　マネトによれば，国王に君臨したサリティスはメンフィスを制圧し，そこからエジプト全土を支配したという。だがこれについても，

通史

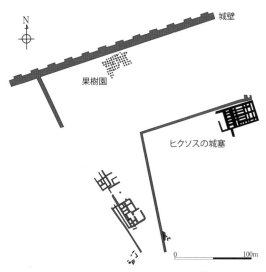

図10-5　Area H ヒクソスの城塞

近年の発掘調査から疑問視される。イギリス隊が調査するメンフィスの一角コム・ラビア遺跡では，第2中間期の層位が確認されている。そこでは家屋，土器や装飾品などが出土しているが，全てがエジプト的なもので，中王国時代から連続する文化様式である。

また，レヴァント系の遺物は皆無に等しい。さらに，コム・ラビア遺跡とテル・エル＝ダバア遺跡の土器を比較した近年の研究では，カップ，ビール・ワイン壺，貯蔵壺など日用品としての土器は，遺跡ごとに異なる変化を示しており，新王国時代に至るまで両者は独立した発展を辿っているという[1]。たしかに，ヒクソス王アペピの銘が刻まれた遺物がメンフィスで見つかってはいるが，彼らが実質的にここを占領した証拠はきわめて乏しいのだ。

6　エジプト解放戦争

ヒクソスが第15王朝を樹立したことにより，第13王朝のファラオの末裔であるエジプト人の有力者たちはテーベに退くこととなった。その支配者たちが第16・17王朝にあたる。彼らはここで兵を建て直し，ヒクソスを倒すタイミングをうかがっていた。当時の状況は，新王国時代の文学作品「アペピとタア（セケンエンラー・タア）の争い」に克明に記されている。それによると，ヒクソスのアペピ

王は、テーベのタアに手紙を送り次のように伝えた。「テーベの町の東の沼から、あのうるさいカバを追い払うようにせよ。それが昼も夜も余の眠りを妨げるのだ」。これにはタアに対する侮辱が二つ含まれる。まず、テーベという自分の領域すらも安穏に治められていないという批判。もう一つは、カバは最強の動物であり、それを殺すカバ狩りは世界に秩序を与えるという意味で王の特権である。つまり、タアがカバを狩れば、王であるアペピに刃向かうことになり、どうすることもできない嫌がらせをしたのだ。これほどの屈辱を与えられたタアは、意を決してヒクソスへ戦いを挑む。しかし結果は、あえなく失敗に終わったようだ。彼のミイラがデル・エル＝バハリで発見されているが、額には水平に陥没した傷があり、その形状がレヴァント特有の斧に一致するという。これはヒクソスとの戦いで戦死した証拠とされる。エジプトでこうした戦いの考古学的証拠が実際に見つかった例はきわめて少ないが、近年さらなる資料が発見された。それは、ダバア遺跡のアヴァリスの王宮（Area F/Ⅱ）においてだ。ヒクソス王朝末期にあたる王宮の前庭部から、16人分の右手だけの骨が集中して出土した。耳塚ならぬ右手塚である。エジプトでは敵兵の手を切り落として持ち帰る習慣があり、それを持って王に報告して「武勇の金」を授かるためだ。神殿のレリーフ（図10-6）や、墓の碑文にそうしたことが記されている。今回発見された手が、ヒクソス兵のものかエジプト兵のものかはわからないが、こうした習慣が実際にみつかった最初の例となる。

　タアの後継者カーメスも、ヒクソス駆逐への戦いを続ける。彼は船隊を引き連れ北上し、アヴァリスを包囲して、アペピにこう述べる。「見よ。私は今、捕らえたアジア人がおまえのブドウで私のために造ったワインを飲んでいるぞ。私は、おまえの町を破壊し、おまえの木々を切り倒しているぞ」。つまり降参を促しているのだ。実際にカーメスがどれほどの打撃を与えたかは定かではないが、ア

通史

図10-6　「手塚！」のレリーフ

ペピの安定した長期政権（約40年）もその末期は弱体していたようだ。この時代，ヌビアのクシュ王国が勢力を拡大させていたが，ヒクソスはクシュに援護の依頼をすべく，使者を送った。しかし，その使者がカーメス軍に捕まってしまい，ヒクソスはクシュの援護を受けることができず，かつエジプト軍に弱体化の実情がばれてしまった。そしてついに，カーメスの後継者であるアハメスは一気にアヴァリスに攻め入り，ヒクソスを駆逐することに成功する。ここに第2中間期が幕を閉じる。

陥落したアヴァリスは，海上交通の要衝地としてその重要性は保持され，アハメスに始まる新国時代の王たちは，ここを再利用した。中でも再建された王宮は，ミノア文明の復元されたクノッソス宮殿を彷彿させる壁画で彩られていた。エジプトにとって，ヒクソスは異民の支配者という敵ではあったが，東地中海世界から様々な新しい文化や技術をもたらしてくれたのだ。

7　南の敵クシュの新資料

ヌビアの地は，鉱物や動植物が豊富であったため，エジプトの支配を常に受けていた。しかし，エジプトの王権が衰えた第2中間期，ケルマを本拠地とするクシュ王国がヌビア全域に勢力を拡大させるようになる。これまでの研究では，その勢力の北限，つまりエジプトとの境界線はアスワンとされていた。しかし近年，V.デイビスに

134

よるエル・カブの調査により，その歴史観が塗り替えられている[2]。エル・カブの君主であった第17王朝のセベクナクトの墓をクリーニングした結果，自伝の碑文が新たに発見された。そこには「卑劣なクシュが，ワワト（下ヌビア）やプントの国を引き連れ侵入してきた。ネケブ（エル・カブ）の周壁が破壊された」と書かれていたのだ。つまり，アスワンを超えて上エジプト深くまで侵攻していたのだ。興味深いのは，セベクナクトはクシュの民を「略奪者」ともよんでいる点だ。ケルマにあるクシュの王墓にはエジプトの遺物が副葬されており，これは交易品とみなされてきたが，デイビスは今回の発見から，クシュがエジプトの神殿や墓で略奪したその戦利品であるとの見解を述べている。エジプトに支配されつづけてきたヌビアの民。第2中間期に，ようやく鬱積を晴らすことができ，その記念品としてエジプトのモノを墓に副葬したのであろう。

主要参考文献

Bietak, M. 1996 *Avaris: The Capital of the Hyksos, Recent Excavations at Tell el-Dab'a*, London.

Forster-Müller, I. 2010 "Tombs and burial customs at Tell el–Dab'a during the late Middle Kingdom and the Second Intermediate Period", in Marée, M. (ed.), *The Second Intermediate Period (Thirteenth–Seventeenth Dynasties): Current Research, Future Prospects*, Leuven: 127–138.

Ryholt, K. 1997 *The Political Situation in Egypt during the Second Intermediate Period*, Copenhagen.

引用

1) Bader, B. 2008 "Avaris and Memphis in the Second Intermediate Period in Egypt (ca. 1770–1550/40 BC) ", in Córdoba, J.M. et al. (eds.), *Proceedings of the 5 th International Congress on the Archaeology of*

the Ancient Near East, Madrid: 207-223.

2) Davies, V. 2003 "Kush in Egypt: a new historical inscription", *Sudan & Nubia* 7: 52-54.

第11章

繁栄と改革
（新王国時代1）

　ヒクソスを駆逐したアハメスは、北と南に分断されていたエジプトを再統一する。新王国時代の幕開けである。新王国時代は、オリエント世界をも版図に治めたまさに「帝国」を築いた時代である。それは、ヒクソスによる異民支配という屈辱的な経験を経たからであり、軍事遠征を積極的に行い、北はレヴァント、南はヌビアにて、領土拡大を推し進めた。これにより、エジプトは戦利品や異国情緒豊かなモノで溢れ、史上最も繁栄した時代となったのだ。首都はかつてのメンフィスに戻るが、その一方でテーベ（現ルクソール）が宗教の中心地として重要視されるようになる。その理由はアメン神信仰にある。アメン神はもともとテーベの地方神であったが、アハメス王の出身地がテーベであることから、アメン神がエジプトに勝利をもたらしたと考えられるようになった。王たちは、国家神となったアメン神（またはアメン・ラー神）の総本山であるカルナク神殿に寄進した。第18王朝後半に、アクエンアテン王によるアテンの一神教改革が起こるが、それは影響力を増大させたアメン神官団に対抗するためであった。

通史

1 ピラミッド・コンプレックスの放棄

　アハメス王がアビドスに建てたピラミッドを最後に，新王国時代のファラオはピラミッドの建設を止める。その代わりに，テーベ西岸の低位砂漠の縁に，クルナ村の山（アル＝クルン）をピラミッドに見立てて葬祭殿を建設し，山の背後の「王家の谷」に王墓を造るようになる（図11-2）。つまり，自然地形を上手く使って，ピラミッド・コンプレックスをテーベ西岸全体に当てはめたようである。「王家の谷」は東と西の二つの谷で構成され，王墓は岩肌を穿って造られている（図11-3）。これまで62基の墓が確認されているが，その最後の62番目が，かの有名なツタンカーメン王墓である。葬祭殿は，王が死後，アメン・ラー神またはオシリス神と化して来世で永遠に生きるための祭祀が行われる場所である。ただし，そうした祭祀活動は王の生前から実施されていたようで，そのため「記念神殿」ともよばれている。

　ファラオによるピラミッド建設は，第18王朝で終焉を迎えるが，しかし，ピラミッドの形状は，官僚や神官などの王以外の墓の上部に造られるようになり，古代エジプトを表象するこのかたちは，その後も引き継がれていく（図11-4）。

2 軍人王：トトメス1世

　第18王朝の創始者アハメス王は，ヒクソスとの戦いに勝利して国土の再統一を果たしたものの，外部からの脅威はいまだ残っていた。そこで，最初の大規模な軍事遠征を行ったのがトトメス1世である。彼は王家の血筋でなく軍人あがりであったため，王家の娘と婚姻することで，アメンヘテプ1世から王位を継承したとされる。彼の軍事遠征はまず，ヌビアに対して行われた（図11-1）。クシュ王国を打倒すべく第3カタラクトまで侵攻し，彼らの中心地ケルマを制圧した。その戦いの模様は，エル・カブにあるアバナの息子ア

第11章　繁栄と改革（新王国時代 I）

図11－1　新王国時代の版図

ハメスの墓に記されているが，まさにそれは残忍極まりなく，トトメス1世は，クシュの支配者を船首に吊り下げてエジプトに帰還したという。ヌビア支配の成功を受け，北レヴァント（現シリア）への軍事遠征を開始する。ここはミタンニ王国が支配する土地であるが，トトメス1世はその奥地のユーフラテス川まで侵攻したともいわれている。だが，当時のエジプトはミタンニに比肩する軍事力はまだなく，制圧するには至らなかったと考えられている。いずれにせよ，トトメス1世の軍事活動により，エジプト政府の財政は安定

139

通史

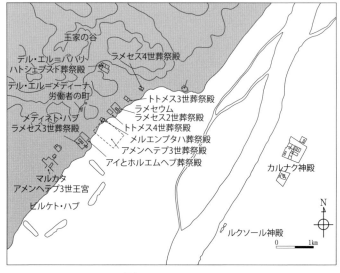

図11−2　テーベ

し，その後の繁栄の基盤を確立させた。

3　女性のファラオ：ハトシェプスト

　第18王朝の特徴の一つは，王家の女性が重要視されるようになったことだ。この頃から，王家に生まれた娘は王以外と婚姻してはいけないという原則が明確化し，ファラオの継承に王女の存在がより重要となった。また，アハメス王の妃アハメス・ネフェルタリは「アメンの神の妻」という称号をもつが，これは国家神を祀るカルナク神殿の神官職に従事し，王妃が強力な権限を有していたことを示す。この称号は代々王妃に受け継がれていくが，そうした王妃の地位の変化のなかで，女王ハトシェプストが登場する。

　ハトシェプストは，トトメス1世とアハメスの娘であり，異母兄弟の王トトメス2世と婚姻する。トトメス2世がわずか数年で他界したため，ハトシェプストの甥がトトメス3世として王位につくが，まだ幼少であったため彼女が摂政として共同統治を行う。しか

140

第11章　繁栄と改革（新王国時代1）

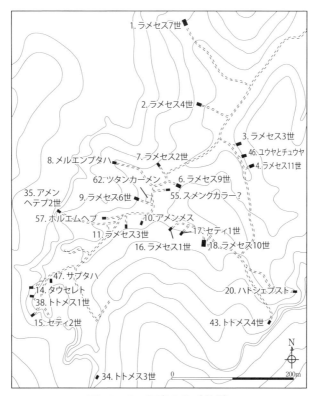

図11－3　王家の谷（東谷）

図11－4　ピラミッドをもつ墓

141

しハトシェプストは，わずか数年後には権力を掌握，自らを王とよび，即位名「マアトカーラー」をカルトゥーシュで書くようになる。それは彫像やレリーフなどの表現にもみられ，当初は女性的であったが（図11-5），王としての正当性を示すため付け髭のある伝統的な男性像で描かせた（図11-6）。歴代のファラオと同様，彼女も建設事業に傾注し，カルナク神殿に「赤の祠堂」を建立，オベリスクも4本寄進した。ヌビアやシナイも含めて手広く建設活動を行ったが，なかでも最大の建造物は，デル・エル＝バハリの葬祭殿だ（図11-7）。ここには，中王国時代のメンチュヘテプ2世の葬祭殿がすでに建てられていたが，その横に，自分と父トトメス1世に捧げる葬祭殿を造営した（図11-8）。建築様式もメンチュヘテプ2世のそれを取り入れ，特異ながらも優美な3段のテラス式である。各テラスはスロープで結ばれ，その両脇に柱列が配されている。葬祭殿の壁面にはレリーフが施されているが，中でも注目されるのが2段目の柱列のレリーフだ。北側の列柱の壁面には，ハトシェプストの神聖なる誕生が描かれ，自らの王位の正当性を示している。一方の南側に描かれているのが，かの有名なプント遠征だ。プントの正確な場所はまだ判然としないが，ソマリアやエチオピアなど紅海の入口周辺と考えられている（図1-1）。壁画には，大型海洋船の航行と，金や香木などエキゾチックなものがエジプトに運び込まれる様子が描かれる。また，遠征隊がプントに到着した場面もあり，そこではプント国王と恰幅のよい女王が彼らを迎え入れている（図11-9）。

　この優美な葬祭殿は修復も施され，ルクソールの一大観光スポットとなっているが，壁画に描かれたハトシェプストの姿をほとんど見ることはできない。なぜなら，彼女を描いた像やカルトゥーシュはことごとく掻き消され，彼女の彫像も破壊されてしまったからだ。こうした破壊は葬祭殿のみならず，彼女が関わった全ての建物でなされた。この「記憶の抹消」を行ったのが，トトメス3世である。

第11章　繁栄と改革（新王国時代１）

図11-5
ハトシェプスト像（女性的表現）

図11-6
ハトシェプスト像（男性的表現）

図11-7　ハトシェプストの葬祭殿

4　古代のナポレオン：トトメス３世

図11-8　ハトシェプストの葬祭殿平面図

図11-9　プントの王妃

ハトシェプストは，共同統治の約20年目で死去したとされるが，その頃にはトトメス３世はすでに大人。単独王権を得た彼は，空白の時間を取り戻し，ファラオとしての実績を出すため，対外政策に力を注いだ。特に，ハトシェプストが西アジア遠征を行わなかったためにミタンニ王国の勢力下となってしまったレヴァントを取り戻すべく，計17回の軍事遠征をしたと，カルナク神殿の彼の年代記は伝える（図11-10）。交易の要衝都市メギドを陥落させ，オロンティス川まで北進，ミタンニ王国からこの地を奪還することに成功する。祖父トトメス１世よりも版図を広げ，トトメス３世はエジプトの帝国支配を確立させた。古代のナポレオンとよばれるゆえんである。その支配体制も特筆され，制圧した国の王子や王女を連れ帰り，エジプトの教育を与え，エジプト化させるのだ。こうすることで親エジプト的となり，支配が容易になる。ほぼ毎年行われたトトメス３世の西アジア遠征により，エジプトはその戦利品に潤った。特に，アメン神のご加護による勝利として，戦利品の数々がカルナク神殿に寄進され，アメンの神官団はその富を享受した。

さて，ハトシェプストの「記憶の抹消」についてだが，こうした

軍事活動が一段落ついた治世の末期に行われたようだ。その理由は定かではないが、晩年になって破壊行為が始まったことから、遺恨を晴らすだけでなく、王位継承に関わる政治的な目的であったともいわれている。トト

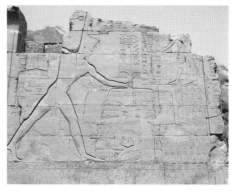

図11-10　トトメス3世のレリーフ

メス3世は、在位最後の2年間、息子（後のアメンヘテプ2世）に王権を引き継ぐために共同統治をとるが、同じく継承権をもつハトシェプスト側の人々を退けるために、「記憶の抹消」を行ったとの考えもある。

5　建築王：アメンヘテプ3世

　トトメス3世など先代のファラオたちが積極的な対外政策を行ったため、アメンヘテプ3世が王位に就いたときにはすでに、エジプトは安定した帝国にあった。そのため、約40年間の治世中、アメンヘテプ3世は軍事遠征をほとんど行わなかった。そのかわり、繁栄と平和を基盤に、建築活動に力を注いだ。ヌビアを含めたエジプト全土で神殿や聖所の建造と改修をてがけ、歴代ファラオのなかで最も多くの建造物を建てたことで知られる。

　アメンヘテプ3世は、トトメス4世とムウトエムウィア王妃の息子であり、12歳頃に即位したとされる。治世2年目には、ティイと婚姻。彼女は中部エジプトのアクミム出身の有力貴族イウヤとチュウヤの娘であり、それまでの王女を正妃に迎える慣習を破った婚姻であった。そのためか、結婚記念行事を大々的に行い、彼女との婚姻の正当性を誇示したようだ。二人の間には少なくも4人の娘が

145

通史

図11−11　カルナク神殿

いたが，アメンヘテプ3世は晩年に長女のサトアメンを王妃にしたようである。これは，王家女性との婚姻により王権の正当性を再度強化するためであったかもしれない。

　彼の精力的な建築活動のなかでも，テーベでのそれは特筆される。東岸のカルナク神殿（図11-11）では，アメンヘテプ2世がアメン神殿の正面に建立した柱廊を取り壊し，第3棟門を建てた。さらにその前庭部にパピルス柱を2列に並べ，神殿の新たな正面玄関を構築した。ここは後にラメセス2世により，大列柱室として完成する（図11-12）。ルクソール神殿（図11-13）では，大規模な改築を行い，

146

最大規模のパピルス柱を配した柱廊や列柱中庭，神聖な誕生神話を描いた部屋などを築き，今見る神殿の姿をほぼ完成させた（図11-14）。

テーベ西岸では，壮大な葬祭殿と王宮を造営した。アメンヘテプ3世の葬祭殿は，先述したハトシェプスト女王のそれを凌ぐ規模である。現在，葬祭殿には「メムノンの巨像」として有名な高さ20mの巨大な王の座像が2体残るのみだが（図11-15），20世紀中葉のスイス隊の

図11-12　カルナク神殿の大列柱室

発掘，そして近年におけるH.スルジアンによる修復・復元作業を含めた調査により，その全貌が明らかになりつつある（図11-16）[1]。本来，巨大な棟門が三つ並び，その第1棟門の前に鎮座していた像が「メムノンの巨像」であり，第2，第3棟門の前にも同じく一対の王の座像が存在していたことが発掘により判明した。さらに北門には一対の立像があり，これは現在，復元を経て元の姿で立てられている。第3棟門の背後が柱列中庭となり，ここからはライオンの女神セクメトの座像が数多く出土した。当時のエジプトにおいて最大の建造物であったアメンヘテプ3世の葬祭殿は，紀元前1200年頃に起きたとされる地震により「メムノンの巨像」だけを残して全て崩壊し，その石材は再利用建材として運び出されてしまったようだ。

この葬祭殿の南方に，アメンヘテプ3世のマルカタ王宮は位置する（図11-17）。王は自身のセド祭（王位更新祭）のために，ここに

147

通史

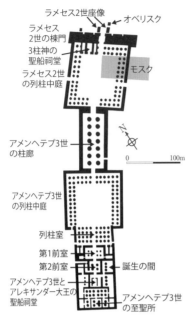

図11−13　ルクソール神殿

図11−14　ルクソール神殿の列柱

巨大な王宮を建造した。王宮は，主王宮，北宮，居住区，倉庫，アメン神殿などで構成され，全てが日乾レンガで造られている。王宮の東側には，ビルケト・ハブとよばれる人造湖が造成されたが，これが圧巻である。南北に2km，東西に1kmの規模をもつ。現在，ビルケト・ハブは埋まってしまったが，造営時に掘り出した土を盛った巨大マウンドの列は今も見ることができ，そのスケールの壮大さに驚かされる。セド祭では，この人造湖に王と神像を載せた2隻の船（昼と夜の船）を浮かべ，天空と冥界を航行する太陽神を真似た儀礼を執り行ったようだ。

　王宮の建物は全て，壁から天井まで鮮やかな装飾で彩られていた。しかし，レンガ造りの王宮は長年の浸食により廃墟と化し，天井は崩れ落ち，壁は基礎部を残すのみであり，壁面装飾の具体的な内容はわかっていなかった。だが，1980年代に王宮の発掘を行った早稲田大学の調査隊が，彩色装飾を復元する快挙を成し遂げた。なかでも主王宮にある王の寝室天井画の復元は特筆され，

第11章　繁栄と改革（新王国時代Ⅰ）

図11−15　メムノンの巨像

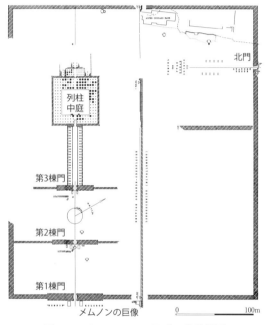

図11−16　アメンヘテプ3世葬祭殿

　それは，11×5mの天井全面に両翼を広げたハゲワシのネクベト女神（王権の守護神）が連続して描かれたものであった。この復元に至るまでには多大な労苦があったそうだ。復元を指揮した西本真一氏によれば，寝室から出土した彩画片は2,000点ほどだが，その接合作業は，完成図がなく，ピースが不足かつ混在したジグソーパズ

149

通史

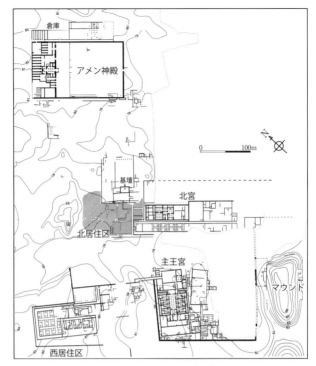

図11-17　マルカタ王宮

ルに挑むようなものだったという[2]。しかしそのおかげで，荘厳できわめて華麗であった王宮の一端を，我々は知ることができる。

　アメンヘテプ3世はこのように建築活動を積極的に進めたが，注目すべきは，神殿などに描かれる図像や彫像で太陽神との繋がりがとりわけ強調されている点だ。さらにアメンヘテプ3世は，太陽神の一形態であるアテン神も取り入れ，マルカタ王宮に「ネブマアトラー（即位名）はアテンの輝き」という名前を与えている。アメンヘテプ3世がアテン神を含めた太陽神を重要視した理由として，河合望氏によれば，政治的影響力を強めてきたアメン神官団は当時，王権にとって脅威であり，アメン神に変わる信仰対象を必要としていたためという[3]。天空に輝く日輪を指すアテン神はその後，アメ

ンヘテプ4世により唯一神となるが，アメンヘテプ3世の治世から
すでにその布石は打たれていたのだ。

6 アマルナ宗教改革：アクエンアテン

　アメンヘテプ3世は治世39年頃に死去し，彼と正妃ティイの次男がアメンヘテプ4世として即位する。彼は治世当初から，カルナクにアテン神殿を建造するなど，アテン神信仰を推進した。だが，アテンを国家神として祀るには，アメン神とその神官団が盤石なテーベにおいてそれは困難であった。そこで治世5年目，アテン神およびそれまでの伝統的な宗教と決別すべく，アメンヘテプ4世は，エジプト中部のアマルナの地に新都アケトアテン（「アテンの地平線」の意）の建設をスタートさせ，アテン一神教の宗教改革を加速させた。さらに，誕生名をアメンヘテプ4世から「アクエンアテン（「アテン神に有益な者」の意）」に改名する。

　アマルナは，テーベとメンフィスのほぼ中間に位置し，どの神にも属さない土地であった。一方を川に三方を断崖に囲まれた地形をなすここは，宗教的・政治的介入の回避のみならず，防衛的にも優れた場所なのだ。アテン神は，動物や人間の姿をとるこれまでの神々と異なり，日輪とアンク（生命）をもつ太陽光線で表現される。この神を唯一神とするアマルナ宗教改革では，「マアト（真理）」のもとに，愛や平和を尊ぶ理想郷をアケトアテンに求めた（テーマⅤ参照）。ここではまず，周囲に境界碑（ステラ）を立て，アテンの聖地の領域を定めた。その内部に，都市が計画的にレイアウトされている（図11-18）。北の崖際にはファラオの河岸王宮を含む「北の市街」があり，その南に王妃・王女の「北の王宮」，一般居住区の「北の郊外」，そして神殿や官庁街のある「中央行政区」が配置され，これらは「王の道」とよばれる目抜き通りで繋がっている。

　こうした大規模な都市の建設は急ピッチで進められ，わずか5年

通史

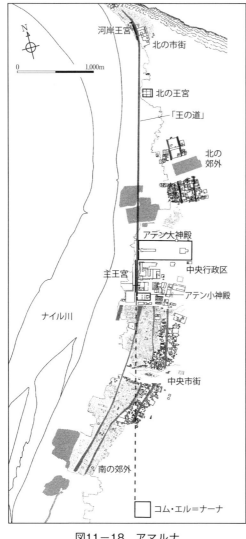

図11-18　アマルナ

間で完成した。それを可能にしたのが，規格石材（タラタート）の発明だ。石材の大きさを52×26×24cmに揃えることで，持ちやすく，運びやすく，積みやすくなる。エジプトは石造建築で有名だが，それまでのピラミッドや神殿では規格材は使われていなかった。アクエンアテンの治世に初めて導入されたこの新たな建設技術は，短期間で新都を築くためのエジプト人の知恵なのだ。

　アクエンアテンが求めた理想郷であるが，その実現による代償もあったようだ。近年のアマルナ調査では，一般の人々の墓地（南墓地）が発見された。どれも地面を穿って遺体を埋めた単純な埋葬である。200体以上の人骨が出土したが，分析の結果，その多くが25歳以下であり，かつ頚椎の損傷や栄養不良などの痕がみられるという[4]。急ピッチに進められた理想郷の建設は，庶民に過酷な労働を

強いたのだ。

　アクエンアテンの治世で特筆されるのは、「アマルナ美術」とよばれる新たな表現方法の開花である。その特徴は、写実性と美しさにある。例えばアクエンアテンの像では、長い後頭部、面長の顔、分厚い唇、切れ長の眼、張り出した腹など、彼の身体的特徴が写実的または誇張的に表現されている（図11-19）。エジプトの最高傑作とも謳われる正妃ネフェルトイティ胸像も、写実的でありつつも均整のとれた美しさをきわめたものだ。「アマルナ美術」は従来の定型的な様式を捨て、生き生きと豊かな表現を追求したもので、後の美術様式に大きな影響を与えた。

図11-19　アマルナ美術

　アマルナの時代は、治世17年目頃にアクエンアテンが死去するとともに終焉を迎える。なぜなら、アテン信仰では、アクエンアテン自身が唯一の崇拝対象であり、唯一の祭祀者であったからだ。彼の死により一気にアテン信仰は衰退し、アメン神官団によるアメン信仰および伝統的な多神教世界が復活する。

主要参考文献

Kozlof, A.P. and Bryan, B.M. (eds.) 1992 *Egypt's Dazzling Sun: Amenhotep III and his World*, Cleveland.

Roehrig, C.H. (ed.) 2005 *Hatshepsut: From Queen to Pharaoh*, New Haven and London.

Seyfried, F. (ed.) 2013 *In the Light of Amarna: 100 Years of the Nefertiti Discovery*, Berlin.

近藤二郎　1998「アメンヘテプ三世とその時代」『岩波講座　世界歴史2―オリエント世界』岩波書店

N.リーブス・R.H.ウィルキンソン（近藤二郎訳）　1998『図説　王家の谷百科』原書房

引用

1) Sourouzian, H. 2010 "The temple of Millions of Years of Amenhotep III: Past, Present, and Future Perspectives", in Leblanc, C. and Zaki, G. (eds.), *Memnonia: Cahier supplémentaire 2*, Cairo: 91–98.
2) 西本真一　2002『ファラオの形象―エジプト建築調査ノート（知の蔵書21）』淡交社
3) 河合望　2012『ツタンカーメン　少年王の謎』集英社
4) Zabecki, M. and Rose, J. 2010 "Bioarchaeological Findings from the Amarna South Tombs Cemetery", *Horizon: The Amarna Project and Amarna Trust newsletter* 8: 5–9.

第12章

帝国と衰退
（新王国時代２）

　第18王朝末では、アクエンアテン王の死とともにアテン一神教改革は終わり、国家神アメンを中心とする多神教世界への復興が早急に進められた。その任務を最初に担ったのが、少年王ツタンカーメンである。軍人上がりの王ホルエムヘブが復興をさらに進め、行政改革も積極的に行った。続く第19王朝は、ホルエムヘブを創始とする軍人出身のファラオであり、その軍事力を基盤に、第18王朝を凌ぐ帝国を築いた。その絶頂が、大王ラメセス２世の治世である。彼は軍事遠征と建築事業を大々的に行い、エジプトに栄華をもたらした。第20王朝のラメセス３世はラメセス２世をロールモデルとして積極的に活動した。しかし、ラメセス３世を最後にしてエジプトは衰退の一途を辿り、史上最も繁栄した新王国時代は終焉を迎える。

通史

1　少年王：ツタンカーメン

　エジプトで最も有名なファラオ，ツタンカーメン。アマルナの一神教改革が破綻した後の激動の時代に生きた王である。ツタンカーメンは，幼少期をアマルナの王宮で過ごしたと思われる。そして，アクエンアテンの死後，王位はスメンクカラー王を経て，若干10歳のツタンカーメンに継承される。王となったツタンカーメンは，かつてのアメンを国家最高神とする多神教世界を復興させ，首都をアマルナから本来のメンフィスに遷都した。さらに，誕生名も，ツタンカーテン（正確にはトゥト・アンク・アテン）からツタンカーメン（トゥト・アンク・アメン）に変え，アテンとの決別を図った。

　ツタンカーメンについては謎が多い。それは，彼に関する資料がきわめて少ないからである。なぜなら，ホルエムヘブにはじまる後世の王たちにより，アマルナ時代の歴史的抹消が行われたからだ。神殿ではアテンやアクエンアテンの名前や図像がことごとく削除され，王名表などでは，ツタンカーメンを含むアクエンアテンからアイにいたるアマルナ関連の王名が省かれ，歴史から抹殺されてしまったのだ。そのツタンカーメンを歴史の舞台に戻したのが，イギリスの考古学者H.カーターによる王墓の発見であった。

　カーターによる世紀の大発見は1922年11月4日のことだが，そこに至るまでの道筋は長く，決して平坦ではなかった。彼は1891年，イギリス調査隊の画家として初めてエジプトの地を踏む。その後も模写の才能を買われ彼は，各地の現場に携わるようになり，エジプトに魅了されていく。そして1899年，エジプト考古局の主任査察官に任命され，着々と業績を挙げるも，観光客との事件に巻き込まれ，査察官を辞職することとなる。その苦境のなかで出会ったのが，カーナヴォン卿であった。カーナヴォン卿はカーターを雇って，テーベ西岸などで発掘調査を実施し，数々の成果を出していった。しかし，二人の本来の目標は「王家の谷」の調査であった。それまで

第12章　帝国と衰退（新王国時代2）

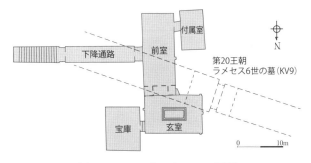

図12-1　ツタンカーメン王墓

調査権を独占していたS.デイヴィスが「王家の谷は掘り尽くされた」という言葉を残してエジプトを去ったことで，1915年，幸運にも彼らに調査権が舞い込んできた。カーターは，デイヴィスが発見した遺物などからツタンカーメン王の存在とその墓が未だ眠っていることを確信していた。そこで，これまで発掘された場所の綿密な地図をつくり，岩盤まで調査が及んでいない箇所を把握した。それはラメセス6世王墓付近であり，そこを集中的に調査することを決めたのだ（図12-1）。しかし堆積がとても厚く，発掘がなかなか進まず，思うように成果を挙げることができなかった。そのため，カーナヴォン卿からは資金提供の打ち切りを迫られ，1922年冬の調査が最後のチャンスであった。その最終シーズンを開始して3日後，探し求めていたツタンカーメン王墓の入口をついに発見。まさに，カーターの熱意と忍耐，そして緻密な調査の所産であった。

　11月24日，カーナヴォン卿の到着をまって，カーターは王墓内にはじめて足を踏み入れることとなる。封鎖された壁を開けて内部を覗いたカーターが，「何か見えるかね」と尋ねたカーナヴォン卿に，「ええ，素晴らしいものが」としか言えなかった話はあまりにも有名である。王墓は，前室，付属室，宝庫，玄室の4部屋からなり，金箔で装飾された眩い副葬品で埋め尽くされていた（図12-2）。唯一壁面装飾が施された玄室には，4重の木製の厨子が部屋いっぱ

通　史

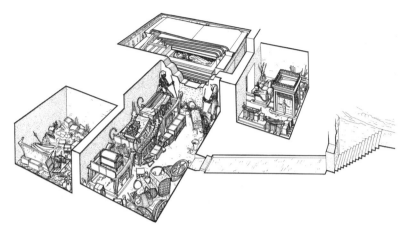

図12−2　副葬品に満たされたツタンカーメン王墓

図12−3
ツタンカーメンの黄金のマスク

いに収められ，そのなかに花崗岩製の石棺，さらに石棺の中に３重の人型棺が横たわっていた。第１と第２の人型棺は金箔を貼った木製だが，第３は純金である。そして第３の棺を開けると，黄金のマスクを被ったツタンカーメンのミイラが眠っていたのだ（図12-3）。発見から程なくして本格的な調査が開始されるが，イギリスやアメリカの研究者による調査チームが結成され，数千点にのぼる副葬品の記録作業と搬出作業には10年という膨大な時間がかかった。

　カーターによって，ツタンカーメンが第18王朝末に実在したファラオであることが確証されたが，それでも彼の生涯についてはいまだ謎が多い。特に親族関係について，王妃は兄姉であるアンケセ

ナーメンだが，両親については，アメンヘテプ3世かアクエンアテンかでこれまで長く議論されてきた。近年発表されたエジプト政府によるDNA鑑定では，アクエンアテンが父親の可能性が高く，河合望氏も考古資料からその蓋然性は高いという。では，母親はだれか。DNA鑑定では，アメンヘテプ3世とその王妃ティイの娘，つまりアクエンアテンの姉妹という結果が得られた。そうなると，二人の王妃ネフェルトイティとキアのどちらかとなるが，河合氏によれば，ツタンカーメンが「王家の谷」にアクエンアテンを再埋葬した時に，キアの副葬品を再利用していることなどから，ネフェルトイティが母親である可能性を示唆している。

　彼は19歳ほどで死去したとされるが，その死因についてもこれまで謎であり，毒薬による暗殺説などミステリアスに語られることもあった。しかし，先述のエジプト政府の調査では死因についても追求しており，CTスキャンの結果，頭部に致命傷となる外傷がないことから他殺ではないことが判明した。さらにCTスキャンからは，ツタンカーメンは生まれながら左足に疾患を抱えていたこともわかった。たしかに，副葬品の中には杖をつくツタンカーメンの姿がある。加えて，DNA鑑定でマラリア原虫が検出されたことから，先天的な足の疾患とマラリアによる合併症が主な死因と判断された。しかし河合氏は，マラリアは当時広く蔓延していたので，すでに抗体をもっているはずであり，それが直接の死因にはなり得ないという。最先端科学を駆使しても，ツタンカーメンはいまだ謎多きファラオなのである。

2　ツタンカーメン以後の第18王朝

　ツタンカーメンは少年王であったため，彼の政権は実質的にはアイとホルエムヘブに委ねられていた。アイは，ツタンカーメンとアンケセナーメンの後見人であり，アクエンアテン時代からの王宮を

通史

図12-4
アイ王による「口開けの儀式」の場面

取り仕切る廷臣であった。ホルエムヘブは軍事司令官として，また摂政として実質的な行政の最高責任者であった。ツタンカーメンは子供に恵まれなかったため，彼の死後，影の実力者であったこの二人が後継者候補となる。ホルエムヘブは行政の実権を握ってはいたが，王家の血筋とは全く関係がなかった。一方，アイも純粋な王家の血筋ではないものの，アメンヘテプ3世の王妃ティイとの血縁関係にあるアクミム出身者であり，古くから王族との緊密な関係にあった。未亡人となったアンケセナーメンの信頼も厚く，彼女をサポートするかたちで王位を継いだ。ツタンカーメンの玄室には，死した王に対して「口開けの儀式」を行うアイの姿が描かれているが（図12-4），これは王位継承に最も重要な儀式であり，先王の埋葬を行ったことを誇示することで，その正当性を示したのであろう。

しかし，アイは高齢で王となったため，わずか4年ほどで他界してしまう。そこで次に即位したのが，ホルエムヘブであった。かつてツタンカーメンの政権を握っていた彼は，我こそが次期王と目していた。しかしそれは叶わず，さらにアイの政権下では，軍事司令官および摂政の称号が剥奪され，冷や飯を食わされていた。そうしたことから即位後，ホルエムヘブの激しい復讐劇がはじまる。アケトアテンの都を解体し，アクエンアテンからアイにいたる王の建造物を破壊，または自分の名前に書き換えたのだ。これが，アマルナ

時代の歴史的抹消の経緯である。

　ホルエムヘブ王は，子供に恵まれなかったようであり，彼と同じ軍人上がりで宰相を務めていたパラメセスを後継者に任命した。ホルエムヘブの死後，パラメセスは即位名をラメセス（1世）として王位に就いた。ここから第19王朝がはじまる。このように第19王朝は，それまでの王家の血筋とは断絶し，ホルエムヘブを創始とする軍人出身のファラオによって開始されたのである。その強力な軍事力をバックに，第18王朝を凌ぐ帝国を築いていった。

3　大王：ラメセス2世（第19王朝）

　ラメセス1世の孫，第19王朝3番目のファラオが，かの有名なラメセス2世である。ラメセス2世は長命なファラオであり，在位期間は67年，およそ90歳まで生きたとされる。王妃はネフェルタリとイシスネフェレトの2人であるが，他にも6人の妻がいたようで，100人以上の子供をもったとされる。歴代ファラオのなかで，最も偉大で強力な王として讃えられ，大王ともよばれている。その理由は主に二つあり，彼が積極的に行った軍事政策と建設事業だ。

　ラメセス2世は治世4年目に，北レヴァントへの軍事遠征を行う。この頃，当地の情勢は危機的状況にあり，ミタンニ王国の弱体化により，ヒッタイト王国の勢力が浸透していた（図11–1）。特に交易の要衝であるカディッシュは，先代のセティ1世も奪還できなかった場所であった。ラメセス2世は，2万人からなる4師団の軍勢を率いて侵攻し，カディッシュ奪還に向かう。ヒッタイト王ムワタリの軍勢が北に撤退したとの情報を得た王は，第1師団を引き連れカディッシュへと急進し，陣営を張った。しかしこの情報はおとりであり，ムワタリ軍はカディッシュに隠れて待ち伏せしていたのだ。ムワタリ軍はまず，カディッシュに向かって行軍する第2師団を攻撃して援軍を絶ち，間髪入れずにラメセス2世率いる第1師団

通史

図12−5　カディッシュの戦い（アブ・シンベル神殿）

へと攻め上がった。エジプト軍は大打撃を受けたが、その後の援軍により、なんとか兵を立て直すことができた。戦いは膠着状態に陥り、最終的にはムワタリが和解を提案し、エジプト軍は引き返すこととなった。この古代で最も有名なカディッシュの戦いは、神殿などのレリーフにその模様が刻まれているが、そこではラメセス2世の勝利が示されている（図12-5）。実際はカディッシュを制圧することはできなかったわけだが、王の偉業のプロパガンダとして戦いが描かれているのだ。その後ヒッタイトとは戦いが繰り広げられたが、第3勢力アッシリアの脅威が増大してきたため、治世21年目の紀元前1259年、ラメセス2世とヒッタイト王ハットゥシリ3世は、和平条約を結んだ。これは史上初の和平条約であり、共同防衛、捕虜の返還などが取り決められた。

　和平条約により、レヴァント情勢が安定してきたことから、ラメセス2世は国内の建設事業に専念するようになる。まずは、ルクソール神殿を増築し、巨大な棟門と列柱中庭を加えた。この二つはアメンヘテプ3世による大列柱廊と軸線を異にするが（図11-13）、それは対岸に建造した葬祭殿に平行させるためであったと考えられている。その西岸にある葬祭殿は「ラメセウム」とよばれ、一辺200m規模と広大で、棟門が二つ聳え立つ（図12-6）。中庭には、「若

162

第12章 帝国と衰退(新王国時代2)

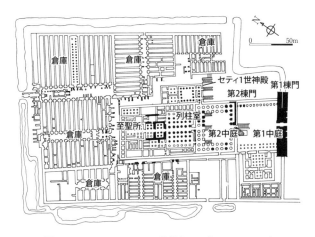

図12-6 ラメセス2世葬祭殿「ラメセウム」

きメムノン」とよばれる高さ20mの花崗岩製の座像が対をなして鎮座していた。第2章で述べたように，この最大規模の王の座像の上部はイタリア人探検家G.ベルツォーニによって運び出され，現在イギリスの大英博物館に展示されている(図2-3)。同様に巨大な立像はメンフィスの神殿にも立てられ，これまで2体発見されている。うち1体はメンフィス博物館に展示されて，もう1体はカイロのラメセス中央駅前に据えられた。後者はしかし，排気汚染などの劣化を懸念して2006年にギザへと移動され，現在建設中(2017年現在)の大エジプト博物館に展示される予定である。

ラメセス2世の建造物で最も有名なのが，アブ・シンベルであろう。アスワンから200km以上南のスーダンとの国境付近，ナセル湖のほとりに位置する。砂岩の岩山を彫り抜いて築いた大小二つの神殿からなる。大神殿は，アメン，ラーホルアクティー，プタハの神々と，神格化されたラメセス2世に捧げたものだ(図12-7)。圧巻は神殿の正面であり，高さ20mの座像が4体並び，これも岩山から彫り出して造られている。内部の列柱室は，オシリス神と化し

163

図12−7　アブ・シンベル大神殿

たラメセス2世の像を抱く8本の角柱で支えられている。最奥の至聖所には三つの神々とラメセス2世の座像が並ぶ。意図的な設計かは定かでないが，毎年2月22日と10月22日にのみ，朝日が至聖所に一直線に差し込み，神々の像を照らすという。小神殿は，王妃ネフェルタリとハトホル女神に捧げた神殿である。この二つの神殿は，アスワンハイダムの建設によりナセル湖に水没する危機にあり，ユネスコの救済キャンペーンにより1960年代に解体・移設されたことでも有名である。

　こうした巨大建造物に代表されるように，ラメセス2世のカルトゥーシュ（王名枠）を目にしない遺跡はないほど，エジプト全土で建設事業を展開した。ただし，それは全てを新たに建造したのではなく，それまでの建築物，特にアメンヘテプ3世による建造物を再利用，または名前を書き換えたものも多い。それでもやはり，ラメセス2世の残した神殿や彫像は壮麗で，エジプト帝国の絶対的な強

さを今に残すものである。

　ラメセス2世は、デルタ東部に新たな都市ピラメセスを築いたことも特筆される。ヒクソスの都があったテル・エル＝ダバアから北のカンティールに至る広大な都市である。部分的な発掘のため、その全容は明らかではないが、西アジアとの交易および軍事活動の拠点として機能したとされる。レヴァント系の移住者も多く、なかでも和平条約を締結したヒッタイトの人々は、彼らがもつ最新鋭の武器をここで生産し、エジプト人に戦術を教えていたようだ。

4　最後の偉大な王：ラメセス3世（第20王朝）

　第19王朝も末期になると政治的混乱が生じ、そのなかでファラオの直系ではないセトナクトが王位につき、第20王朝が始まる。セトナクトは即位して数年で死去し、共同統治にあった息子が王位を継承し、ラメセス3世と名乗る。ラメセス3世は「最後の偉大な王」ともよばれるが、それは、エジプト帝国のファラオとして大々的な建築事業と軍事活動を行った最後の人物だからだ。この頃、古代ギリシアではミケーネ文化の崩壊による「暗黒時代」に入り、東地中海世界に政治的混乱期がおとずれる。そのなかで「海の民」が暗躍するようになる。「海の民」とは単一の民族ではなく、エーゲ海や

図12－8　ラメセス3世の「海の民」との戦い

通史

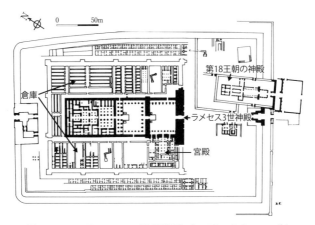

図12-9　ラメセス3世葬祭殿「メディネト・ハブ」

　小アジアから移住地を求めて船で彷徨い、各地で戦闘と略奪を繰り広げた海賊のような人々の集まりだ。彼らは、ヒッタイト帝国の都ハットゥシャを破壊、レヴァントの主要な町も次々に打ち壊していった。彼らの最終目標はエジプトであり、ラメセス3世の治世8年目、ついにその波が訪れた。彼らは隣国リビアと手を組み、陸と海からデルタに攻撃を加えてきた。しかしエジプト軍はその動きを事前に察知しており、要塞を築いて陸からの侵略を防衛、河口には多数の戦艦を配備して海からの侵入を防ぐことに成功した（図12-8）。
　ラメセス3世は国内での建設事業を積極的に行ったが、最も力を入れたのが自身の葬祭殿メディネト・ハブである。ルクソール西岸の南端に建造されたこの葬祭殿は、最も保存状態の良い建造物の一つとして、観光地としても有名だ。もともと、ハトシェプストとトトメス3世が建立した小神殿があったが、それを抱き込むようにラメセス3世は葬祭殿を建築した（図12-9）。二重の日乾レンガ壁体で囲まれた長軸300mほどの敷地中央に、二つの巨大な棟門をもつ神殿が建てられている（図12-9）。第1中庭の西側には宮殿が設けられているが、これら全体的なデザインはラメセス2世の葬祭殿ラ

メセウムを真似たものである。壁体はレリーフ装飾で埋め尽くされており，詳細に描かれた「海の民」との戦いの場面は圧巻だ(図12-8)。

　ラメセス3世の時代もその後半に，陰りがみえてくる。彼は全国の神殿に次々と土地を寄進していった。その結果，国土の多くが神殿の所有地となってしまい，国家財政の逼迫をもたらした。国に仕えていた労働者が賃金を訴えて，史上初のストライキをおこしたほどである。また，富を集めた神官団は，その経済力をバックに王権に対する影響力を高め，国家と神殿の力関係は逆転してしまう。ラメセス3世の死後，同名の王が11世まで続くが，この国家の衰退と経済の混乱を立て直すことはできなかった。

主要参考文献

Bietak, M. 1979 *Avaris and Piramesse: Archeological Exploration in the Eastern Nile Delta*, London.

Kitchen, K.A. 1982 *Pharaoh Triumphant: The Life and Time of Ramesses II King of Egypt*, Warminster.

Murnane, W.J. 1995 "The Kingship of the Nineteenth Dynasty: A study in the Resilience of an Institution", in O'Connor, and Silverman, D. (eds.), *Ancient Egyptian Kingship*, Leiden: 185-217.

河合望　2012『ツタンカーメン　少年王の謎』集英社

N.リーブス（近藤二郎訳）　1993『図説　黄金のツタンカーメン』原書房

第13章

侵略と終焉
(第３中間期～プトレマイオス朝)

　新王国時代の第20王朝以降、国土全体を統治する強力なファラオは姿を消し、それまでの中央集権国家体制は瓦解した。そのため、第３中間期からプトレマイオス王朝にいたるおよそ1,000年間、エジプトは隣国からの侵略を繰り返し受け、ファラオを名乗る異国の支配者によって統治された。そして紀元前30年、クレオパトラ７世の自害をもって、3,000年間続いたエジプト王朝は幕を閉じる。

通史

1　第3中間期

　第3中間期は，各地に王朝が並立する時代である。まず，第20王朝最後の王ラメセス11世の死後，スメンデスが王位につき，第21王朝がはじまる。彼は，王家の本拠地を東デルタのタニスに新たに建設した。その理由はおそらく，テーベのアメン神官団の存在にある。第20王朝からつづく神殿の政治的・経済的な権力の増大はさらに進み，なかでもカルナクのアメン神官団は絶大な力をもつようになる。その大神官ヘリホルや後継者のピアンクが，テーベを中心とする上エジプトの実質的な支配者であった。そのため，スメンデスは北のデルタに移動し，北の王権と南のアメン神官という構図が生まれたのだ。ただし両者は戦闘を交えるような敵対関係にあったわけでなく，タニスの王はカルナクのアメン大神殿への寄進を続け，アメン神官と王女の婚姻も行われた。

　タニスは，ラメセス2世の都ピラメセスの建材を再利用して築かれた（図13-1）。その中心にはカルナクを模したアメン大神殿が位置するが，1939年フランスのピエール・モンテにより，その前庭部の地下にて第21から22王朝の王墓が発見された。なかでも未盗掘であったプスセンネス1世の墓では，銀製の棺や黄金のマスクなど数々の豪華な副葬品が発見された（図13-2）。これら秘宝は，カイロのエジプト考古博物館に収蔵され，ツタンカーメンに並ぶ展示の目玉となっている。

　第22王朝はリビア系の王朝である。新王国時代の末からすでに，西方リビアからの移入は進んでいたが，第3中間期にさらに増加し，特にデルタのブバスティスでは，大きなコミュニティーを形成するに至っていた。その勢いはタニスの王家も止められず，リビア系のシェションク1世に王位が譲り渡されることとなる。シェションク1世は，息子をカルナクのアメン大神官に任命するなど，南北分断の解消を図った。しかし国土を安定させることはできず，各地の有

第13章 侵略と終焉（第３中間期〜プトレマイオス朝）

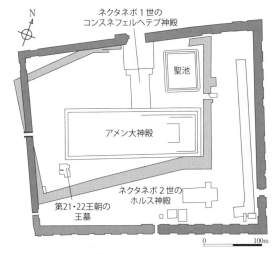

図13－1　タニス

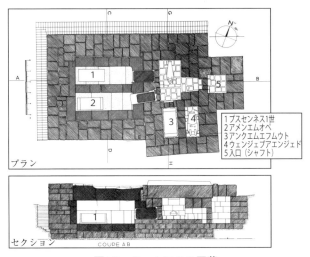

図13－2　タニスの王墓

力者が主権を主張し，デルタに第23王朝（レオントポリス遺跡）と第24王朝（サイス遺跡）が並立することとなる。

　第25王朝はヌビアのクシュが支配する時代である。紀元前８世紀後半，ヌビアでは第４カタラクト近くのナパタに本拠地を置くク

171

シュ王国が勢力を拡大させていた。クシュは，王朝が乱立する政情不安定な状況に乗じて，エジプトへの侵入を開始する。強力なファラオのいないエジプトの占領は容易く，クシュの王ピイ（ピアンキ）はメンフィスを制圧し，全土を手中に収めた。これまで常にエジプトの支配と搾取を受け続けてきたヌビアであるが，興味深いのは，彼らはエジプトの伝統的な文化や宗教を破壊することなく，エジプトのスタイルで自らの彫像を造り（図13-3），神殿への寄進を行っているのだ。さらに，ホームタウンのナパタ近郊（アル゠クッル遺跡やヌリ遺跡など）では，クシュ王国の王たちによって，小型ではあるものの，ピラミッド型の墓がいくつも建造された（図13-4）。絶頂期のエジプトのファラオに敬意を払い，その偉大さを取り込もうとしたのであろう。

2　末期王朝時代

　クシュが支配する第25王朝からすでに，西アジアを席巻するアッシリア帝国の侵入を度々受けていた。タハルカ王の治世にその侵略が激しくなり，エジプトの奪い合いがクシュとアッシリアの間で起こる。しかし帝国の軍事力は圧倒的で，クシュはヌビアに逃れるしかなかった。エジプトを手に入れたアッシリアは，忠誠を誓ったサイスの有力者プサムテク1世をエジプトの支配者に擁立する。ここから末期王朝となり，サイス王朝ともよばれる第26王朝がはじまる。プサムテク1世は50年以上にわたって統治し，アッシリアの援助のもと，エジプトに安定をもたらした。ギリシアとの交易活動も活発に行い，文化や芸術が新たに開花した。また，デモティック文字が広く普及したのもこの時期である。しかしそれもつかの間，西アジアの新たな威力アケメネス朝ペルシア帝国の侵略を受け，紀元前525年，カンビュセスによってエジプトは征服される。
　第27王朝は，そのペルシアによる支配時期である。彼らは総督

第13章　侵略と終焉（第3中間期〜プトレマイオス朝）

図13-3　タハルカ王の彫像

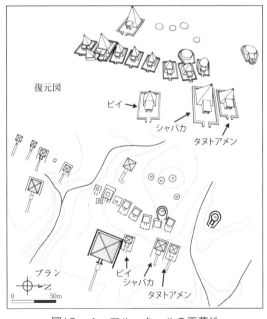

図13-4　アル＝クッルの王墓地

を配してエジプトをペルシアの属州とした。古代の歴史書では，ペルシアの支配は無慈悲で残虐極まりないと伝えられている。侵略時にそうした行為があったかもしれないが，しかし，カンビュセスやダレイオス1世は，自らファラオとして即位し，神殿の造営や修復を行うなど，エジプトの歴史と文化を尊重した統治を行っていた。ちなみに，ギリシアの歴史家ヘロドトスがエジプトを訪れたのはこの第27王朝である。

　エジプトはその後，ペルシアからの独立を果たし，再びサイスに王権をもつ第28王朝を樹立する。第30王朝末，ネクタネボ2世がペルシア軍の侵入を一度は防ぐも，最終的にはメンフィスが陥落。これでエジプトは，2回目となるペルシア支配を受けることとなった。これ以後，エジプト人がファラオとして君臨することはなく，その意味では第30王朝が最後の古代エジプト王朝ともいえる。

3　プトレマイオス時代

　紀元前4世紀前半の東地中海世界では，大きな動きが起きていた。アレキサンダー大王（アレクサンドロス3世）の登場である。彼は20歳の若さでマケドニアの王となり，さらに諸ポリスを制圧して全ギリシアのトップに上り詰めた。そして紀元前334年，彼らにとって東方の脅威であったペルシア帝国を討伐するべく，マケドニア軍を率いて小アジア（現トルコ）に進出する。次々とペルシア軍を撃破し，小アジア南東のイッソスではペルシア最後の王ダレイオス3世の大軍をも打ち破った。アレキサンダー大王は，その後も破竹の勢いでレヴァントを南下，さらに軍を進めて紀元前332年，エジプトに到達した。大王は，エジプトからペルシアを駆逐し，解放の英雄として歓迎された。彼もまたエジプトの文化や宗教を重んじ，メンフィスにて伝統的な儀式のもとファラオとなり，即位名「メリアメン・セテプエンラー」を授かる（図13-5）。また西部砂漠にあるシーワ・

第13章　侵略と終焉（第３中間期〜プトレマイオス朝）

図13−5
アメン・ミン神に聖水を捧ぐアレキサンダー大王

オアシスのアメン神殿を訪れ，アメン神の息子としての神託を受けたといわれる。デルタ西部の地中海岸では，新都アレキサンドリアの建設に着手した（図13−6）。大王とその軍隊は，およそ１年間エジプトに滞在して鋭気を養い，ペルシア討伐の東征を再開した。バビロンやペルセポリスなど制圧して，ペルシア帝国を滅亡に追いやった。さらに大王は，現在のインドまで軍を進め，東地中海から中央アジアにいたる超大な領域の征服者となった。アレキサンダー大王は，バビロンに戻った際に高熱を発し，若干33歳の若さで死去した。

　大王の死後，後継者争いが起きるが，総督としてエジプトの統治者となった将軍プトレマイオスは，バビロンからマケドニアに移送中の大王の遺体を奪い，エジプトに運んだ。それはおそらく，エジ

175

通史

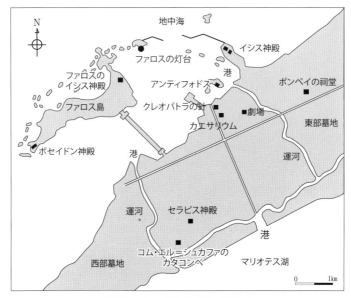

図13-6　アレキサンドリア

プトの伝統に則り，先王の埋葬を行うことで自身のファラオとしての即位を正当化するためであったのだろう。大王の最終的な埋葬地は，アレキサンドリアかシーワ・オアシスとされるが，いまだ発見されていない。将軍はプトレマイオス１世として即位し，マケドニア系のプトレマイオス王朝を樹立。首都アレキサンドリアは，ヘレニズム文化の中心として地中海世界で最も繁栄した。また，プトレマイオス王朝の王は，伝統的なエジプトのスタイルで神殿を積極的に建設した。エドフやデンデラなど，現在も残る保存の良い神殿はプトレマイオス王朝のものである（図13-7）。

　プトレマイオス１世のあと，同名の王が12世まで続くも，王権は次第に弱体化していく。そうしたなか，プトレマイオス12世の娘として，かの有名なクレオパトラ７世が誕生する。知性の都アレキサンドリアで生まれ育った彼女は，語学の才能をもち，マケドニアの末裔で唯一ヒエログリフを理解できる人物であった。また機知

第13章　侵略と終焉（第３中間期～プトレマイオス朝）

に富み政治的判断力にも恵まれていた。父の遺言により，17歳のクレオパトラは弟のプトレマイオス13世と婚姻して共同統治の座に着くこととなる。エジ

図13－7　エドフ神殿

プトの国力回復を託された二人であったが，単独王位を争っていがみ合い，内戦にまで発展してしまう。

　この頃ローマも内戦にあり，ユリウス・カエサルとグナエウス・ポンペイウスが対立していた。ギリシアで敗戦を喫したポンペイウスはアレキサンドリアに逃げ込み，それを追ってカエサルもエジプトに入ってきたが，時すでに遅く，ポンペイウスはプトレマイオス13世の刺客によってすでに殺害されていた。ローマの偉大なる武将カエサルがエジプト入りしたことにより，敵対するクレオパトラとプトレマイオス13世は，彼を味方に付けようと画策する。プトレマイオス13世がポンペイウスを殺した理由もそのためであるが，しかし同胞の将軍がエジプト人に殺されては面目が立たず，逆にカエサルの怒りを買ってしまった。一方クレオパトラは，その知性と魅力を生かしてカエサルの支持をえることに成功する。事実かさだかでないが，プトレマイオス13世の側近にばれずに護衛の厳しいカエサルに会うため，カーペットにくるまり贈り物として彼の前に現れたことは有名だ。カエサルがクレオパトラ側に付いたことを知ったプトレマイオス13世は，兵を集めてカエサルに戦いを挑む。しかしペルシウムの海戦で敗北し，ナイル川で溺死する。クレオパトラは，男性王権のしきたりに従い，下の弟プトレマイオス14世を共同統治者にむかえる。この時，クレオパトラはカエサルとの子

177

通 史

図13-8　クレオパトラ7世とカエサリオン

カエサリオンを授かっていた（図13-8）。

　カエサルはローマに戻るも，保守的な元老院の企てにより暗殺されてしまう。その後，後継者争いが勃発し，オクタウィアヌスとレピドゥス，そしてアントニウスの3人が候補者であった。クレオパトラは，最も勇敢な戦士であるアントニウスを選び，彼にアプローチをかける。二人はすぐに恋に落ち，息子カエサリオンを擁立して，エジプト再興を誓い合った。だが，ローマとしては，地中海世界で有数の穀倉地帯を有するエジプトはかねてから属州の対象であり，ましてや自分たちと比肩するような国になってはならない。それゆえ戦いの勃発は必至であり，「アクティウムの海戦」でアントニウスとクレオパトラ，そしてローマ軍率いるオクタウィアヌスの決戦が行われた。結果はオクタウィアヌスの勝利であり，クレオパトラ

はアレキサンドリアに退散，アントニウスもそれを追って敗走した。オクタウィアヌスは追い打ちをかけてアレキサンドリアまで攻め入り，アントニウスは自害する。クレオパトラは，ローマの属州となって傀儡にされるよりも死を選択した。紀元前30年，アントニウスの隣に埋葬してほしいとの遺書を残し，39歳で他界した。彼女の死については，イチジクの籠に潜ませて王宮に運び込んだコブラで自殺したといわれている。息子カエサリオンもオクタウィアヌスに殺され，エジプトはローマの属州となり，およそ3,000年間続いた王朝はここに幕を閉じる。クレオパトラは絶世の美女とも謳われるが，彼女の横顔が描かれたコインをみるかぎり，そうとはいえない。しかし，彼女の美しさは，知性と機知に富んだ会話が醸し出す魅力であり，異性だけでなく人々を魅了させる才能をもっていたのだ。マケドニアの血筋であるも，エジプト文明を尊び，ファラオの継承者としてエジプト王朝の存続のために，激動する地中海世界を奔走した最後の女王であった。

主要参考文献

Hölbl, G.A. 2001 *A History of the Ptolemaic Empire*, London and New York.

Myśliwiec, K. 2000 *The Twilight of Ancient Egypt: The First Millennium BCE*, Ithaca and London.

テーマ

テーマ I
神と神殿

『エジプト誌』に描かれた景観のイメージ

テーマ

　古代エジプトの景観は，悠々と流れるナイル川と沖積地，その平坦な地に屹立するいくつもの神殿に特徴づけられる。主だった町はどこも特定の神の領土とされ，神殿が建てられていた。神殿は信仰の中心であるとともに，町の中心に聳え立つシンボル的存在でもあった。なぜなら，古代エジプト人にとって神殿は，秩序ある世界（コスモス）が生み出される天地創造の「原初の丘」を具現化したものであるからだ。ファラオが所在する首都や都市では，そのスケールがさらに大きくなる。そこでは国家神が崇められ，それ全体がコスモスの縮小版であり，巨大な神殿と王宮がその中枢を占める。このように古代エジプトは，生活の場においてもいわゆる宗教が基盤となっているのである。

1　古代エジプトの宗教

　古代エジプト文明の宗教は，現代の我々の知る宗教とは異なり，その本質を完全に理解することは不可能である。さらに，彼らは宗教という概念すらもっていなかった。そのため，文字や壁画から推測するしかない。そこからわかることは，古代エジプト人の世界は，いわゆる宗教が全てであり，それが全ての中心であったということだ。法律，天文，地理，医療，農耕など全ての側面において宗教が基盤となっている。その宗教の根源は自然である。それは，毎朝必ず東の空から昇り，西の地平線へと沈む太陽，毎年夏に定期的に増水するナイル川などである。これらは，彼らの世界観を形成し，再生復活といった来世思想の創造にも大きく影響を与えた。

2　神の誕生

　古代エジプト人の信仰は，日本古来の「八百万の神」と同じ，自然を崇拝する多神教である。水，山，空，風，星，動物，植物など，この世界のあらゆるものが信仰の対象であった。しかし，古代エジ

テーマⅠ　神と神殿

図Ⅰ-1　エジプトの神々

図Ⅰ-2　ナルメルのパレット

プトの特異性は、そうした自然界の神々を人の体で表現し、かつ男女の区別も与えた擬人化にある。例えば、山犬のアヌビス神は、顔は犬でも体は人間として表現する（図Ⅰ-1）。神々に人間性をもたせて具現化したことが、古代エジプトの独特な文化を生み出している。それではこうした宗教観はどのようにして生まれたのか。この問題は、他の文明と同様に判然としないのだが、わかるかぎりの資

185

テーマ

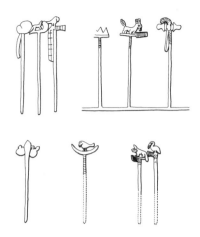

図Ⅰ-3 旗竿（スタンダード）

図Ⅰ-4 ハトホル女神の柱

料を使って考えてみたい。そのスタートとして，ナルメル王のパレットを取り上げよう。表面上段には，下エジプトを表象する赤冠を被ったナルメル王の前に，4人の従者がそれぞれ旗竿を持っている（図Ⅰ-2・3）。従者がもつ旗竿の頂部にはそれぞれ異なる動物などの図像が描かれているが，これは王朝時代のノモス（第6章参照）の前身と考えられ，王朝成立前夜に上エジプトでナルメルによって統合された近隣集団を表しているものと思われる。つまり，先王朝

時代では，地域ごとに独自の神を崇める信仰が芽生えていたと考えられる（図Ⅰ-3）。旗竿は彩文土器にも描かれていることから，神の存在は先王朝時代のナカダ文化中期までは遡るようだ（図6-4）。

ナルメル王のパレット最上段には，2頭のウシが表現されている。人間の顔，大きく内側に巻いた角と張り出した耳が特徴的だが，これは王朝時代にみられる雌ウシの神，バアト女神の祖型とされる。バアト女神は，古代エジプトで重要な神の一つであるウシの神ハトホル女神と同一視されることもある（図Ⅰ-4）。こうしたウシが神として崇められるようになったのは，その多産性や栄養価の高いミルクを与えてくれるからであろう。

3　ウシ信仰の起源

ナルメルのパレットからは，神の存在はナカダ文化まで追うことができるが，それ以前は図像資料が乏しいため難しい。ただしウシに関しては，神とはいえないが，信仰や崇拝の痕跡をさらに古くまで遡ることができる。それは，スーダンとの国境付近に位置する紀元前10,000年頃の後期旧石器時代の墓地遺跡トゥシュカNo.8905においてである（図3-1）。ここでは17体ほどの埋葬人骨が検出されたが，いくつかの遺体の上に野生ウシの角が置かれていた[1]。これは墓標と考えられる。ここに埋葬された人々は季節的に移動する狩猟採集民である。彼らはおそらく，ウシを携帯した移動生活を行っており，メンバーの死に際して，財産でもあり重要であったウシを墓標として添えたのであろう。ウシは最も早くに家畜化された動物の一つであり，人間との長い繋がりをもつ動物であるが，その当初からウシに対する崇拝があったのである。こうした信仰が，第3章で述べたナブタ・プラヤ遺跡でのウシを用いた儀礼へと続き，そして王朝時代のウシ信仰へと繋がっていくのであろう。

エジプトは砂漠とナイル川のみの，過酷な環境にある。そこで

テーマ

人々は，恵みを与えてくれるものを敬い，また脅威となるものを畏怖し，人間にない能力を有するものに憧れ，それらを信仰の対象にした。それが神々として具現化されるようになり，古代エジプト独特の多神教が形成されたのであろう。

4　世界の創造

　王朝時代になると，「世界の誕生」が創造され，「神の体系化」が進められる。エジプト人が抱いていた世界の誕生とは，まず「無限の水（ヌン）」があり，そこから「原初の丘（ベンベン）」が出現し，そして太陽が生まれて世界に光をもたらし，秩序ある世界（コスモス）が生まれた，というものだ（図Ⅰ-5）。この天地創造は，絶えることなく流れるナイル川，増水後に必ず出現する滋味肥沃な大地，そして規則正しく運行する太陽，こうした彼らを取り巻く自然の環境が生み出したものである。彼らはまた，昼は青く夜は黒い天空もナイル同様に水が流れており，無限

図Ⅰ-5　古代エジプトの世界観

図Ⅰ-6　船に乗る太陽神

188

の水で覆われた球体の中心に地上（原初の丘）が存在すると考えた。この世界のなか，太陽は昼間の12時間を天空の海（ヌト）を航行し，日没後の夜間の12時間は地下の冥界（ドゥアト）を航行し，そして再生復活を果たして東の空に昇ってくるのだ。そのため，壁画などに描かれる太陽（ラー神）は船に乗っているのである（図Ⅰ-6）。また，太陽が毎日再生復活するというこの考えは，エジプト人の永遠性や来世思想などを生み出した。

5 神の体系化

　古代エジプトでは，ヘリオポリス，メンフィス，ヘルモポリスの三つの大きな神学大系が存在した。ここでは，神の体系化について，太陽神信仰の総本山であるヘリオポリス神学大系を取り上げたい。太陽神であるアトゥム神が，無限の水「ヌン」と原初の丘「ベンベン」から最初に誕生し，全ての神々の源となる。両性具有のアトゥム神は，まず空気のシュウ神と湿気のテフヌト女神を生む。そしてシュウとテフヌトの夫妻が，大地の神ゲブと天空の女神ヌトを生む。誕生してからぴったりと抱き合っていたゲブとヌトを，シュウが天と地へと引き離した（図Ⅰ-7）。これで秩序世界の創造が完成される。最後に，ゲブとヌトが4人の子どもを授かる。それが，オシリス神，イシス女神，セト神，ネフティス女神である（図Ⅰ-8）。アトゥム神にはじまりオシリスの4人兄姉までが，ヘリオポリス神学大系では最も重要な神々であり，これを「九柱神」とよぶ。ちなみに，メンフィス神学大系では，ここの最高神であるプタハが創造神でなくてはならないため，九柱神全てを生み出したとされる。なお，人間の創造については，メンフィスではクリエーターの神でもあるプタハが人間も創ったとされる。この他，ヒツジの神クヌムがロクロを引いて人間を創り出したとの神話もある。これはヒツジの多産性による神性さからくるものであろう。

テーマ

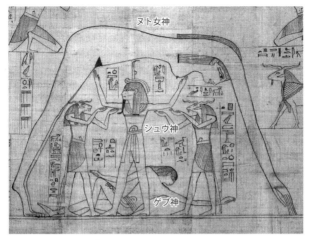

図Ⅰ-7　大地のゲブ神と天のヌト女神を引き離す空気のシュウ神

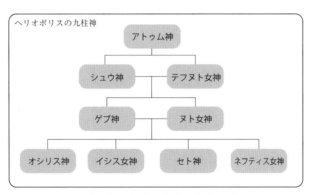

図Ⅰ-8　ヘリオポリスの九柱神

6　オシリス神話（ホルスとセトの争い）

　古代エジプトでは，人々に長く愛された神話がある。それがオシリス神話であり，オシリスの再生と復活，そして来世観や世界観も比喩的に物語っているものである。神話の登場人物は，オシリスと彼の3人の兄姉である（図Ⅰ-9）。長男であるオシリスは，地上の支配者としてエジプトを安定に保ち，長らく平和な世界が続いていた。オシリスは妹のイシスと結婚し，ホルスという息子を授かり，

テーマⅠ　神と神殿

オシリス　　イシス　　セト　　ネフティス　　ホルス

図Ⅰ-9　オシリス神話の登場人物

幸せな家庭を築いた。しかし，そんな優秀な兄貴に嫉妬の念を抱いていたセトは，オシリスを殺害し，その体を切り刻んでナイル川に投げ捨ててしまう。そしてセトは支配者の地位を得ることとなる。時は経ち，大人になったホルスは，セトに敵討ちの戦いを挑む。長い決闘の末，ホルスは勝利をおさめることに成功する。切り刻まれてしまったオシリスの体は，ネフティスと協力してイシスが拾い集めて復活させたが，オシリスは息子ホルスに地上の支配者の座を譲り，自身は冥界の支配者として君臨することとなった。

　この神話がエジプト人に好まれた理由は，死んでも再生復活を果たして冥界で永遠に生きるという来世観と，ホルスとセトの争いにみられる善（又は秩序）が悪（又は無秩序）に勝つという点である。

7　神殿とは

　神殿とは「神の家」であり，その神に対して儀礼を執り行う場である。神殿のスタンダードな構造は，正面に「塔門（パイロン）」，その内部に「中庭」，「列柱室」，最奥に「至聖所」がある（図Ⅰ-10）。これらはそれぞれ意味があって建てられている[2]。至聖所は，神像が安置される最も重要な場所であり，神像を乗せる御輿や聖船の部屋を伴う。ここは，外部の邪悪なものから神を守るため，わず

191

テーマ

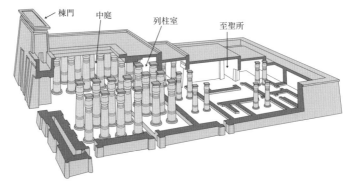

図I-10　神殿の構成要素

かな明かり取りを残して密閉されている。床面は他よりも高くなっており，秩序世界が創造される「原初の丘」の中心がここに表現されている。列柱室は，神への儀礼と供物を捧げる場であり，それらを執り行う王の姿が壁面に描かれている。そこに立ち並ぶ柱は，「原初の丘」を囲む湿地を象徴しており，そのため柱はパピルスやロータスといった水生植物がモチーフとなっている（図I-11）。中庭は，天井のない解放空間であり，聖と俗の境界である。太陽の光が降り注ぎ，天と地を結ぶ場でもあった。パイロンは，一対の塔からなる巨大な門である。その正面には王が異国の民を棍棒で打ち負かすシーンが描かれるが，それは神聖な神殿，さらにはエジプトの聖なる領域を王が護ることを意味している（図I-12）。また，パイロンの形状は山をモチーフとしており，秩

図I-11　神殿の柱

テーマI　神と神殿

図I−12　塔門のレリーフ

序世界の地平線を象徴している。このように，神殿はまさに，古代エジプト人が造り上げた世界観が具現化された建造物なのである。

8　神殿での活動

　古代エジプトの神殿は，キリストの教会とは異なり，誰もが入れる場所ではなかった。それを許されたのは，王と一握りの神官だけである。本来，神々への儀式は全て王の仕事なのだが，現実的にそれは無理であるため，神官が代行する。神は，秩序世界を維持してくれ，混沌とした無秩序から人間を守ってくれる存在であった。そのため神官たちは，神の魂が宿る神像（カルト・スタチュー）に対して供物による儀式を行い，いわば神々の「ご機嫌取り」が彼らの仕事であった。具体的な神官たちの日課は，まず沐浴などで全身を清め，神殿最奥にある至聖所へ進み，神像の間の封印を解き，扉を開ける。神を眠りからおこし，食べ物と飲み物の供物を与え，衣服を

脱がして洗い清め，香油を塗って，新しい衣服に着替えさせる。そして呪文を朗誦し，香を焚いたあと，扉を閉め再び封印するのである。神官たちはこの作業を毎日，朝晩2回行っていた。神官グループは組織化され，常勤・非常勤あわせて常時300人が活動する神殿もあった。神殿は，神官たちと彼らに仕える使用人，書記，職人，番人など多くの人とモノが集まる場所であった。

9　国家神

　国家神とは，ファラオを頂点とする社会全体が信仰する神である。オシリス神，プタハ神，ホルス神，ラー神，アメン神などである。それぞれ信仰中心地があり，オシリスはアビドス，プタハはメンフィス，ホルスはヒエラコンポリス，ラーはヘリオポリス，アメンはテーベであり，その総本山には大きな神殿が王によって寄進された。

　オシリス神は，死と復活，そして豊穣の神として崇められた（図Ⅰ-13）。オシリスの身体が白く，顔が黒または緑で描かれるが，白はミイラ化された包帯の色であり，黒・緑はナイル川の沃土とそこから芽生える植物の色を表現しているからだ。まさに生命の神である。元々「ブシリス（古代名：ジェドゥ）」というデルタの町の地方神であったようだが，中王国時代以降，それまで王の特権であった「オシリスになって来世で再生復活する」というオシリス神信仰の大衆化により，アビドスがその総本山となる。一説には，オシリス神話で述べたように，切り刻まれたオシリスの埋葬場所がアビドスであったためとされる。人々は来世での再生復活を願ってアビドスに巡礼し，供物（特にビール壺）を捧げ，ステラや祠堂を備えることもあった。

　プタハ神は，創造神であり，オシリス同様にミイラ化された姿で表現された。信仰の中心地であるメンフィスでは，妻であるライオンのセクメト女神と父であるロータスのネフェルテム神とともに三

柱神を形成して崇められていた。そのメンフィスのプタハ神殿は，新王国時代にカルナク神殿に比肩する規模であったようだ。創造神であるため，職人や建築家などに特に崇拝された。

ホルス神は，タカまたはハヤブサの神であり，天空の神として崇められた。その起源は古く，ナ

図Ⅰ-13 オシリス、アヌビス、ホルス

ルメル王のパレットにすでに登場している。ホルス神はファラオとの関係が最も深く，初期王朝時代では王は自らを「ホルスの化身」とみなし，その後も王の守護神として，その総本山であるヒエラコンポリスのホルス神殿には黄金のホルス像などが奉納された。

ラー神は太陽の神であり，ホルスと同様に天空の神として崇められた。ラー神は毎晩，天のヌト女神に飲み込まれ，地下の冥界（夜）をヒツジの頭をした姿で船に乗って航行し，毎朝東の地平線から再生復活すると考えられていた。ラー神は，古王国のピラミッド時代に最高神となり，ファラオは「ラーの化身，ラーの息子」とみなされるようになる。太陽神ラーの信仰の中心地であるヘリオポリスには，原初の丘を模した「ベンベン石」とよばれる聖なる石を中核とするラー神殿があったようだが，いまだ発見されていない。第5王朝に建てられたアブシールの太陽神殿では，その中心にオベリスクが建てられたが，その原型がベンベン石とされる。

アメン神は，ヒツジまたはダチョウの羽冠を被った姿で表現される（図Ⅰ-14）。元々はテーベの地方神であったが，異国の民ヒクソ

テーマ

図Ⅰ-14 右からアメン，ムト，コンス，マアト

スを最終的に駆逐したアハメス王の出身地がテーベであったため，エジプトに勝利をもたらした神として，新王国時代以降，アメン神は国家の最高神になる。総本山のカルナク神殿では，妻ムト女神，息子コンス神とともに三柱神を形成して崇められた。また，ラー神と習合してアメン・ラー神としても祀られ，「神々の王」として位置付けられた。

10　民間信仰

　古代エジプトでは，信仰の対象は国家神だけでなく，数多くの地方神，そして個人や家庭レベルの民間信仰も盛んであった。民間信

仰の代表格がベス神である（図Ⅰ-15）。獣皮を纏い，舌を出したグロテスクな姿で表現されるこの神は，魔除けの力があるとされ，出産や育児の神として，家に祭壇を設け，また壁に描くなどして信仰された。

　面白い民間信仰に，耳のステラがある（図Ⅰ-16）。これは，石や木のステラに耳を描いたものだが，当時一般の人々は神殿に入ることが制限されていたので，神殿の近くに耳のステラを置き，それにささやいて神殿内の神に懇願するのである。新王国時代以降に登場するこの耳のステラは，ファラオを介さない神と個人の新たな宗教概念が生まれたことを示している。

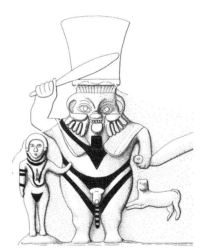

図Ⅰ-15　ベス

図Ⅰ-16　耳のステラ

主要参考文献

Allen, J.P.1997 "The Celestial Realm", in Silverman, D.P. (ed.), *Ancient Egypt*, New York: 114-131.

Shafer, B.E. (ed.) 1991 *Religion in Ancient Egypt*, London.

J.チェルニー（吉成薫・吉成美登里訳）　1993『古代エジプトの神々』弥呂久

R.H.ウィルキンソン（内田杉彦訳）　2002『古代エジプト神殿大百科』東洋書林

R.H.ウィルキンソン（内田杉彦訳）　2004『古代エジプト神々大百科』東洋書林

引用

1) Wendorf, F. 1968 *The Prehistory of Nubia Vol. 2*, Dallas: 856-953.

2) O'Connor, D. 1991 "Mirror of the Cosmos: The Palace of Merenptah", in Bleiberg, E. and Freed, R. (eds.), *Fragments of a Shattered Visage: The Proceedings of the International Symposium on Ramesses the Great*, Memphis: 167-198.

テーマ Ⅱ
王 権

ファラオの座像

テーマ

　古代エジプト文明では、およそ3,000年間で200人以上のファラオが君臨した。彼らはみな血の繋がりがあるわけでもなく、異国の支配者も含まれている。それでもこれほどの長い期間、ファラオが継承され続け、文明が存続したのはなぜだろうか。それは、この文明独特の「王権」の存在に他ならない。それはある種の「制度」であり、その決まりごとを忠実に行うことでファラオとして王権を維持することができたのだ。

1　ファラオの位置づけ

　古代エジプトの王は、統一王朝以前に世界を支配していた「死者の魂（Spirits of the Dead）」とよばれる神々の子孫とみなされていた。王はまた、オシリス神とイシス神から生まれたハヤブサの神ホルスと同一視、またはその化身とされた（図II-1）。つまり、王は神々の血を引くその末裔なのである。ホルス神は、オシリス神話の「ホルスとセトの争い」（テーマI参照）に登場するが、ここにファラオの位置づけが明瞭に示されている。それは物語の最後で、父オシリスが死んで冥界の支配者となり、息子ホル

図II-1　ホルエムヘブ王とホルス

スが現世の支配者となる構図である。すなわち、王は、オシリスの後を引き継ぎ、ホルスの化身として地上の支配を託されたのである。

2　ファラオの神性さ

このように、王は神性な存在であり、それゆえ神と人間を結ぶ唯一の仲介人であった。それは、墓や棺などに頻繁に書かれる供養文「ヘテプ・ディ・ネスウト」からも明らかだ。この供養文では、まず王が神に供物を与え、それを受けて神が死者の魂（カー）のために供物を与えますように、と述べられている。なにやら面倒な話だが、これからも、王が神とコンタクトできる唯一の存在であることがよくわかる。

しかし王の神性さは、生まれながらにしてもっているわけではなく、即位してはじめて獲得できる。即位するには、王家の血統をもつ女性と婚姻すること、そして亡き先王の葬儀を形式通りに行うことが求められる。後者に関して、例えばツタンカーメン墓の壁画には、彼の葬儀をアイが執り行っているシーンが描かれており（図12-4）、それはアイが王位を継承し、その正

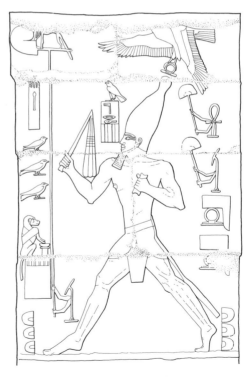

図Ⅱ-2　ジェセル王のセド祭のレリーフ

201

統性を誇示するためなのである。

　このように王は神としての神性さを帯びた存在なのだが，しかし人間として死すべき宿命にもある。そのため王は，半神半人ともみなされていた。王の儀式のなかで「セド祭（王位更新祭）」とよばれる儀礼があるが，これが半神半人である王の宿命をよく表している。セド祭は基本的に即位後30年目に最初の儀式を行うが，そこでは，王が走ることにより，自己の肉体・精神の強靱さを示し，それと同時に支配力を再生復活させ，王位を更新させるのだ（図Ⅱ-2）。人間としての側面があるからこそ，王はこうした儀式を通じて王位継続の維持を改めて示す必要があるのだ。

3　ファラオの役割（マアト）

　王権を語るうえで重要なのが「マアト」の概念である。マアトとは，秩序や倫理，または真理や正義などと訳されるが，要するに「良きこと全て」がこのマアトなのである。マアトは，ダチョウの羽を付けた女神（図Ⅱ-3），または羽のみで表現されることもある（図Ⅱ-4）。古代エジプト人にとって，宗教や思想，そして生活においてもマアトが中心であった。マアトが維持されれば，世界の秩序と調和が保たれ，神と人間の関係も良好になる。またマアトに従った生活を送れば，死後も来世で再生復活して，平和に暮らせるのである。逆に，マアトが維持されないと世界は混沌とした無秩序（カオス）になり，「太陽が昇らず，ナイルが増水せず，作物が育たず，子供が非行にはしる」と考えられた。

　このマアトを維持・管理し，常に秩序ある状態に保つことが，王の最も重要な役割なのである。王は神の仲介人として日々神殿で行う儀式を通じて，マアトを維持しているのだ。つまり，世界の秩序を保つことがファラオの本質的な役割なのである。

テーマⅡ　王権

図Ⅱ-3　マアト女神

図Ⅱ-4　ラーホルアクティー神にマアトを捧ぐセティ1世

4　王権の成立

　カオスを排除し秩序を保つというファラオの使命は、初期王朝時代から描かれるようになる「王のカバ狩り」も同じ意味である。彼らにとってのカオスとは、自らコントロールすることが難しい「自然界」である。カバは最も強い野生の動物であり、ナイル川に生息する最大の動物である。そのカバを王が銛で仕留めることは、自然の脅威を拭い去り、世界に秩序を与える象徴的行為なのである。狩りをするこうした象徴的行為は、先王朝時代にまで遡る[1]。「狩猟者のパレット」などはその好例だろう（図Ⅱ-5）。ライオン、ガゼ

203

テーマ

ル，野ウサギなどの野生動物を弓矢で狩る場面が全面に描かれている。さらに，ヒエラコンポリス遺跡のエリート墓地でみられた動物埋葬や，初期神殿で行われていた儀礼的屠殺なども，カオスの排除と自然界の支配を目的としたものであろう（第4章参照）。先王朝時代から支配者に求められた使命は自然界のコントロールであり，それがマアトの維持という王朝時代の王権観をつくりあげたのだ。

5 ファラオのシンボル

特別な存在である王は，一目でそれとわかる独特の姿で表現された（図II-6）。頭には，上エジプトと下エジプトをそれぞれ象徴する白冠と赤冠（そ

図II-5 狩猟者のパレット

れを統一した複合冠），ネメス頭巾などを被り，顎には長い付け髭を付ける。手には，遊牧民と農耕民の支配をそれぞれ表す殻竿（ネケク）と王笏（ヘカ）を持つ。衣装では，ビーズ装飾が施されたエプロンをまとい，腰には「ウシの尾」とよばれる尻尾の装飾を付ける。これらは全て，王を象徴するアイテム（レガリア）である。初期王朝時代にはアイテムのほぼ全てが出揃っており，この時期に確立された王の表現様式は，王位の正当性を示すために代々踏襲され，それが王権の維持につながったのである。

6 ファラオの名前

王を表現するもう一つの特徴は名前であり，5種類の王名が存在

テーマⅡ　王権

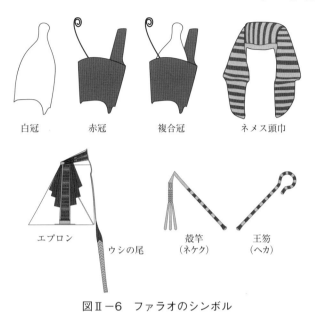

図Ⅱ-6　ファラオのシンボル

した（図Ⅱ-7）。最初に登場したのが「ホルス名」であり，王宮をモチーフにした長方形の枠（セレク）と地上の王ホルス神で描かれる。その後，ハゲワシのネクベト神とコブラのウアジェト神で構成される「二女神名」，植物のスゲとミツバチを楕円の枠（カルトゥーシュ）の上に戴く「上下エジプト名」の使用が始まる。「二女神名」のネクベトとウアジェトは，上エジプトのエル・カブと下エジプトのブトをそれぞれ信仰地にもち，「上下エジプト名」も，スゲが上エジプト，ミツバチが下エジプトの象徴であり，これら二つは，王がエジプト全土の支配者であることを示す。そして古王国時代に，「黄金のホルス名」と「太陽の息子名」が登場する。「太陽の息子名」は，太陽信仰が高まったピラミッド時代を特徴付け，太陽神ラーと息子を表すアヒルがカルトゥーシュの上に描かれる。これら五つの名前のうち，「太陽の息子名」が生まれた時に付けられる誕生名，「上下エジプト名」が王位を継承した時に付けられる即位名として使われ

テーマ

るようになる。こうした王名も王権のシンボルとして使われ続けた。

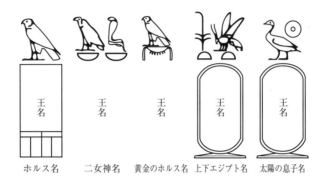

図II-7　ファラオの名前

主要参考文献

O'Connor, D. and Silverman, D.P. (eds.) 1995 *Ancient Egyptian Kingship*, Leiden.

Silverman, D. 1997 "The Lord of the Two Lands", in Silverman, D.P. (ed.), *Ancient Egypt*, New York: 106–113.

引用

1) Hartung, U. 2010 "Hippopotamus hunters and bureaucrats Elite burials at cemetery U at Abydos", in Raffaele, F. et al. (eds.), *Recent Discoveries and Latest Researches in Egyptology*, Wiesbaden: 107–120.

テーマⅢ

社　会

王を示すネスウト（左）とペル・アア（右）のヒエログリフ

テーマ

　古代エジプトは、ファラオを頂点とするピラミッド型の社会であった。王は、全ての国家組織のトップとされる。よって神官団や軍隊などの長であり、その全てを行わなければならない。だが実際にはそれは不可能であるため、王は官僚にポストを任命して彼らに代行させていた。王は古代エジプト語で「ネスウト（植物のスゲ）」とよばれ、新王国時代になると「ペル・アア（偉大なる家に住む者）」のよび方もうまれる。王は大きな王宮に住み、そこで執務を行っていたからだ。日本で天皇を「御門」と別称するのと同じである。この「ペル・アア」の呼び名がギリシア語になまって「ファラオ」の言葉がうまれた。

1　官僚組織

　第6章にて初期王朝時代の行政組織を紹介したが、古王国時代もファラオを取り巻く王族グループが高級官僚のポストを牛耳っていた。しかしその後それが徐々に解体され、非王族でも有能であれば重職に任命されるようになる。ファラオの直下には宰相（チャーティ）が位置するが、これは日本でいえば内閣総理大臣にあたる。新王国時代になると宰相は、北のメンフィスと南のテーベにそれぞれ配置する二人体制になった。第18王朝のトトメス3世に仕えた南の宰相レクミラの墓には、「私は、陛下の耳であり目である」と書かれており、ファラオの右腕として責任ある仕事をマルチにこなしていた（図Ⅲ-1）。この新王国時代の官僚組織はきわめて統制されていた。宰相のもとに、王宮関連、軍事関連、宗教関連、行政関連の部署がぶら下がる。その部署内でも組織化されており、今から3,000年以上前の社会とは思えない政治体制を敷いていたのである。以下、新王国時代を中心にいくつかの部署をみてみたい（図Ⅲ-2）。

テーマⅢ 社会

図Ⅲ-1 宰相レクミラ

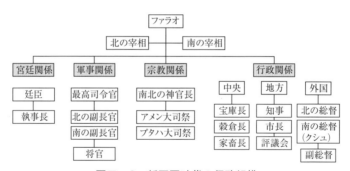

図Ⅲ-2 新王国時代の行政組織

2 行政

　行政関連では，中央，地方，外国に部署が分けられていた。中央では国家の重要ポストである財政監督の宝庫長，租税管理の穀倉長や家畜長がいた。地方には知事と市長を配備してノモスの運営にあたらせていた。彼ら知事や市長にはある程度の自治権が与えられ，灌漑事業や裁判など独自に行うことができた。新王国時代は，北は現シリア，南は現スーダンまで，最大の版図を有していたため，南

テーマ

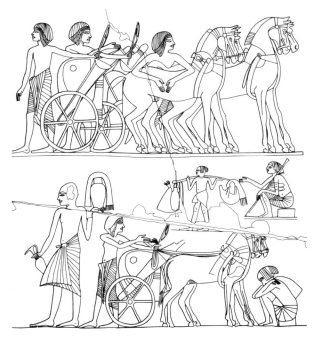

図Ⅲ-3　軍人

図Ⅲ-4　チャリオットに乗るセティ1世

北にそれぞれ総督を配して外国の統治を行った。特に南のクシュ総督は，金の採掘活動も含まれる要職であり，「(クシュの)王の息子」という称号が与えられていることからも，王に信頼された人物がなる最重要ポストの一つであった。また，外国の管理はその地域の統治者の息子をエジプトに連れて帰って教育し，エジプトナイズさせてから母国に戻すという政策がとられていた。

3 軍事

軍事関連の部署では，最高司令官をトップに，北の副長官と南の副長官，その下の将官が補佐する。ただし，彼ら司令官レベル以外には職業的な兵隊は存在せず，軍事遠征ではそのつど，エジプト全土から様々な職種の人々が徴集された。第6王朝のウェニの自伝では，「陛下は私を軍隊の長に任命し，様々な町や村から，王の印鑑持ち，王宮の使用人，市長などが集まった」と述べている[1]。このようにエジプトの臣民が兵隊となるのだが，外国人の傭兵は存在し，中王国時代のヌビアの傭兵，新王国時代では西アジアやリビアの傭兵が有名である。

古代エジプトでは，ファラオは頻繁に軍事遠征を行っていた。有名なラメセス2世の「カデシュの戦い」では，約2万人が徴集され，四つの師団（アメン，プタハ，ラー，セト師団）に編成されたという。彼らの戦いは，歩兵が主力で，武器は弓矢や槍，斧や棍棒などである（図Ⅲ-3）。チャリオットとよばれる戦闘用馬車の利用は新王国時代に一般的となるが（図Ⅲ-4），おそらく第2中間期にヒクソスが西アジアから導入したと考えられる。

4 宗教

宗教関連では，トップに南北の神（つまり全ての神）の神官長，その下にアメンやプタハなどそれぞれの大司祭がいた。ただし新王

211

テーマ

国時代はアメン神が強かったため、神官長をカルナク神殿のアメン大司祭や南の宰相が兼務することが多かった。神官は、神殿でファラオに代わって神に奉仕する人々であり、古代では「ヘム・ネチェル（神の下僕）」とよばれた。その組織は、大司祭が監督官として統括し、彼のもとに作業内容別に、口開けの儀式を行うセム神官、祈りの言葉を朗誦するケリ・ヘベト神官、供物を運ぶウアブ神官やヘム・カー神官、他にも歌い手や楽団などもいた。上級の神官以外は、基本的にアルバイトであったとされる。

5 書記

こうした官僚組織で不可欠な存在が、書記。中王国時代の教訓文学にはこう書かれる。「もしあなたが読み書きできれば、他のどんな仕事よりも素晴らしい人生を送れるでしょう」[2]。なぜなら古代エジプトでの識字率はわずか1％にも満たないため、読み書きできる書記は重宝され、「書記（シェス）」という称号が存在するほどだ（図Ⅲ-5）。王宮や神殿での財務管理に必須な職業であり、社会的地位

図Ⅲ-5　書記

も高かった。書記の学校は神殿に付属するのが一般的である。まずは，書記が最も使うヒエラティックから学び，その後ヒエログリフの習得となる。書記学校の門戸は誰に対しても開かれていた。とはいっても，農民の子が書記になることはまれで，行政の職にある家系が世襲するのが一般的であった。

6　経済

エジプトの国土はファラオのものとされ，大多数を占める農民は収穫物を国家や神殿に納めなければならない。収穫前に役人が農地規模などを記録して，租税量を割り出す。租税した後の余りが農民の糧となり，また市場に出回ることとなる。古代エジプトで貨幣が利用されたのはギリシア・ローマ時代からであり，それまでの経済活動は全てバーター（物々交換）によって行われていた。物々交換の基本は穀物。例えば，ビール1杯飲むには，穀物の小袋と交換して買い物するのだ。労働の賃金も穀物での支払いが基本であった。ただし，物々交換の基準または価値を計るための単位をもっていた。それが「デベン」である。時代によって異なるが，新王国時代では，デベンの基準には主に91グラムの銅製のおもりが用いられた。例えば，コムギ1袋は2デベン，ウシ1頭は50デベンに相当すると，ウシを買うにはコムギ25袋分が必要になるわけだ（図Ⅲ-6）。

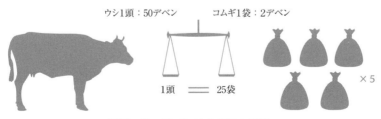

図Ⅲ-6　デベンによる物々交換

テーマ

7　法律

　古代エジプトでは，現代的な法体系は存在せず，ファラオが発した言葉や行動に基づいて善悪が判断された。それでも，法律に相当する言葉として「ヘプ」がある。これはマアトに従った適切なことを意味する。裁判は頻繁に行われていたようであり，実際に数多くの裁判文書が残っている。離婚や遺産相続，動産・不動産の問題などが裁判にかけられている。遺産相続や夫婦喧嘩などの民事的問題は，ノモスの地方レベルで地元の識者などが相談して決定される。一方，墓泥棒や反逆などの国家レベルの問題は，ファラオの前で宰相によって裁かれる。その処罰であるが，盗みや権力の乱用などは，むち打ちや鼻そぎ落としの刑であり，国家反逆の罪にいたっては，火あぶりなどの死刑であった。マアトを守った生活を心掛けることが何よりも重要なのである。

8　家族

　最後に，家族についても触れておこう。エジプト社会の最小単位は，我々と同じく核家族である。子供は両親を尊重することが最も重要とされるが，これは道徳の中核であるマアトの存在による。そして長男は，両親の世話と葬儀を適切に行うことが義務とされる。この葬儀の義務は，適切な葬式を行うことが王位継承となるファラオのしきたりが，一般社会に反映されたものであり，長男が家業の跡継ぎとなるからである。結婚は一夫一婦制が基本である。男性の結婚適齢期は16歳から20歳，女性は12歳以上であればいつでもお嫁にいける。結婚にあたる言葉「ゲレグ」は，「家を建てること」の意味でもあり，結婚後に新居を建てることが良しとされていた。ちなみに，新王国時代になると「妻（ヘメト）」のことを「姉妹（セネト）」とよぶようになる（図Ⅲ-7）。これは，オシリスが妹のイシスと結婚するオシリス神話（テーマⅠ参照）の影響による。

テーマⅢ　社会

図Ⅲ-7　ヒエログリフによる家族の呼び名

図Ⅲ-8　家族

テーマ

　古代エジプト人は子供が大好きで，夫婦の彫像や図像に子供が一緒に描かれることが多い（図Ⅲ-8）。子供を溺愛する理由の一つに，出産時の死亡率が高かったことが挙げられる。医療技術が発達していない当時において出産は神頼みで，ベス，タウレト，ハトホルが安産祈願の神として崇められた。ちなみにツタンカーメンの墓には，ミイラ処理して小さな棺に入れられた未熟児が2体納められていた。妻アンケセナーメンとの子供と思われるが，死産であった子を手厚く埋葬してあげた若き夫婦の悲しさがうかがえる。

主要参考文献

Brewer, D.J. and Teeter, E. 2007 *Egypt and the Egyptians* (2nd Edition), Cambridge.

Teeter, E. 2011 *Religion and Ritual in Ancient Egypt*, Cambridge.

E.ストロウハル（内田杉彦訳）　1996『図説　古代エジプト生活誌』原書房

引用

1）Lichtheim, M. 1973 *Ancient Egyptian Literature Vol.1: The Old and Middle Kingdoms*, Berkley: 20.

2）Lichtheim, M. 1973 *Ancient Egyptian Literature Vol.1: The Old and Middle Kingdoms*, Berkley: 189.

テーマ IV
ピラミッド建設

クフ王ピラミッドの石材

テーマ

　古代エジプトの代名詞，ピラミッド。クフ王のピラミッドは，人類史上最大の石造モニュメントである。世界で最も有名な建造物の一つであるが，その建築方法や目的などいまだわからない点が多く，ミステリアスな存在でもある。ここでは，まずピラミッドの変遷を辿り，建設方法と目的に関する研究の現状について述べてみたい。

1　ピラミッドの変遷

　エジプトで最初に建てられたピラミッドは，ジェセル王の階段ピラミッドだ。ジェセル王は第3王朝最初のファラオであり，これが世界でも最古のピラミッドとなる。このピラミッドは，その名の通り，階段状の傾斜面が特徴であり，私たちがよく知るピラミッドとは趣が異なる。第3王朝のファラオたちは階段ピラミッドを造り続けるが，第4王朝になり大きな変化が起こる。真正ピラミッドの誕生だ。真正ピラミッドとは，側面が二等辺三角形をした，私たちがもっともよく知るピラミッドの形状である。スネフェル王のピラミッドで最初に採用され，それが息子のクフに引き継がれ，以後のピラミッドのスタンダードとなった。そのクフ王が建造したピラミッドはエジプト史上最大であり，最も複雑な内部構造をもつ。ここにピラミッド建設の絶頂期を迎える。第5王朝以降は，ピラミッドの規模が縮小していく。ただしそれは単なる衰退ではない。例えば，第5王朝サフラー王のピラミッドは，底辺面積がクフの8分の1ほどではあるが，付属する神殿がより複雑になり，精巧なレリーフ装飾が壁面全体に施されるようになる。さらに，ウナス王のピラミッドには，「ピラミッド・テキスト」とよばれる宗教文書が，内部の部屋の壁面にびっしりと刻まれるようになる。この伝統は第6王朝まで引き継がれていく。

　古王国時代が終焉を迎えると，国土を統一する強力なファラオは消え，地方豪族が暗躍する群雄割拠の時代，第1中間期に入る。再

テーマⅣ　ピラミッド建設

び一人のファラオが全土を再統一して王朝が再開された中王国時代になり，ピラミッド建設は復活する。ただし，古王国時代と大きく異なり，この時代のピラミッドは日乾レンガを用いて建設された。レンガを積んでピラミッドの核を造り，最後に石灰岩ブロックで外装するため，外見上は石造ピラミッドとなる。しかし現在では，構造上の脆さのためか，石材の盗掘のためか，外装の石灰岩が崩れ落ちて核のレンガが露呈し，黒い山となっている。その後，異国民ヒクソスがエジプトを支配する第2中間期を経て，新王国時代初代アハメス王のアビドスのピラミッドを最後にファラオによる大規模なピラミッド建設は終焉を迎える。

　このようにピラミッドは，王国時代と中王国時代に集中的に建設されたのだが，建てられた場所もある程度限定される。それは，ギザからダハシュールまでのいわゆるメンフィス・エリアと，大穀倉地帯のファイユーム・エリアである。このエジプト北部の範囲のなかで，全てのピラミッドは，ナイル川西岸の砂漠台地に建造されている。メンフィス・エリアとは，エジプト文明誕生と同時に首都メンフィスが築かれたが，その墓地として造営されたサッカラを中心として南北に広がる地域。ファイユーム・エリアは，中王国時代に国土を再統一したファラオが首都イチタウイをファイユーム近郊に新たに建てたため，この時代のピラミッドが集中した。つまり，首都と王宮のある場所を中心に，ピラミッドは造られたのである。

2　ピラミッド・コンプレックスとは

　エジプトのピラミッドは，それ単体では存在しない。周壁に囲まれたピラミッドの周りに，小型ピラミッド，葬祭殿が配され，それと河岸神殿が参道で結ばれている（図Ⅳ-1）。こうした複合体を構成することから，ピラミッド・コンプレックスとよばれる。ちなみに，河岸神殿はもともと港湾施設であり，参道は物資を運ぶ傾斜路

テーマ

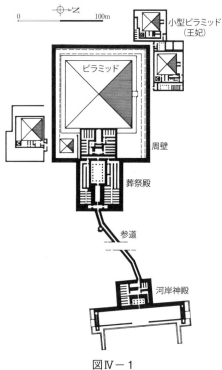

図Ⅳ-1
ピラミッド・コンプレックス（ペピ2世）

であった。これら構成要素はそれぞれ役割をもっていた。まず河岸神殿は「現世から来世への境界」であり，そこから参道で結ばれる葬祭殿は「王の彫像への供物奉納と，王の再生復活を祈る場」であった。そしてその背後に鎮座するピラミッドは「王が再生復活を果たし，昇天する場」であった。

ピラミッド・コンプレックスは，ジェセル王の階段ピラミッドに始まるが，その当初からこれら全ての構成要素が揃っていたわけではない。時代とともに，不要な施設は除かれ，必要なものが加えられながら，標準的なコンプレックスが完成したのだ。構成要素の配置も時代とともに変化した。ジェセル王の階段ピラミッドでは，葬祭殿がピラミッドの北面に設けられ，配置の軸線は南北方向であったが，メイドゥームのピラミッド以降は，葬祭殿が東側に造られ，参道と河岸神殿も東側と軸線が東西方向へと変化する。東西方向への軸線のシフトは，太陽神信仰との関係にあり，東の地平線から昇る太陽を拝むため東を向くようになった。

3　建設方法

ピラミッド建設の基本は，採石，運搬，積み上げの三つである。

テーマⅣ　ピラミッド建設

図Ⅳ-2　石材の切り出し

　まず採石について，石を切り出す場所は，ピラミッドのすぐそばが一般的である。なぜなら，ピラミッドの建設地はそもそも，広く強固な岩盤と石材を確保できる場所を主な条件として選んでいるからだ。例えばクフ王のピラミッドでは，岩石学の分析から，その南側が採石場であったとされる[1]。そこでは今でも採石活動の痕が残っており，格子状の溝が岩盤に掘り込まれている。ピラミッドが集中的に建造されたメンフィス・エリアは，石灰岩の岩盤が露呈する砂漠台地である。堆積岩であるこの石灰岩は，横方向から剝ぎ取りやすいため，まずは縦方向に必要な深さまで溝を掘り，そして横方向から石材を割り取るのだ（図Ⅳ-2）。採石の道具には，銅製の鑿とつるはし，木槌と丸石が使われ，これらを駆使して，石工たちが手作業で石灰岩のブロックを切り出していたのだ。

　それでは，どれほどの石灰岩ブロックが切り出されたのだろうか。例えば，クフ王のピラミッドでは1個平均2.5トンのブロックが，研究者によって異なるが，130万，230万または300万個使われたと計算される。仮に230万個としても，クフの在位期間は23年間なので，1年10万個，1日で約300個を積み上げなければ完成しないのだ。だがこの数は，ピラミッド内部が全てブロックで満たされていればの話であり，実際には砂や瓦礫が充塡されている箇所も確認されている。しかしそれでもなお，その数は途方もなく，我々

テーマ

図Ⅳ-3　スフィンクス

の想像をはるかに超える作業で成し遂げられたのだ。ちなみに，ギザ台地に鎮座するスフィンクスは，石灰岩の岩盤を彫り抜いて造られたものだが，その周囲の岩盤はピラミッドの石材を採石したことで掘り下がったとされる（図Ⅳ-3）。スフィンクスは高さ20mもあり，およそ5階建てのビルに相当する。この高さからも，ギザ台地の地形を変えるほどの大規模な採石活動が行われていたことが理解できるだろう。

　次に運搬について，切り出されたブロックは，木製ソリに乗せ，枕木を敷き石灰岩チップや漆喰で表面を固めた日乾レンガのランプ（斜路）を使って運ばれる。10数人のグループでソリに繋いだロープを引いて運ぶのだ。彼ら引き手にとって最も重要となるランプの形状について，これまで様々な説が提示されている（図Ⅳ-4）。最もシンプルものは「直線型」で，ピラミッドに対して真っ直ぐ伸びるランプである。この利点は，ソリを真っ直ぐ引くことができ，またピラミッドの一辺をランプの幅として使えるので，同時に多くのソリが上り下りすることができる。欠点としては，実用的な傾斜角度とされる1：10を維持するとなると，ピラミッド頂部の建設段階では長さが1.5kmも必要となり，特にギザ台地ではその用地の確

保が問題視されている。

　二つ目に提唱されているのが「渦巻き型」だ。これはピラミッド本体にぐるぐると巻き付きながら上に登っていく螺旋状のランプである。「直線型」に比べてスペースを取らず、

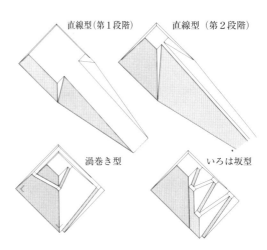

図Ⅳ－4　様々なランプの形状

用地の問題をクリアできる。また、ランプ建設にかかる資材も押さえられる。しかし、2.5トンのブロックを乗せたソリを90°ターンさせなければならず、技術的にそれはほぼ不可能である。さらに、ソリが通れるランプの幅も限定されてしまい、作業効率は著しく低下する。この他、ピラミッドの一辺をジグザグに登っていく「いろは坂型」のランプも提唱されているが、「渦巻き型」と同じくソリを回転させなくてはならない問題点を抱えている。

　最新の説として「トンネル型」がある。これは、これまでのピラミッド外部から石を積み上げていくという従来の常識的な考えを捨て、内部にトンネルを配して螺旋状にブロックを運び上げていく説である[2]。クフ王のピラミッドに対してこの説を提唱したジャン＝ピエール・ウーダンによれば、まず3分の1の高さまで直線型のランプで石を積み上げ、残りの3分の2をトンネルで運ぶ。傾斜角度4°のトンネル内を通ってソリで運び、ピラミッドの角ではねつるべのような機械で石材の方向を変えるという。一定の高さまで造り上げるとトンネルを伸ばし、その繰り返しで作業を進めていくとい

うのだ。なお，積み終えた労働者とソリは，トンネルに沿ってピラミッド外側に設けられた足場を使って降りる。たしかにこの方法では，正四角錐というピラミッドのフォームを維持するために建設中つねに四隅の稜線を視認することができ，「渦巻き型」での問題をクリアしている。しかし，残念ながら具体的な証拠がない。彼は，クフ王のピラミッドの北東の角にある窪みが，石材の方向を変えた作業場の痕跡と述べる。ただし，窪みはおよそ5m四方の空間であり，彼が述べるようにはねつるべで数トンのブロックを回転させる作業スペースは明らかにない。また，はねつるべについても大きな疑問がある。新王国時代では，水を汲むつるべ（シャドゥーフ）が壁画に描かれてはいるが，古王国時代に石材を持ち上げられるほどの装置が存在したとは到底考えられない。説としては興味深いものの，「トンネル型」はいわば空論である。

　それでは，どの形状のランプが最も蓋然性が高いのであろうか。やはり，「直線型」と考えられる。「直線型」に懐疑的な研究者の意見は，ピラミッドが高くなるにつれランプが急傾斜となり，またそれを回避するにはランプを長くするしかないが，そのスペースが確保できないのではと疑問を投げかける。また，仮にスペースがあったとしても，高くて長いスロープは造るのも使うのも非効率で多大な労力を必要とするという。しかし，石材を引くには人力だけでなくウシなどの家畜を用いたであろうし，ピラミッドの石材は頂上に近づくにつれ小さくなっており，運搬し易い工夫がなされているのだ。何と言っても当時彼らはあの巨大なピラミッドを造ったのだ。労力を惜しむような現代的な合理的な考え方は当てはまらないだろう。スペースについても，東側ではなく採石場があった南側に向けてスロープを伸ばし，無理のない緩やかなカーブを設ければ，この問題は回避できるだろう。実際に，中王国時代のピラミッドの例では直線的なランプが，部分的ではあるが残っていることからも（図

テーマⅣ ピラミッド建設

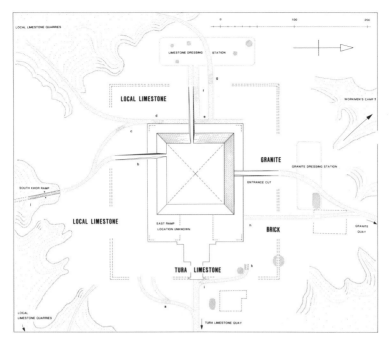

図Ⅳ-5　センウセレト1世ピラミッドの建設段階の復元図

Ⅳ-5),「直線型」が有力であろう。

　最後に積み上げ作業となるが, ギザのピラミッドをみると, 積み上げられたブロックは大きさがまちまちであり, 石工たちはその場その場で上面のラインを巧みに合わせながらブロックを並べていたことがうかがえる (本章とびらの写真)。最終的に, 頂上にはキャップストーンまたはピラミディオンとよばれる四角錐の石材が載せられ, ピラミッド全体の外装に化粧石が葺かれる。化粧石は積んだ後に斜めにカットされ, 滑らかに仕上げられる (図Ⅳ-6)。この化粧石だけは, ナイル川東岸のトゥーラで採石される良質で真っ白な石灰岩が用いられた。いまでは化粧石が持ち去られ, 西岸で採石された石灰岩を積んだ内部が露呈しているため, ピラミッドは薄茶色

テーマ

図Ⅳ-6　クフ王ピラミッドの石積み（最下部の化粧石が残る）

に見えるが，完成当初は，太陽光を反射して真っ白に光り輝いていたのだ。トゥーラから対岸の西岸には，採石されたブロックを船に乗せて，ナイル川と運河で繋がった港湾に運び込まれた。ちなみに，クフ王ピラミッドの王の間などには赤色花崗岩がふんだんに使われているが，その産地は1,000kmほど南のアスワンであり，これも船に乗せてギザまで運ばれた。

4　労働者は奴隷？

　ピラミッド建設に携わった労働者は奴隷であったとの我々のイメージは，今も根強い。その根源の一つは，ヘロドトスの『歴史』にある。「……ケオプス（クフ）は，国民を世にも悲惨な状態にさせた，と祭司たちは語っていた。……エジプト全国民を強制的に自分のために働かせたという」[3]。このため映画等で，ムチで叩かれながら石材を運ぶ労働者のシーンが創られ，労働者＝奴隷のイメージが一般化した。しかし近年の考古学的調査により，このイメージからの脱却が計られている。それに大きく貢献しているのが，M.レーナー率いるアメリカ隊による労働者住居の発掘である。スフィンクスの東400mには巨大な壁体「ヘイト・アル＝グラーブ（「カラスの壁」の意）」があるが，それを境界とした南側に広がる計画的な町並みをもつ集落が発見された（図Ⅳ-7）。カフラーとメンカウラーのピ

テーマⅣ　ピラミッド建設

ラミッド建設時期の集落とされるが，注目すべきは，周壁と目抜き通りで仕切られたギャラリーと名付けられた区域であり，そこには，同一スペックの長方形の家屋が立ち並ぶ。長軸50mもある長方形の家屋には，細長い部屋が２列に並び，ここが労働者たちの寝泊まりする場所であったとされる。家屋の奥に台所も備わっている。調査隊が現場で試したところ，40〜50人は寝られるようであり，おそらくは，建設労働者のグループが一つの家屋のメンバーとなっていたのであろう。その労働者たちの胃袋を満たすため，集落内の工

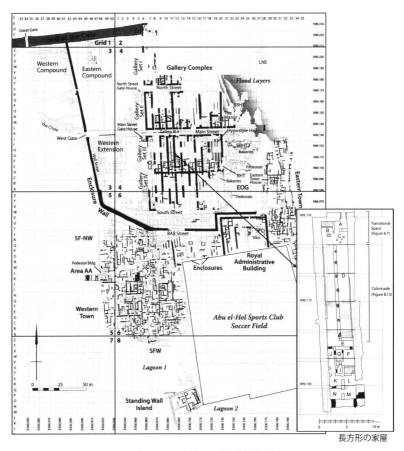

図Ⅳ-7　ギザの労働者住居

227

房ではパンとビールが大量に生産され，毎日ウシやヒツジが大量に屠られた。この他にも魚や野菜なども提供され，ピラミッド建設に携わった労働者たちは潤沢な生活を送っていたようだ。さらに，労働者住居の隣りで，彼らの墓地も発見されている。「労働者の監督官」などの称号をもつ人々もここに埋葬されている。大きな成果は人骨の分析であり，男女ともに彼らは腰や膝の関節炎を患い，腕や脚を骨折していた。ピラミッド建設の過酷さを物語っている。しかし，骨折した箇所は綺麗に治癒され，外科治療を受けた痕跡もあるという。

このように，ピラミッド建設の労働者は，住まいと食糧を与えられ，怪我の治療までも受けていた。つまり彼らは決して奴隷ではないのだ。建設作業には，石工からパン職人に至るまで，およそ2.5万人が従事したと見積もられている。その大部分がパートタイムで雇われた農民であり，彼らは通年で働く監督官や熟練工人たちによってうまく管理統制されていた。

しばしば，ピラミッド建設が「農閑期の農民の雇用対策としての公共事業」であるとの意見を耳にする。しかし，まず前提として，概念的にエジプトの土地は全て神またはその化身であるファラオのものであるため，そこで行われる活動は全て国家に属するものとなる。その意味で，ピラミッド建設も「公共事業」になるかもしれないが，現代におけるそれは，国民の生活に役立つため，またはサービスを提供するための行政による事業である。だが，ピラミッドは国民のために建造したのではなく，ファラオのためである。たしかに，過去を現代の言葉で説明しなければならないわけだが，雇用対策や公共事業といった世俗的な意味合いはなく，エジプトの国民をピラミッド建設に突き動かしたのは，まさに王への忠誠や神への信仰なのである。

テーマⅣ　ピラミッド建設

5　ピラミッドの目的

　最後に，ピラミッド建設の目的について二つの点から述べたい。それは，なぜ巨大な正四角錐なのか，それと，王墓か否かの問題である。最初の点，その形状についてだが，認知考古学の観点から人類のモニュメントを分類した松木武彦氏によると，ピラミッドは仰視型にあたる[4]。仰視型とは，直線と角を基調とする三次元の巨大構造物であり，まさに仰ぎ見るモニュメントである。メソポタミアのジグラッドもこれに分類される。ヒトが進化する過程で身に付けた認知のしくみでは，視線を下から上に導くピラミッドの形状は，物理的な上下のイメージを社会的な上下の関係になぞらえるヒト共通の心理的はたらきにより，その頂に君臨する王や神に対する畏怖や尊敬の念を高め，その下に集まった人々の帰属意識や連帯感，奉仕の感情をうながすという。また松木氏によれば，ピラミッドのような下が大きく上が小さい形は安定感を与え，天に向かって昇っていくその姿は上昇感をよびおこす。さらに，直線が空で交わり左右対称を生み出すこの形は，自然界には存在せず，見る人に強烈な印象を与えるという。このように仰視型は，安定感，上昇感，強い印象，そして畏怖や連帯感といった認知的・社会的役割を演じるのにふさわしく思いつきやすい形であり，文明形成まもない社会に特徴的なモニュメントであるという。

　このように認知考古学からのアプローチは，ピラミッドの形状の意味を的確に説明しており，きわめて興味深い。ピラミッドは，王を頂点とする中央集権国家の顕現であり，国内外にその威厳を誇示する王権のシンボルなのだ。まさに，人々に強い畏怖と紐帯意識を与えるものである。ただそれだけではなく，エジプトの場合は特に宗教的意味合いも考えなければならない。ピラミッドの建設は，太陽神信仰と強く関わっており，王が死して天へと昇り太陽神ラーと同化することができるよう，上昇する形状にあると思われる。また

テーマ

逆に，天から地へと太陽の光が降り注ぐその光景を表現しているともいえるだろう。

6　ピラミッドは墓？

　さて，もう一つの大きな問題，ピラミッドが王墓か否かについてである。教科書にも王墓と書かれていることから当然，ピラミッドが墓であることを疑う人は少ないであろう。しかし，王墓を否定する意見もあるのだ。その根拠に，明確な王の埋葬がなく，副葬品も見つかっていないこと，そして一人の王がいくつも造っていることを指摘する。たしかに，王のピラミッドは度重なる盗掘を受け，当時のままを残した状態で発見された例はない。ジェセル，スネフェル，ウナス，ラーネフェルエフ，ジェドカラー（・イセシ），テティのピラミッド内部では，ミイラの断片が見つかっているが，後世の埋葬の再利用があるため，王自身の遺体であるとは言い切れない。また，ペピ1世の母イプートや，最近ではテティ王の母セシェシェトのピラミッドではほぼ未盗掘の埋葬遺体が発見され，王妃のピラミッドは確実に墓といえるが，それを王のピラミッドまで安易に敷衍することはできないのである。こうした状況において必要な作業は，王のピラミッドでみつかった断片的なミイラを科学的に同定することである。チェコの人類学者E.ストロウハルは，それに果敢に挑んだ研究者の一人である。彼は，ジェセル，ラーネフェルエフ，ジェドカラーのピラミッドで見つかった骨の分析を行った。その結果，ジェセルの骨とされていた断片は，ミイラ処理方法が第3王朝のものでなく，異なる年齢の骨が混在していた[5]。年代測定の結果も末期王朝以降であり，ジェセル王のミイラではないことが証明された。アブ・シールにあるラーネフェルエフの未完成ピラミッドでは1998年，チェコ隊によって玄室からカノポス壺などの副葬品とともに複数のミイラの断片が発見された。ストロウハルの分析によ

り，全ての断片は一人の人物のもので，20〜23歳の男性であることがわかった[6]。この年齢は，2〜3年間とするラーネフェルエフの治世期間を考えても合致する。年代測定でもミイラは古王国時代のものであることを示している。最後のジェドカラーについて，南サッカラにある彼のピラミッドは，1945年にエジプト人によって調査された。報告書が刊行されず出土場所などの詳細は不明であるが，ピラミッド内部でカノポス壺とともに見つかったとされるミイラの断片が，カイロの研究施設に保管されていた。ストロウハルは，アブシールのマスタバでジェドカラーの二人の王女の人骨を発見しており，それと比較することで，ピラミッドで見つかったミイラの特定を試みた[7]。結果，ミイラは45〜60歳の男性であり，ミイラ処理方法と骨の形質的特徴が二人の王女と極めて類似していた。年代測定からも，3人の骨が同時代のものあることが判明し，ピラミッドで見つかったミイラはジェドカラーである可能性がきわめて高いという。

　ストロウハルの一連の研究により，第5王朝のラーネフェルエフとジェドカラーのピラミッドは墓であるといえる。ただし，これで全てのピラミッドが王墓であると断言することは難しい。やはり考古学的に墓と同定するには，王の埋葬遺体の存在が不可欠であり，それがない現状ではピラミッドをおしなべて王墓とはよべないのである。最も有名なクフの大ピラミッドでは，ミイラも副葬品も断片すら発見されていない。このピラミッドは唯一，内部に複雑な構造を持つ特異なものだが，我々が現在入って確認できる内部構造はピラミッド全体のわずか数パーセントであり，それ以外は全くわかっていない。もしかすると，まだ知られていない内部構造が存在する可能性はある。そこでクフ王の埋葬が発見されたとき，ギザの大ピラミッドは「墓」となる。

主要参考文献

Arnold, D. 1997 *Building in Egypt: Pharaonic Stone Masonry*, Oxford.

M.レーナー（内田杉彦訳）2000『図説　ピラミッド大百科』東洋書林

引用

1) Klemm, R. and Klemm, D. 2008 *Stone and Stone Quarries in Ancient Egypt*, London.
2) B.ブライアー・J.=P.ウーダン（日暮雅通訳）2009『大ピラミッドの秘密　エジプト史上最大の建造物はどのように建築されたか』SBクリエイティブ
3) ヘロドトス（松平千秋訳）1978『歴史（上巻）』岩波文庫　240頁
4) 松木武彦　2009『進化考古学の大冒険』新潮選書
5) Strouhal, E. et al. 1994 "Re-investigation of the remains thought to be of king Djoser and those of an unidentified female from the step pyramid at Saqqara", *Anthropologie: International Journal of Human Diversity and Evolution* 32-3: 225-242.
6) Strouhal, E. and Nemeckova, A. 2006 "2.12 Identification of king Raneferef according to human remains found in the burial Chamber of the Unfinished Pyramid", in Verner, M., Bárta, M. and Benesovska, H. (eds.), *Abusir IX: The Pyramid Complex of Neferrei, the Archaeology*, Prague: 513-518.
7) Strouhal, E. and Gaballa, M.F. 1993 "King Djedkare Isesi and his daughters", in Davies, W.V. and Walker, R. (eds.), *Biological Anthropology of the Nile Valley,* London: 104-118.

テーマⅤ
都　市

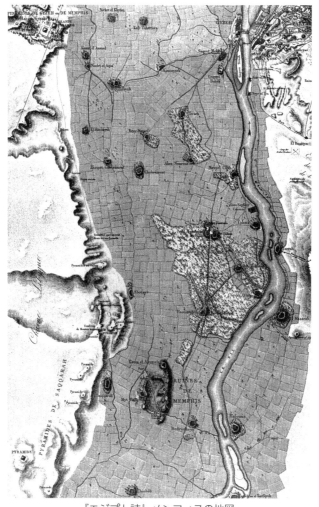

『エジプト誌』メンフィスの地図

テーマ

　ナポレオン・ボナパルトによる『エジプト誌』には，18世紀末のエジプトの集落地図が詳細に記録されている。ダム建設によってナイル川の増水がなくなる前の状況だ。そこには，ナイル川沿いに小さな島のように点々と集落が描かれている（本章とびらの図）。第1章でも述べたように，ナイル川に生きるエジプト人は，毎年の増水により，沖積地の高台に集住して暮らすことを余儀なくされたためである。古代でもこうした小さな集落が一般的な生活の場であったが，王宮や国家神を祀る神殿のある大きな都市ももちろん存在した。メンフィス，テーベ，アマルナなどがその代表である。しかし，古代エジプトはかつて「都市なき文明」とよばれていた。

1　「都市なき文明」からの脱却

　「都市なき文明」とよばれたその発端は，1958年に「都市なき文明（Civilization without cities）」と題したJ.ウィルソンの発表にある[1]。彼は，メソポタミアの都市遺跡を引き合いに出し，エジプトではそうした都市をもたずに国家が形成されたと論じた。その要因は環境の違いにあり，メソポタミアではチグリス川とユーフラテス川の広大な沖積地を協業して灌漑する必要があるが，ナイル川では大規模な灌漑が不要であり，そのためエジプトでは労働の集約化，人口の集中化が起こりにくく，都市が発達しなかったと述べた。ウィルソンがこう論じた背景には，当時の古代研究の潮流が大きく関わっている。1950年，考古学の父と称されるG.チャイルドが論文「都市革命（The Urban Revolution）」のなかで提示した古代都市の10項目は，考古資料に立脚した有益な定義としてその後の都市研究の基礎となり，都市論の活発化をもたらした（図V-1）。現在でもこの定義の重要性は色褪せないが，10項目の策定にメソポタミアの都市遺跡が主な参考事例にされていたため，ウィルソンのようなメソポタミアを基準にして，都市・非都市が語られるようになってしま

テーマⅤ　都市

った。ただし，エジプト学にも問題があり，それは集落に関する考古資料がきわめて乏しく，環境などから考察せざるを得ない状況にあった。この問題を解消すべく，1970年代末から集落遺跡の発掘調査が進み，現在ではエジプトなりの「都市あり文明」として認識されるに至っている。

①大規模集落と人口集住
②第一次産業以外の職能者
③生産余剰の物納
④神殿などのモニュメント
⑤支配者階級
⑥文字記録システム
⑦算術・幾何学・天文学・暦
⑧芸術
⑨長距離交易への依存
⑩支配階級に扶養された専業職人

図Ⅴ-1
チャイルドの都市10項目

2　古代エジプトは領域国家

メソポタミアとエジプトではそもそも，都市の性格が異なる（図Ⅴ-2）。南メソポタミアのシュメール地方では，紀元前3000年頃からいくつもの都市が誕生するが，それは「都市国家」とよばれるものである。各都市は，同じ物質文化を共有しつつも，独立した行政組織を有する国家をなす。都市は城壁で囲まれ，計画的な町並みの中心に神殿域が設けられ，そこでは都市神が祀られていた。メソポタミアでは，こうした都市国家が二つの大河のほとりにいくつも併存し，全人口の80％以上がそこで生活していたとされる。一方，

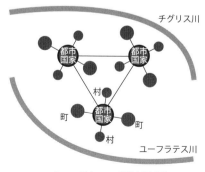
南メソポタミア「都市国家」

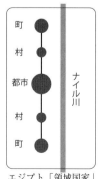
エジプト「領域国家」

図Ⅴ-2　メソポタミアとエジプトの集落パターン

テーマ

　エジプトは「領域国家」である。ナイル川下流の領域を，一つの行政組織が支配する国家の形態である。都市を中心に，町や村がナイル川に沿って直線的に繋がるのだ。ナイル川沿いという同一の地理的環境にあるため，人々は分散して生活し，水資源の競争もなく，メソポタミアほど都市に人口が集中することはなかったのである。

3　古代エジプトの集落

　近年，N.ミューラーが，エジプト独自の集落の分類を提示している[2]。古代エジプトでは，集落を意味する「ニウト」の言葉が「都市」から「村」まで幅広く使われており，その分類概念が曖昧であったものの，考古資料および文献資料によると，規模や機能によって「首都」「州都」「村」に分けることができるという。彼女による「首都」とは，主要な都市であり，その要素として「王宮や行政施設で構成される中央政府機関」，「国家神の神殿」，「周壁」，「王家の墓地」，「王家の生産工房」の存在を挙げている。遺跡では，メンフィス，テーベ，アマルナ，ピラメセス，タニス，サイスがこれに該当する。「州都」とは，ノモスの中心となる町であり，要素としては「地方神の神殿」，「周壁」，「州侯（知事）の邸宅」，「生産と貯蔵の施設」，「墓地」である。「村」は，その存在を発掘で確認された例は皆無に等しいが，文字資料には示されている。新王国時代のウィルボー・パピルスには，エジプト中部の400以上の村の名前が記されている。

　これら三つのレベルの異なる集落は，政治・経済的に繋がっていた。最小単位の村は，ノモスの領域に組み込まれており，租税として農作物を州都または神殿に支払う。州都は，中央政府の管理下に置かれており，収集した租税を首都に納める。こうした首都を頂点とする政治的ヒエラルキーを基盤に，エジプトの領域国家は成り立っていた。

テーマⅤ　都市

4　首都の変遷

　最初に築かれた首都は，メンフィスである。エジプト文明3,000年において，メンフィスは基本的に首都であり続けたが，歴史の変化のなかで都市の誕生や首都の移転があった（図Ⅴ-3）。中王国時代の第12王朝には，ファイユームの近くに新都イチタウイがつくられた。イチタウイは，アメンエムハト1世のピラミッドがあるリシェトの東岸と考えられているが，その存在を示すのは今のところ文字資料のみである。異国の民ヒクソスによって支配された第17王朝は，デルタ東部のアヴァリス（テル・エル＝ダバア）が都となる。新王国時代になると，メンフィスの首都機能が回復するとともに，ヒクソスを駆逐したエジプト軍の出身地であるテーベが重要視され，宗教と埋葬の場としてその地位を確立するようになる。第18王朝後半，アクエンアテンが打ち立てたアテン一神教のもと，中部のアマルナが新都として建設される。アクエンアテンの死去後，ツタンカーメンの時期に首都はメンフィスに戻るが，第19王朝になると，西アジア方面との関係を重視して，アヴァリスの北に首都ピラメセス（カンティール）が建設される。その後もデルタには，第3中間期のタニスやブバスティス，末期王朝のサイスなどが興隆する。そして，アレキサンダー大王によって建設が開始されたアレキサンドリアが，古代エジプト最後の首都となる。

図Ⅴ-3　首都の変遷

237

テーマ

　以下，主要な都市であるメンフィス，テーベ，アマルナの具体的な内容をみてみたい。

5　首都メンフィス

　最初の首都メンフィスは，カイロから約25km南，現代の村ミート・ラヒーナを中心とした場所に位置する。ここに首都が置かれたのは，デルタとナイル渓谷との結節点として，その地政学的な利点を考えてのことであったのだろう。近年の研究では，ナルメル王以前の時代からメンフィスの名前が確認されており，その地政学的重要性はすでに認識されていたようだ[3]。当初メンフィスは，ヒエログリフで「イネブ・ヘジュ（「白い壁」の意）」とよばれていた。その由来は，首都の中枢となる王宮が石灰岩の壁体で囲まれていたためとされる。新王国時代になると，近接するペピ1世のピラミッド・タウンの名前であった「メン・ネフェル（「確立され良き者」の意）」が首都の名前として採用されるようになる。この名称のギリシア語訛りが「メンフィス」の語源とされる。さらに付け足すと，メンフィスの主神プタハの神殿域は「フウト・カー・プタハ（「プタハの魂の館」の意）」とよばれていたが，これがギリシア語でAigyptosとなり，ラテン語を経由して，現在の英語の国名Egyptとなったとされる。

　メンフィスの繁華は，その首都に対応する西方砂漠のサッカラ墓地をみれば明らかだが，しかし現在，その政治・経済の中心地としての様相を考古学的にうかがい知ることは難しい。古代エジプトでは墓や神殿などは石材で造るが，それ以外は基本的にレンガや植物を用いるため，ナイル川の増水により破壊され，残ったとしても川の堆積作用により地中深くに埋まってしまう。そのため現在では，首都メンフィスには，プタハ神殿の一部やファラオの彫像などがまばらに残るのみである。これらはほぼ新王国時代のもので，それ以前の時代については全くわかっていなかった。

テーマⅤ　都市

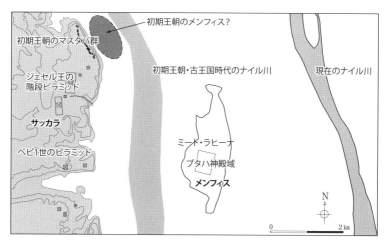

図Ⅴ-4　メンフィスとサッカラ

そこで，この問題に挑んだのがイギリスのD.ジェフリーズである[4]。彼は初期王朝時代の「イネブ・ヘジュ」の場所を探るべく，サッカラ北部の崖際に初期王朝時代のマスタバ墓が集中することから，崖下付近をターゲットとして調査を行った（図Ⅴ-4）。沖積地では地下水が溢れ出て発掘が困難であることから，主にボーリングによって地下の遺跡を探った。その結果，地下約4mにて初期王朝から古王国時代にかけての遺物包含層を発見した。これにより，最初のメンフィスは，サッカラ北部のマスタバ墓群が見下ろす崖下にあるという見方が強まった。

6　古王国時代のメンフィスは？

それでは古王国時代のメンフィスは，どうであったのか。文字資料からは，この時代もメンフィスの重要性は認識されるのだが，明確な建造物はこれまで確認されていない。その理由として，二つの意見が出されている。一つは，ナイル川によって遺跡が破壊されたというものだ。ジェフリーズの一連の調査では，ナイル川の流路がサッカラの崖際近くから徐々に東へと移動して現在に至ったことが

239

テーマ

明らかとなったが（図V-4），古王国時代当時のメンフィスは川の東岸に位置していたため，その後の川の流路変更により流されてしまったというものだ。もう一つは，「キャピタル・ゾーン」という考え方である。これはM.レーナーが最初に提唱したものだが[5]，首都の位置がサッカラ付近に固定したものでなく，南はダハシュールから北はアブ・ロワシュまで，およそ南北30kmに及ぶ細長い範囲がいわゆるメンフィスであったとするものだ（図V-5）。古王国時代の歴代の王は，ピラミッドをこの範囲の砂漠地帯に場所を変えながら建造したが，ギザの例にみるように，ピラミッドに対応して沖積地には王宮が建設されている。そこには，行政官僚，神官，建設労働者，彼らを支える使用人，職人なども集まり，都市機能をもつ「ピラミッド・タウン」が形成される。王の死後もそこは王の葬祭施設として継続するが，次の王は新たな場所にピラミッドと王宮を建造する。つまり，メンフィスの中心地は絶えず移動していたというのである。この二つの意見はどちらも可能性が高く，特に後者は魅力的な考えだが，しかしまだ研究の途上にあり，さらなる考古学的証拠が必要である。

図V-5　メンフィスを中心とするピラミッド・フィールド

7　新王国時代のメンフィス

新王国時代になると，メンフィスの姿をしっかりと捉えることができる。プタハの神殿やメルエンプタハ王の王宮などが発見されている。しかしメンフィスの全体像は，こうした考古資料をもとにしつつ，文献資料から復元されている。K.A.キッチンによると[6]，メ

テーマⅤ 都市

ンフィスのレイアウトは，東をナイル川，西を砂漠に区切られた縦長の領域内に，プタハ神殿を中心として，北にネイト女神の神殿，南にハトホル女神の神殿が配される（図Ⅴ-6）。プタハ神殿の東には歴代の王宮，西の砂漠近くには王の葬祭殿が建ち並び，北と南にそれぞれ街区が広がる。神殿や王宮は運河で結ばれ，ナイル

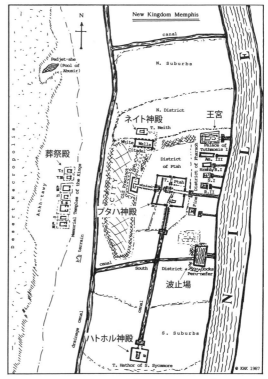

図Ⅴ-6　新王国時代のメンフィス復元図

川から船でアクセスできるようになっている。この中核エリアは4×2kmほどとされる。

　新王国時代のメンフィスは，首都としての行政の中心であるほか，トトメス3世より活発化するアジア遠征の拠点という機能も有する。その玄関口となる最大の波止場がプタハ神殿の南東にあったことにより，メンフィス南郊には西アジアなどの外国人が多く住み着き，当時のメンフィスは国際色豊かな都市であった。

テーマ

8　宗教都市テーベ

　メンフィスに次ぐ大都市が，現在のルクソールに位置するテーベである。古代名で「ワセト」とよばれていたテーベはもともと，エジプト南部の一地方（第4ノモス）の町にすぎなかったが，ヒクソスを駆逐してエジプト再統一を果たした英雄アハメス王の拠点であり，それが当地の神アメンのご加護によるとされたことから，新王国時代よりこの地の重要性は急激に高まった。新王国時代の歴代の王は，アメン（またはアメン・ラー神）を国家神として，その総本山であるカルナク神殿の増改築を行い，西岸には王墓と葬祭殿を建設した。つまり，メンフィスが行政の中心地であるのに対し，テーベは宗教を中心とする都市として位置づけられる。都市の中心は東岸にあり，カルナク神殿を囲むように集落域が広がっていたとされる。西岸は死者の町として，砂漠の岩山には王家の墓地「王家の谷」や

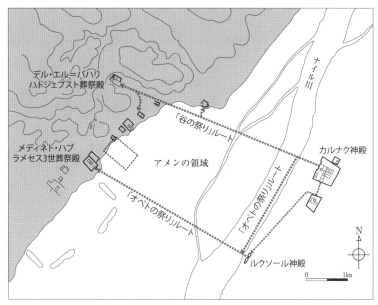

図V-7　テーベのアメン領域

242

テーマⅤ　都市

貴族の墓が築かれ，砂漠の縁辺部には王の葬祭殿が建造された。この都市のレイアウトは，メンフィスのそれと酷似している。

テーベでは，アメンの聖なる領域が明確に確立されており，神殿や葬祭殿はそれに従って配置されていたようだ（図Ⅴ-7）[7]。ナイル東岸には，北にカルナク神殿，そこから約3km南にルクソール神殿が配され（図Ⅴ-8），両者は参道で結ばれている（図Ⅴ-9）。西岸には，北にデル・エル＝バハリ，南にメディネト・ハブがあり，それぞれの葬祭殿が東岸の神殿と対峙する場所に位置する。この四つの建造物で囲まれたその内部が，「アメンの領域」とされ，それは下記の祭事のルートによって定められていた。

図Ⅴ-8　ルクソール神殿

図Ⅴ-9　スフィンクス参道

9　「オペトの大祭」と「谷の祭り」

宗教都市テーベでは，王による重要な祭事が執り行われた。国家的な祭りとして毎年開催される「オペトの大祭」と「谷の祭り」である。オペトの大祭は，アケト季の第2月に，カルナク神殿のアメン，ムト，コンスの神像を御輿に乗せ，南のルクソール神殿を訪れる祭りである。アメン神はムト女神と結婚して息子コンス神を授か

テーマ

図Ⅴ-10　カルナク神殿に描かれた聖船を担ぐ神官たち

ったのだが，大祭の目的はその神聖なる結婚を再現し祝福するためである。また，王がこれを執り行うことにより，王の神性と王権の永遠性をもたらすものでもあった。御輿は途中6ヶ所の祠堂にとまりながら，約3kmの道程を行列をなして進む（図Ⅴ-10）。列には女性神官が加わり，神と王を祝福する歌が常に歌われた。民衆が神像を拝める唯一の機会であるため，御輿が行進する道の両脇は人の群れで埋め尽くされていた。

　オペトの大祭は，遅くとも第18王朝のハトシェプスト女王の治世までには確立していたようで，当初，往路は陸を進み，復路はナイル川を航行したが，ツタンカーメンの頃には往復路ともに川を航行するようになった。また，祭の期間も拡大したようで，第18王朝トトメス3世の時期は11日間，第20王朝ラメセス3世の時期は27日間もかけて執り行われた。また，ルクソール神殿のオペトの

テーマⅤ　都市

アメン神像が対岸のメディネト・ハブの神殿に訪れる祭りも，定期的に行われていた。この国をあげての大祭は，ローマ時代も引き続き行われ，現代のイスラムの祭にもその名残があるとされる。

　「美しき谷の祭り」ともいわれる「谷の祭り」は，シェムウ季の第2月に，カルナク神殿のアメン，ムト，コンスの神像を乗せた聖船が，西岸の王の葬祭殿を訪れ，先代の王を祝福する祭りである。まずはデル・エル＝バハリの葬祭殿をめざし，その後歴代の王の葬祭殿をまわり，最後に在位中の王の葬祭殿に向かう。葬祭殿では，王による儀礼が執り行われ，参列者にワインなどが大量に振る舞われたようだ。亡き王を祝福するということから，この日は，一般の人々も先祖の墓で盛大な祝宴をあげ，テーベは祭り一色となった。

10　アテン神の都アマルナ

　古代エジプトの都市を語るうえで欠かせないのが，アマルナである。第18王朝の王アクエンアテンはアテン一の神教を打ち立て，その本拠地としての新都を中部エジプトのアマルナに築いた。アマルナ（テル・エル＝アマルナ）はアラビア語の現地名であり，古代においては「アケトアテン（「アテンの地平線」の意）」とよばれていた。この地が選定されたのは，どの神にも属さない処女地であったこと，三方を崖に囲まれた自然の城壁を呈すること，そして，東の断崖に開いた大きな涸れ谷の景観が，ヒエログリフの「アケト（「地平線」）」（図Ⅴ-11）の文字に似ており，まさにアケトアテンを具現する地として最適であったともいわれている。都市の建設は治世5年に始まり，およそ12年後には王の死去とともに放棄された。その後，建物の建材は再利用で持ち去られたものの，その基礎が良く残っており，また使用が短命であったこともあり，アマルナは当時の都市計画を明瞭に捉えることができる稀有な遺跡となっている。この遺跡の調査は100年の歴史を有するが，B.J.ケンプ率いるイギリス隊の

245

テーマ

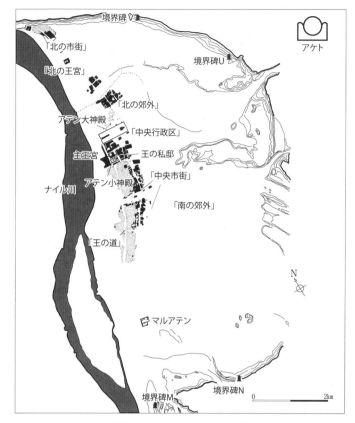

図Ⅴ-11　アマルナ全体図

近年の発掘成果は目覚ましい[8]。以下では，彼らの見解をもとにアマルナの都市を概観してみたい。

11　アマルナ都市の構成

　アケトアテンは，岩肌に彫られた16の境界碑でアテンの聖なる領域が定められ，その内部のナイル東岸に，南北に走る目抜き通り「王の道」を軸に都市がレイアウト（約6×1km）されている（図Ⅴ-11）。西岸に広がる広大な沖積地は，3万人規模とされる都市の人口を支える重要な耕地である。

テーマⅤ　都市

　都市の最北に位置する「北の市街」は，河岸王宮を中心とする居住区である。河岸王宮はアクエンアテン王の主王宮とされ，この一角は幅7mの巨大な二重壁で護られていたようだ。またここは，川からアクセスする際の北の玄関口であったと思われる。そこから1km南の「北の王宮」は，王妃・王女のための王宮とされる。148×115mの矩形の王宮は，中庭を中心にいくつもの部屋が取り囲む構造をなす。キッチンや使用人の部屋も完備され，天井の無い中庭には緑豊かな庭園となっており，まさに王宮としての快適な住空間が創り出されていた。「北の郊外」は，南北に走る二つの街路で区

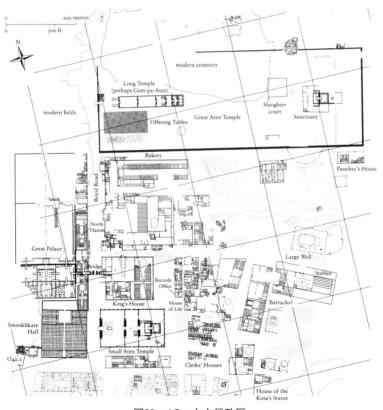

図Ⅴ-12　中央行政区

テーマ

切られた居住区である。

「中央行政区」は政治と宗教の中心地であり，ファラオが鎮座する当時のエジプト社会の中枢がここにあたる（図V-12）。主王宮，王の私邸，大小二つのアテン神殿を中核として，行政施設が立ち並ぶ官庁街となっている。王の道の西側に接する主王宮は，長軸580mの規模を有する。王宮の中心となる王の間は広大な中庭の南にあり，その北に後宮（ハーレム）と使用人の部屋，貯蔵室がある。これら建物の壁は，ファイアンスの象眼やタイルで豪華に飾られ，床面は水辺のシーンなどの彩色画で彩られていた。主王宮とその東にある王の私邸は橋で繋がり，アクエンアテンが目抜き通りを歩くことなく渡れるようになっている。王の私邸（138×120m）は主室と倉庫からなり，ここでは王が宰相や神官長などと執務を行い，王家の財宝が保管されていたのであろう。

王の私邸の南にアテン小神殿，北にアテン大神殿が位置する。アテン大神殿は，周壁で囲まれた800×300mの敷地に，前方と後方にそれぞれ二つの構造物が存在する。「ゲム・パー・アテン」ともよばれていた前方の細長い神殿には，六つの塔門（パイロン）が連続して立ち，その中庭はアテン神に捧ぐ800ほどの供物卓で埋めつくされている（図V-13）。後方の正方形の建物は至聖所であり，ここも150もの供物卓が備わる。供物卓で満たされた神殿は，他の時代にはないアマルナ独特のものである。それは，神殿に寄進された一部を神に捧げていたこれまでの慣習を捨て，アクエンアテンはその全てを捧げることを実行したとされる。また，アマルナの神殿は全て屋根がなく，アテンの太陽光線が隅々まで降り注ぐようになっている。

中央行政区の南には，主要居住区の「中央市街」と「南の郊外」が広がる。中央市街では，南北に伸びる3本の街路に沿って住宅が立ち並ぶが，大邸宅を中心に小さな家屋が密集する傾向にある。大

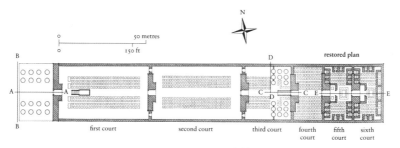

図Ⅴ-13　アテン大神殿

図Ⅴ-14　中央市街（北側）

邸宅には2階建てもあり，庭園や井戸，穀物倉庫も備わっていた。ネフェルトイティの胸像が発見された彫刻家トトメスの邸宅もこの一角にある（図Ⅴ-14）。

　このようにアマルナは，短命であったアテン一神教時代の首都ではあるが，神殿と王宮という神と王を中心とする古代エジプトの都市の姿を鮮明に今に伝えてくれる稀有な遺跡なのである。

テーマ

主要参考文献

Baines, J. 2015 "Ancient Egyptian cities: monumentality and performance", in Yoffee, N. (ed.), *The Cambridge World History Volume 3: Early Cities in Comparative Perspective, 4000 BCE–1200 CE*, Cambridge: 27–47.

Mumford, G.D. 2010 "Settlements – Distribution, Structure, Architecture: Pharaonic", in Lloyd, A.B. (ed.), *A Companion to Ancient Egypt*, Chichester: 326–349.

引用

1) Wilson, J.A. 1960 "Egypt through the New Kingdom, Civilization without cities", in Kraeling, C.H. and Adams, R.Mc. (eds.), *City invincible: a Symposium on Urbanization and Cultural Development in the Ancient Near East*, Chicago: 124–164.

2) Moeller, N. 2016 *The Archaeology of Urbanism in Ancient Egypt: From the Predynastic Period to the End of the Middle Kingdom*, New York: 14–30.

3) Pierre, T. and Damien, L. 2012 "Iry-Hor et Narmer au Sud-Sinaï (Ouadi 'Ameyra): Un complément à la chronologie des expéditions minières égyptiennes", *Bulletin de l'Institut français d'archéologie orientale* 112: 381–398.

4) Jeffreys, D. 1997 "Excavation and Survey East of the Saqqara-Abusir Escarpment", *Journal of Egyptian Archaeology* 83: 2–4.

Jeffreys, D. and Tavares, A. 1994 "The Historic Landscape of Early Dynastic Memphis", *Mitteilungen des Deutschen Archäologischen Instituts, Kairo* 50: 143–173.

5) Lehner, M. 1997 *The Complete Pyramids*, London: 7.

6) Kitchen, K. A. 1991 "Towards a Reconstruction of Ramesside Memphis", in Bleiberg, E. and Freed, R. (eds.), *Fragments of a Shattered Visage: The Proceedings of the International Symposium on Ramesses the Great*, Memphis: 87–104.

7) Kemp, B.J. 2006 *Ancient Egypt: Anatomy of a Civilization* (2nd edition), London and New York.

テーマⅤ　都市

近藤二郎　1996「ネクロポリス・テーベの領域の確立：その歴史的変遷と基本構成に関する覚書」『エジプト学研究』第4号　43-57頁
8) Kemp, B.J. 2012 *The City of Akhenaten and Nefertiti: Amarna and Its People*, London.
Stevens, A. 2016 "Tell el-Amarina", in Wendrich, W. (ed.), *UCLA Encyclopedia of Egyptology*, Los Angeles (http://escholarship.org/uc/item/1k66566f).

テーマⅥ
古代エジプト語とヒエログリフの解読

シャンポリオン

テーマ

　ヒエログリフ。言わずと知れた古代エジプトの言語である。優美な造形で表現されたヒエログリフは，古代エジプトの一つの表象といっても過言ではない。ヒエログリフは，王朝時代を通じて「神聖なる神の言葉」として神殿や墓の壁に装飾のごとく刻まれ続けたが，クレオパトラ7世の自害で文明が幕を閉じた紀元前30年以降，ローマやイスラムの侵略により次第に忘れ去られてしまった。死語となってしまったこの古代言語を"再生復活"させたのが，「エジプト学の父」として今なお歴史に名を残すフランス人研究者J.–F.シャンポリオンである。1822年に彼が解読に成功したことで，古代の人々の歴史，宗教，文化を理解する扉が開かれた。シャンポリオンが「エジプト学の父」とよばれるゆえんである。

1　古代エジプト語

　古代エジプト語は，北アフリカから西アジアにかけて分布するアフロ・アジア語族に属し，その起源の一つとされる。古代エジプト語は四つの種類からなる（図VI–1）。まずは，ヒエログリフ（聖刻文字）。この呼び名はギリシア語の「ヒエロ（聖なる）」と「グリフィカ（彫刻）」に由来する。古代エジプト文明が誕生する紀元前3000年頃より少し前に使われはじめ，長い歴史のなかで文法構造などが変化するものの，聖なる文字として宗教的な場所で利用され続けた。二つ目は，ヒエラティック（神官文字）。ギリシア語で「神官の」という意味であり，書記が素早く書くためにヒエログリフの筆記体として生まれた。経済文書や宗教文書，文学作品や手紙など，書記による基本的な文書はヒエラティックで書かれた。三つ目は，ギリシア語で「人々」の意味である，デモティック（民衆文字）。末期王朝が始まる紀元前664年以降，ヒエラティックをさらに簡略化した略記体として登場し，主要な言語となる。そして最後の四つ目は，コプト。紀元後3世紀にキリスト教がエジプトに普及し，4世

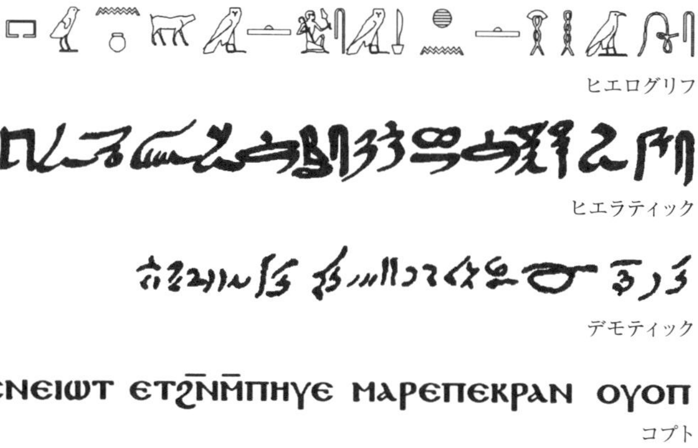

テーマⅥ 古代エジプト語とヒエログリフの解読

ヒエログリフ

ヒエラティック

デモティック

ΠЄΝЄΙⲰⲦ ЄⲦϨⲚⲘⲠⲎⲨЄ ⲘⲀⲢЄⲠЄⲔⲢⲀⲚ ⲞⲨⲞⲠ

コプト

図Ⅵ-1　古代エジプト語の4形態

紀にはヒエログリフやヒエラティックに代わって使用が始まる。これは，それまでの文法は継承しつつ，ギリシア文字をベースにしたアルファベットからなる。紀元後7世紀のイスラム征服後も使用され，キリストの教会では今でも典礼の言語として使われている。

　これら4種の文字のなかでも，ヒエログリフは最も有名であり，だれでも一度は目にしたことがあるだろう。ここで，ヒエログリフを例に古代エジプト語を簡単に説明しておきたい。ヒエログリフは一つ一つの文字が何らかの象形で表現されるが，これらは全て音価をもつ。そのうち24の音価を表すアルファベットが存在する。母音は無く全てが子音で表現される。また1文字で二つ，または三つの子音の音価をもつ文字もある。さらに，発音はしないが単語の最後に書き加えて意味を限定させる文字記号（限定符）も存在する。つまり，ヒエログリフは基本的には音価をもつ「表音文字」であり，限定符のように絵文字的な「表意文字」の要素も含まれているのである。この複雑さが解読作業を最も困難にさせ，かつその発見こそが解読の鍵となったのである。以下，その解読の歴史を追ってみたい。

テーマ

2 ロゼッタ・ストーン

　まずは解読の鍵となったロゼッタ・ストーンについて述べておこう。石碑は灰色花崗岩製であり，高さ114cm，幅72cm，厚さ28cmと巨大である（図Ⅵ-2）。上部が破損しているが，本来は半円形の頂部を有する石碑であったとされる。表面には上からヒエログリフ，デモティック，ギリシア文字の3種類の異なる文字が対訳碑文として刻まれている。その内容は，プトレマイオス5世が施した恩恵に対する臣民の感謝と戴冠1周年記念の大祭に関する勅令であり，このことから石碑が紀元前196年に製作・建立されたことがわかる。

　ロゼッタ・ストーンは，ナポレオン・ボナパルトによるエジプト遠征中，デルタ西部の町アル＝ラシード（英語名ロゼッタ）にて発見された。1799年，イギリスの攻撃に備えて進められていた15世紀の城塞の改修工事中，その基礎部分から見つかったのである。敗北で迎えた1801年のアレクサンドリア協定により，他の主だった遺物とともにロゼッタ・ストーンはイギリス軍に没収されてしまい，大英博物館にイギリスの至宝として現在まで展示されるに至っている。しかし，ヒエログリフがまだ解読されていない当時であっても，フランス軍の学者たちはこれ

図Ⅵ-2　ロゼッタ・ストーン

256

が解読の鍵となるとの重要性を認識していた。彼らは引き渡した後も，イギリスの学者と協力して碑文の写しを取りあった。この学者たちの政治を超えた研究への熱意が，後のヒエログリフ読解をもたらすことになる。

3　解読の布石

　解読の試みは17世紀からすでにあるものの，科学的な研究へと飛躍したのはやはりロゼッタ・ストーンが発見された1799年以降のことである。最初の挑戦者はフランスのシルヴェストル・ド・サシ男爵である。1802年にはすでにロゼッタ・ストーンのギリシア語銘文の翻訳が出回っており，それをもとにまずはデモティックの箇所に挑み，ギリシア語の固有名詞に対応するデモティックの文字を抽出した。そして，その文字に音価を与えたのが，スウェーデン人ヨハン・オケルブラッドである。サシの弟子である彼は，29の文字をアルファベットとして認識し（約半分は正しい），「デモティックでは外国語の固有名詞をアルファベットで表している」ことを発見した。しかし彼らは，デモティックの全ての記号がアルファベットと考えていたため，研究はそれ以上進まなかった。

　さて，サシ等の研究後，大きな一歩を踏み出したのは，イギリスの物理学者トマス・ヤングである。10代でラテン語やギリシア語など様々な言語に精通していた彼は，1814年にロゼッタ・ストーンの解読に挑戦する。ヤングはデモティックが本質的にアルファベットとは異なること，ヒエログリフのカルトゥーシュの中に書かれた文字が王名であることを突き止めた。さらに，表音と表意が存在すること，デモティックの用法がヒエログリフと近似することを認識するに至る。同じイギリス人で古物蒐集家のウィリアム・バンクスは，エジプトのフィラエ島から自分の庭園に運んだオベリスクの碑文を調べ，カルトゥーシュの王名が「クレオパトラ」であると読

テーマ

み取った。イギリス人の研究は着実に前進したものの、古代エジプト語が基本的には表意文字であり、限定的に表音文字が使われているとの考えから脱することができなかった。

4　シャンポリオンの登場

　同じ頃、フランスでも読解への歩みは着実に進んでいた。歴史好きであった若きシャンポリオンは、ジョゼフ・フーリエ（フーリエ解析理論で有名な数学・物理学者）のサロンで彼の人生を決定づける大きな出会いをする。エジプト遠征にも参加していたフーリエからロゼッタ・ストーンの存在について教えられ、そしてヒエログリフがまだ誰も解読できていないことを知る。彼はこの時、自分が最初に解読することを決意するのである。その目標に向かって突き進み、12歳になる頃にはすでにヘブライ語、アラビア語、シリア語などの基礎を身につけ、その後もコプト語を中心に様々な言語を学んでいった。16歳で、グルノーブル科学芸術アカデミーの前で論文を発表し、「現在あるコプト語は古代エジプトの言語と同じである」ことを主張。そして、パリに移った1807年からロゼッタ・ストーンの写本を資料に本格的な解読研究に乗り出す。徹底的に取り組んでいたコプト語を頼りに、彼もまたヒエログリフが音価をもつこと、さらに母音を表記しないことも認識するに至る。ヤングが表音の存在を示唆して間もない1821年には、デモティックとコプト語はヒエログリフを起源にもつ同じ言語体系にあることを発表。そして1822年、悲願の解読に成功する。その手順は、ヤングやバンクスと同様、彼もまずロゼッタ・ストーンとフィラエ島のオベリスクのカルトゥーシュに着目し、それが王名であると仮定する。「プトレマイオス」と「クレオパトラ」の各文字にコプト語の音価を当てはめ「PTOLMIS」と「KLEOPATRA」とし、そこに共通する「O」「P」「L」のヒエログリフの音価を特定した（図VI-3）。二人の王名

テーマⅥ 古代エジプト語とヒエログリフの解読

図Ⅵ-3
「プトレマイオス」（上）と「クレオパトラ」（下）のカルトゥーシュ

は外来のギリシア語であるため，ヒエログリフのアルファベットを単純に割り振って音訳されていたことから，比較的容易に解読できたのである。このような共通文字を選び出す方法でヒエログリフの読み方を特定していき，王朝時代のファラオの名前も解読していった。そして最終的に，「ヒエログリフは基本的に表音文字であるが，表意文字もあり，かつ一つの文字には，複数の音価を有するものもある」ことを発見したのである。1922年，この成果を『ムッシュー・ダシエへの書簡』として報告し，死語であった古代エジプト語は生きた言葉となったのだ。

5　ヒエログリフの起源

　古代エジプトのヒエログリフは，メソポタミアの楔形文字に影響を受けて成立したとする意見がある。ヒエログリフは，紀元前3000年頃のエジプト文明の形成とともに誕生したと考えられていた。つまり，最初の王ナルメルのパレットに描かれた彼の名前がヒエログリフの始原とする。一方の楔形文字は，紀元前3200年頃に南メソポタミアで発明されたウルク古拙文字を基礎とする。西アジ

テーマ

アでは先史時代からトークンとよばれる数量を数える小型土製品（数え駒）があったが，そこに数量のみならず対象の種類も刻むようになり，ウルク古拙文字が誕生したとされる。この頃は絵文字のかたちをしていたが，それが徐々に抽象化・整理され，楔形文字が確立する。

　このように，楔形文字はその成立過程がおおむね判明しており，その誕生がエジプトよりも古いことから，影響を与えたといわれてきたのだ。いわゆる伝播論的な考えである。しかし近年，第4章で述べたように，アビドスの支配者の墓（U–j）から文字資料が大量に発見され，その年代は楔形文字と同じ紀元前3200年頃である。アビドスの文字は，絵文字の組み合わせであるが，後に確立するヒエログリフを参照すると，音価をもつ表音文字として読むことができる。きわめてシンプルな文字システムではあるが，それはまさしくヒエログリフの祖型なのである。しかしそもそも，楔形文字の影響は成り立たない。なぜなら両者の文字体系は，根本的に異なるからである。ヒエログリフも楔形文字も音価をもつ「表音文字」を主体とするが，前者は「音素文字（Segmental）」，後者は「音節文字（Syllabary）」に属するのだ。音素文字は1文字が1音素で表現され，音節文字は1文字の中に子音＋母音など複数の音素が含まれる。ローマ字などが音素文字であり，日本のかな文字は音節文字にあたる。ヒエログリフと楔形文字はそれぞれの祖型であり，このことからも，二つの文字体系は独自に開発されたといえるだろう。

　楔形文字の出現は，数量や種類の防備録といった経済活動にあるようだが，ヒエログリフも物品管理を目的として生まれたと考えられる。アビドスで発見された初期ヒエログリフも，支配者が管理する製品の産地やその土地の所有者を示している。つまりヒエログリフは，エジプト文明成立前夜の政治的な経済活動のなかから生まれてきたのである。

主要参考文献

Allen, J.P. 2000 *Middle Egyptian*, Cambridge.
Bierbrier, M.L. 1995 *Who was who in Egyptology* (3rd rev. ed.), London.
M.コーリア・B.マンリー（坂本真理訳・近藤二郎監修） 2000『ヒエログリフ読解法』ニュートンプレス
近藤二郎 2004『ヒエログリフを愉しむ―古代エジプト聖刻文字の世界』集英社新書
J.ラクチュール（矢島文夫・岩川亮・江原聡子訳） 2005『シャンポリオン伝』河出書房新社

テーマⅦ

ワイン

供物リストの描かれたステラ

テーマ

　古代エジプト人たちは，日々なにを食べていたのだろうか。墓や石碑に描かれた「供物リスト」に，そのヒントはある（本章とびらの図）。死者に捧げる供物リストには，パンとビール，ワイン，ウシ，トリ，果物などなど，様々な食べ物が並ぶ。これは，死者が来世でも食事に困らぬよう描かれたものである。理想的な食べ物であったかもしれないが，現世での食文化にないものを描くことはありえず，彼らの食文化をうかがい知ることができる。この他，供物リストには記されないが，サカナ，ブタ，ハーブなども食していたことが考古資料から明らかとなっており，彼らの食文化はバラエティー豊かで，その食材は現代の我々と基本的にはさほど変わらないことに驚く。テーマⅦ〜Ⅸでは，なかでも我々に最もなじみ深いワイン，そしてパンとビールを取り上げ，古代エジプトにおけるそれらのレシピを中心に紹介しよう。

1　ワインとは

　ワインは，ブドウからつくるアルコール飲料であり，ビールとともに古来より愛された飲み物である。ブドウにはブドウ糖や果糖が多く含まれ，その果汁が発酵してアルコールを生みだす。発酵を促す酵母は，ブドウの果皮に付着している。そのため，ブドウを潰して壺などに入れておくだけでワインとなるのだ。つまり，人類がワインというアルコール飲料を発見するのはそれほど難しいことではなかった。

　古代エジプト人も，ワインをこよなく愛していた。中王国時代にレヴァント方面に赴いた廷臣シヌヘは，「ここにはワインが水より豊富にあり，毎日ワインを飲みながら食事ができる！」と『シヌヘの物語』で述べている[1]。このことからも，当時エジプトでワインがどれほど嗜好されていたかがわかる。それと同時に，廷臣であるシヌヘでさえも日常的にワインを飲むことができなかったことを示

264

している。古代エジプトでは，ビールが広く一般的に飲まれていたのに対し，ワインはとても貴重な飲み物だったのだ。ではなぜ，ワインが貴重だったのか。それは，原料となるブドウがそもそもエジプトに自生しないからである。野生ブドウの分布域は，中・多湿で常緑・広葉樹林帯の北縁にあたる地中海沿岸の南ヨーロッパから，ジョージアやアルメニアなどの黒海やカスピ海沿岸の地域にかけてであり，アフリカ大陸の北東に位置するエジプトは野生のブドウが生育できる環境にないのである。それでも，古代エジプトではワインが醸造されていた。それには，ブドウが育つ環境を人工的に創り出す，つまり灌漑が必要なのだ。手間のかかる灌漑を行い，ブドウを栽培できるのは，エジプト社会で一握りの上流階級だけであった。ワインが大衆的な飲物にならなかったのは，こうした理由による。それでは，いつ，どのようにして古代エジプトでワインが飲まれるようになったのであろうか。まずはワインの起源から追ってみよう。

2　ワインの起源

　古代ワインの起源に関する研究は，ここ20年間で飛躍的に前進している。それは近年の詳細な発掘調査とともに，有機物の理化学的分析方法の発達によるところが大きい。その研究の舞台は，当然のことながら野生種の自生地域にあたる西アジアであり，かなり古い年代が提示されている。アナトリア地方のチャヨニュでは，紀元前9千年紀のブドウの野生種が検出されている。だがこれがワインの残滓であるかの判断は難しい。なぜなら，ブドウはそのままでも干しぶどうとしても食すことが可能だからだ。ワインづくりの確かな証拠がみられるようになるのは，栽培種が発見されるようになる紀元前6千年紀からである。イランのハッジ・フィルズ・テペでは，壺内面の付着物を高速液体クロマトグラフィー法（HP-LC）で分析したところ，酒石酸（tartartic acid）が検出され，ワインの存在が

テーマ

確認された。酒石酸とは，果実や酒類に含まれる有機化合物であり，ワイン同定の指標とされている。栽培種子はまだ見つかっていないが，紀元前5400年頃のハッジ・フィルズの人々には，ワインを飲む習慣があったようだ。エジプトに近い南レヴァントでは，紀元前4千年紀後半から栽培種の存在が確実視され，その頃からワイン生産が開始されたようである。こうした，野生種のブドウが自生する地域がワインの起源であり，エジプトにはそこから栽培と醸造の技術が流入したと考えられる。

3 エジプト最古のワイン

　では，古代エジプトにおけるワイン生産は，いつ開始されたのであろうか。エジプトで最も古いブドウの証拠は先王朝時代に遡り，栽培種とされるブドウの種子などが検出されている。しかしそれがワインのブドウであったかどうかは判然とせず，先王朝時代にワインが飲まれていたかどうかは不明であった。だが近年，その状況は一変する。ワインに関する膨大な量の資料がアビドスで発見されたのである。それは，第4章で述べた，支配者の墓（U–j）である。この墓で，ワイン壺が三つの貯蔵室で部屋いっぱいに積み重なった状態で発見された（図Ⅶ–1）。47個のワイン壺からブドウの種子や茎などが発見され，茎の形態的特徴から栽培種とされる[2]。そして，HP–LC法の分析により残滓から酒石酸が確認された。なお，壺からはイチジクも検出されており，これは甘味または風味を加えるために添加されたものと解釈されている。さらに，円筒印章で押捺された粘土栓も発見されており，酸化してビネガーにならないようワイン壺は粘土で覆って密封されていたようだ。いわばコルクである。墓には破片も加えると合計700個以上のワイン壺があった。一つの壺の容量が6〜7リットルなので，U–j墓の被葬者は4,500リットルほどのワインとともに葬られたことになる。さぞかし来世で陽気

テーマⅦ　ワイン

図Ⅶ-1　アビドスU-j墓で発見されたワイン壺

な人生を送っていることであろう。

4　エジプト最古ワインの生産地

さて，このように栽培種によるエジプト最古のワインが見つかったのであるが，ここで問題になるのがその生産地である。つまり，国内か国外かである。国内産であれば栽培種によるワインの生産技術の伝来が4千年紀末に遡ることになる。外国産，つまり輸入品であれば，後述するように，国内生産の開始は王朝時代に入ってからとみなすことができる。この産地問題は，ワイン自体の分析からは不可能であるため，「壺の製作地がワインの生産地」として土器の研究から議論されている。U-j墓のワイン壺は，彩文装飾，器形，胎土（粘土）においてこれまでのエジプトの土器とは明らかに異なる（図Ⅶ-2）。彩文は，赤色で描かれた「ゼブラ」とよばれる縞状の文様で，きわめて独特である。器形は主に2種類に分かれ，ループ状または波状の把手が付いた壺形土器と，口が狭くなで肩の瓶形土器であり，後者が圧倒的に多い。前者の把手付壺は，U-j墓より古い時代からこれまでにも出土しており，南レヴァントからの輸入

267

テーマ

土器とみなされてきたタイプである。一方の瓶形土器はどこにも類例を求めることができない。全く新しいタイプである。U-j墓を発掘調査したドイツ隊のU.ハルタングは，これらワイン壺は全て南レヴァントから輸入されたとする[3]。その最大の根拠は胎土分析によるもので，中性子放射化分析が南レヴァントを産地の有力候補として挙げたからである。この結果は，把手付壺に関しては輸入品とする従来の見解に合致している。では，ワイン壺の大部分を占めるレヴァントにもない瓶形土器はどう解釈されるのか。これに対しハルタングは，エジプトへの輸出用として特別に南レヴァントで製作されたために，エジプトでしか出土しないと説明する。だが，レヴァントの土器研究者による新たな胎土分析では，そのほとんどがエジプト産との見解が出ている[4]。彼らによれば，U-j墓のワイン壺はどれも南レヴァントの胎土サンプルにマッチせず，そのうえで，土器の生産地として，アビドスに近い場所が地質的に最も可能性が高いと指摘する。これにより，産地問題はふりだしに戻ってしまった。ただいずれにせよ，先王朝時代には確実に栽培種によるワインが存在し，当時の支配者のみが享受できる貴重なアルコール飲料で

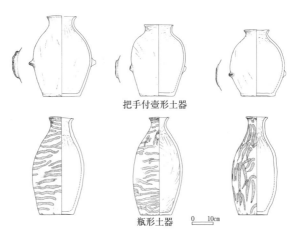

把手付壺形土器

瓶形土器

図Ⅶ-2　U-j墓のワイン壺（土器）

あったようだ。

5 王朝時代のワイン

エジプト文明の黎明期である初期王朝時代から，文字資料が増加してくるが，ワインを意味する「イレプ」の文字もこの頃から登場する（図Ⅶ-3）。初期王朝時代では，ワイン壺が副葬品として大量に墓に収められた。ワイン壺は口縁部を粘土で封印されるが，そこに円筒印章を転がして，王名のセレクとワインの生産地がラベルとして押印される。例えば，カセケムイ王のラベルには，セレクが連続して並び，その間のスペースにブドウ棚の絵とメンフィスの地名が挿入されている（図Ⅶ-4）。これは，「メンフィスで生産されたカセケムイ王のワイン」と解釈される。こうした文字資料から，遅くとも第2王朝末には，ブドウ棚による栽培とワイン生産が国内で開始されていたといえる。古王国時代になると，それまで大量に副葬されていたワイン壺は，墓から姿を消す。それに代わって，ワインを記載した供物リストやワインづくりの場面が墓の壁面に描かれ

図Ⅶ-3　ワインを示すヒエログリフ

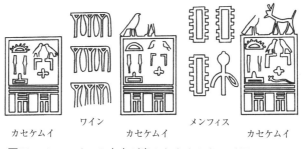

図Ⅶ-4　ワインの文字が書かれたカセケムイ王のラベル

テーマ

るようになる。つまり，文字や図像で代用したのである。こうした墓の資料を中心に，エジプトのワインづくりをみてみよう。

6　エジプトワインのレシピ

　ワインづくりの工程は，栽培・収穫→破砕→圧搾→発酵→瓶詰・封印である。ワインはブドウがあれば容易につくれるので，エジプトのワインづくりも現代の工程と基本的にはかわらない。

　栽培・収穫　先述したように，ブドウはエジプトに自生しない植物であった。それを栽培するにはいかなる秘策があったのだろうか。ブドウの発育に適した気候は，気温年間平均15℃前後，夏の最高気温22℃，冬の最低気温3℃がベストとされる。夏は果実の熟成，冬は休眠としてそれぞれブドウにとって必要な季節なのだが，エジプトはこの気候にマッチしていない。年間降雨量は400〜800mmが生長に必要とされるが，デルタの地中海沿岸部を除いてエジプトにそんな環境はない。さらに土壌についても，滋養分が豊富な土よりも，水はけの良い砂利を含んだ土が適していることから，ナイルの沖積土はブドウの栽培に不向きとなる。これほどまでブドウに嫌われた環境にありつつも，エジプト人はブドウを栽培していた。その解決策は，灌漑である。壁画にはしばしば，見事に造成された貴族の庭園内にブドウ棚が描かれるが，おそらく実際に，ナイル川から水を引き，水はけの良い土壌を用意したのであろう（図VII-5）。つまり，ブドウは人工的に造られた環境で栽培されていたのだ。このようにブドウの栽培には手間がかかるため，ワインの生産量も圧倒的に少なかったであろう。ワインが大衆的な飲み物にならなかったのも当然である。ブドウの収穫は，ムギなど主要作物の収穫がほぼ終了した8月頃の暑い時期に行われたようだ。ナイフなどの道具は使わず，手で摘み取っている（図VII-6）。収穫したブドウはバス

テーマⅦ　ワイン

図Ⅶ-5　庭園（新王国時代）

図Ⅶ-6　ブドウを摘む場面（新王国時代）

テーマ

ケットに入れられ，次の工程となる踏み潰し場へと運ばれる。

　破　砕　ブドウは大きな水槽に移され，足で踏み潰される（図Ⅶ-7）。足で踏むほうがワインづくりには適している。なぜなら，臼などの工具を使ってブドウの種や茎まで潰してしまうと，タンニンが出て苦くなり，色もくすんでしまうからだ。水槽の横には，果汁（マスト）が外に流れ出る排出装置が取り付けられている。踏み潰しの作業は，壁画では4〜5人の職人によって行われている。滑りやすいせいか，彼らはバランスをとるため頭上の横木やつり革を握って作業している。踏み潰しでは，作業しやすいように楽器を奏でたり，杖で音を鳴らして，リズムに合わせて足踏みしていたようだ。また収穫の女神に賛歌を歌うこともあった。

　圧　搾　踏み潰しただけでは，ブドウから取れる果汁を全て抽出することができない。そこで，容器に残った果皮や果肉などを大きな亜麻布の袋に入れてねじり，さらに果汁を絞り出すのである（図

図Ⅶ-7　ブドウを踏み潰す場面（新王国時代）

Ⅶ-8)。足で踏み潰した果汁を1次マストとすると，これは2次マストになる。この作業は，ブドウを余すところなく使いきることができ，かつ濾過する目的も兼ねていた。古王国時代の壁画では，袋の両端に棒を取り付け，職人たちが渾身の力でその棒を左右に引き，それでもまだ力が足りないのか，一人の職人が棒に登って全身を使って開いている。最後の一滴まで絞り出そうとする彼らの気迫が感じられる場面である。

発　酵　抽出された果汁は平底の大型容器に移され，そこで1次発酵が促される。この発酵により，果汁に含まれる糖分がアルコールに転換してワインとなる。アルコール度数は糖分の量によっておおむね決まるが，発酵の過程でアルコール度数が13～16％に達すると，酵母の活動が止まり，主発酵は終了する。このとき，発酵せずに残った糖分がワインの甘みとなる。

瓶詰め・密封　1次発酵を終えたワインは貯蔵用の壺に移しかえられ，セラーにて2次発酵の熟成を迎える。壺は，ワインの酸化を防ぐため，必ず密封された。密封の方法は，まずパピルスや藁などの植物または土器皿で壺の口を塞いでから，壺の口縁から肩にかけて粘土を盛って封印する。そして最後にラベルが付けられる。現代と同じワインラベルである。王朝時代のラベルは主に，粘土に押し

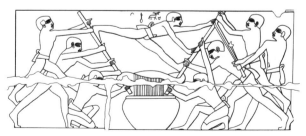

図Ⅶ-8　果汁を搾る場面（古王国時代）

テーマ

たスタンプと壺自体に墨書きされたものである（図Ⅶ-9）。新王国時代のマルカタ遺跡では，一つの壺に墨書きされた文字がいくつも書かれている例がある。つまり，ラベルが上書きされているのである。当時もワインの容器はリサイクルされていたようだ。

図Ⅶ-9　ツタンカーメン王のワイン壺

7　ツタンカーメンのワインの種類

　私たちが飲むワインには，赤，白，ロゼがあり，食事に合わせて，または気分に合わせて選ぶことができる。古代エジプトのワインにもこうしたバリエーションがあったのだろうか。赤と白の違いは，使用するブドウの種類と醸造方法によって決まる。赤ワインは，主に黒ブドウや赤ブドウの果実を丸ごと使って発酵させることで，果皮からタンニンや色素が抽出され，それが独特の渋みと色をもたらす。一方，白ワインは薄い色のブドウを用い，その果汁だけを発酵させる。エジプトの壁画をみると，ブドウの房はたいてい，赤や紫で描かれ，搾られた果汁もほぼピンクか暗い赤色である。このことから，王朝時代には赤ワインが一般的に飲まれていたと考えられている。一方の白ワインに関しては，紀元後3世紀のローマ時代には白ワインが飲まれていたことがわかっているが，王朝時代では証拠がなく，白ワインは存在しなかったとの見方が強かった。

だが近年，科学のメスが王朝時代にも白ワインが存在していた事実を突き止めた。スペインの研究グループがツタンカーメンのワイン壺の分析によって明らかにしたのだ[5]。彼らは，ツタンカーメンの墓で壊れずに残っていた六つの壺を対象に，底に付着した残滓をHP-LC法によって調べた。その分析方法だが，ワインの同定には酒石酸が指標となることは先に述べたが，色を同定するにはシリンガ酸の存在が鍵となる。シリンガ酸は赤ワインの色素となるブドウの果皮に含まれる成分であり，これが検出されれば赤ワイン，なければ白ワインと判断できる。分析の結果，六つの壺全てで酒石酸が検出されたが，そのうちシリンガ酸が確認されたのは一つのみであった。つまり，残りの五つの壺は白ワインだったのである。白ワインは，ブドウの皮や種を取り除くなど手間がかかり，まさにファラオの最高級ワインであったのだ。

8　ブドウ以外のワイン

　古代エジプトでは，ナツメヤシ，イチジク，ザクロなど，ブドウ以外の果物を発酵させたワインも飲まれていた。ナツメヤシの実（デーツ）を使ったワインは，「イレプ・ベネル」とよばれ，初期王朝の時代からすでに文字資料に登場している。これは，「甘いワイン」とも訳されることから，風味はよかったのだろう。その醸造方法はブドウと同じく，デーツを潰してしばらく保存しておけば，果皮についた酵母によって自然と発酵される。エジプトでは一昔前まで，ナツメヤシの酒が飲まれていたようだ。また，イチジクやザクロの果実ワインも同じ方法で醸造されていたとされる。特にザクロのワインに関しては，「シェデフ」とよばれた飲み物がこれにあたるとされていた。ただし，シェデフの原料を語った文字資料がないため，本当にザクロでつくられた酒であった確証はなく，単にブドウワインの一種とする意見もあり，シェデフの実体はよくわかって

いなかった。

しかし近年,またしても,先のスペインの研究グループがこの問題を解決した[6]。彼らは白ワインのときと同じ方法で,シェデフと書かれたツタンカーメンのワイン壺を分析した。その結果,酒石酸とシリンガ酸が検出されたことから,シェデフはザクロではなくブドウを使った赤ワインであったことが証明された。壺のラベルには,「シェデフ,最高級品質(triple good)」と書かれていることから,シェデフの名称は赤ワインの中でも特に上等なものに与えていたと考えられる。

基本参考文献

McGovern P.E., Fleming, S.J. and Katz, S.H. (eds.) 1996 *The Origins and Ancient History of Wine*, London and New York.

Murray, M.A. 2000 "Viticulture and wine production", in Nicholson, P.T. and Shaw, I., (eds.), *Ancient Egyptian Materials and Technology*, Cambridge: 577-608.

Poo, M. 1995 *Wine and Wine Offering in the Religion of Ancient Egypt*, London.

引用

1) 屋形禎亮　1978「エジプト」『筑摩世界文学大系1　古代オリエント集』筑摩書房　408-409頁

2) McGovern, P. E. 2003 *Ancient Wine: The Search for the Origins of Viniculture*, Princeton: 93-94.

3) Hartung, U. 2002 "Imported Jars from Cemetery U at Abydos and the Relations between Egypt and Canaan in Predynastic Times", in Van Den Brink, E.C.M. and Levy, T.E. (eds.), *Egypt and the Levant: Interrelations from the 4th through the early 3rd millennium BCE*, London and New York: 437-449.

4) Porat, N. and Goren, Y. 2002 "Petrography of the Naqada III a Canaanite pottery from Tomb U-j in Abydos", in Van Den Brink,

E.C.M. and Levy, T.E. (eds.), *Egypt and the Levant: Interrelations from the 4th through the early 3rd millennium BCE*, London and New York: 252-270.

5) Guasch-Jané, M.R. et al. 2006 "First evidence of white wine in ancient Egypt from Tutankhamun's tomb", *Journal of Archaeological Science* 33: 1057-1080.

6) Guasch-Jané, M.R. et al. 2006 "First evidence of white wine in ancient Egypt from Tutankhamun's tomb", *Journal of Archaeological Science* 33: 98-101.

テーマⅧ

パ　ン

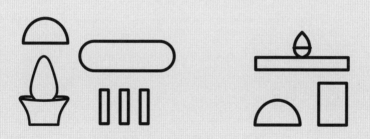

パン (左) と供物 (右) を示すヒエログリフ

テーマ

「私は3000人の兵士を引き連れ，出発した。そこで私は道に運河を通し，赤い土地（砂漠）を開墾して農地にした。それを達成できたのも，私が兵士らに，革袋と天秤棒の農具，2壺分の水，そして20個のパンを毎日与えたからである」[1]

　エジプト人は無類のパン好きであり，我々日本人にとっての「ごはん」と同じく，パンが食卓の主役であった。主成分のタンパク質や炭水化物の他，ビタミンやミネラルも含むパンは，ビールとともに古代エジプト人にとっての最大のエネルギー源であった。冒頭に示した文章は，高官ヘヌウが王の命を受け，ナイル川から紅海にぬけるワディ・ハママートに運河を造営したときの話であるが，こんな砂漠の地でもムギを運び，毎日パンを大量につくって兵士に与えていたのである。ヒエログリフで「ティ」と表現されるパンは，来世においても不可欠であり，供物を表す「ヘテプ」の文字にも筵の上に一塊のパンが載っており，供物の中でもとりわけパンは重要であった（本章とびらの図）。

1　パンとは？

　パンとは，「生の穀物を粉にして水で捏ねて焼いたもの」と定義される。つまりパンづくりに必要なのは，穀物を原料として，製粉→捏ねる→焼く，という作業となる。古代エジプトにおけるこれら工程を一つずつみていこう。

2　エジプトのパンづくり

　原　料　世界的にみるとパンの原料は多岐にわたり，中南米のトウモロコシでつくるトルティーヤなどもパンといえる。ただやはり，最も一般的に用いられる穀物は，ムギである。ムギは，コムギ，オオムギ，ライムギ，エンバクの4種に大きく分類されるが，なかでもパンに最適なのは，コムギである。コムギにはグルテン（タンパ

ク質の一種）が多く含まれ，これが水を加えて捏ねたときにパン特有の粘性と弾力をもたらしてくれるのだ。古代エジプトの主要なムギは，エンマーコムギ（古代名でベデト）とオオムギ（イト）の二つである（図Ⅷ-1）。このうち，パンの主な原料はオオムギであると一般書などでは散見されるが，だが実際は，エンマーコムギを使ったパンが主流であったことが近年の研究によって明らかとなっている。先王朝時代のヒエラコンポリス遺跡では，副葬された土器壺の中にパンが残っている例があり（図Ⅷ-2），その植物学的分析により，原料の大半がエンマーコムギであった[2]。ただし，デュラムコムギといった裸性の普通コムギも若干ながら含まれているようであり，これはエジプトにおいては最古の検出例とされる。なお，オオムギも確認されているものの，その数はきわめて少ない。この傾向は王朝時代においても同じであり，新王国時代のデル・アル＝メディーナ遺跡から出土したパンの大半はエンマーコムギを原料としていた。

図Ⅷ-1　エンマーコムギ（左）とオオムギ（右）を示すヒエログリフ

図Ⅷ-2　先王朝時代のパン

テーマ

　このように，古代エジプトではエンマーコムギの利用が圧倒的であったが，古代ムギとよばれるように現在では栽培されていない。それに代わって，パンコムギやデュラムコムギが主流となっている。これらは実と殻がきれいに分離する裸性のムギであり，固い頴（エイ）に包まれたエンマーコムギに比べて格段に脱穀しやすい。使い勝手の良さから裸ムギが好まれるようになり，エンマーコムギの栽培は廃れていってしまった。エジプトにおけるこの転換は，紀元前332年のアレキサンダー大王の征服以降とされる。先王朝時代からデュラムコムギなどの裸性も存在していたにも関わらず，それまでエンマーコムギを頑なに栽培し続けた理由は，おそらくエンマーコムギが害虫などに強かったからであろう。

　オオムギはパンの原料には積極的に利用されなかった。私もオオムギのパンを焼いて試してみたが，イーストを入れても，またはコムギを50%加えても，硬くて食べられる代物ではない。やはりグルテンを含まないオオムギはパンに不向きなのだ。ただし，エンマーコムギとともに当時の栽培穀物の中核を担っていたので，食べていないはずがない。先王朝時代に埋葬された人々の胃に残された内容物の分析では，彼らが死の直前にオオムギも食べていたことがわかっている。スープに入れたり，お粥（ポリッジ）のようにして食べていたのだろう。

　製　粉　コムギやオオムギは固い頴で穀粒が守られているので，これをとらなければ製粉することはできない。その方法は，ムギ穂を臼に入れて杵で打つ脱穀方法が最も効率的とされる。墓の壁画には，二人の男性が向き合って杵をつくシーンが描かれる例がある（図VIII-3）。頴を取り除いた後は，篩にかけて籾殻を取り除き，製粉作業へと移る。製粉の方法は，サドルカーン（鞍形石臼）が用いられる。サドルカーンは，上面が緩やかに湾曲する形状が鞍に似ていること

テーマⅧ　パン

図Ⅷ-3　杵をつく場面（中王国時代）

からこのように呼称されるようになったのだが，これを台にして，その上で石棒を前後に動かして製粉するのだ。サドルカーンによる製粉作業は壁画や模型にみられるが，全体重をかけて石棒を前後に動かすその作業は，みるからにかなりの重労働である（図Ⅷ-4）。古代エジプトの一般家庭では，この製粉作業は女性の仕事であった。家庭に

図Ⅷ-4　サドルカーンで製粉する女性像

おける女性の仕事は，育児と食事の準備，そして機織りであった。なかでも食事の準備では，主食のパンづくりが日課であり，毎日その日に食べる量だけ脱穀し，製粉していた。女性たちが重労働から解放されるのは，容易な回転式の臼が導入されたアレキサンダー大王の征服以後である。

そもそもなぜ，ムギはこれほど面倒な製粉作業を経なければならなかったのか。私たち日本人が常食とするコメは，皮が薄く，内部の胚乳（白米）が硬いため，ついても胚乳が壊れずに粒のままとることができる。一方，ムギは皮が硬く，胚乳が柔らかいため，中身を取ろうとつくと粒全体が粉々になってしまうのだ。つまり，ムギ

が粉食されるのは，こうした形質上の宿命なのである。

捏ねる　篩で精製されたムギの粉は，水とともに捏ねてパン生地となる。ここで問題となるのが，イースト菌の添加の有無である。現在我々が食すパンは一般的に，中に気泡のあるふっくらとしたものだが，これは生地に加えたイースト菌が発酵をもたらすからである（図Ⅷ-5）。イースト菌の酵母が，生地内の糖分を分解して炭酸ガスとアルコールを発生させ，その炭酸ガスがグルテンを膨らませて生地に無数の気泡をもたらすのだ。では，こうした発酵パンを古代エジプト人は食べていたのであろうか。遺物として現存するパンには，大きな気泡のないものが大半を占めることから，イースト菌を入れないパンが主流との意見が強かった。しかし近年の電子顕微鏡による分析で，イースト菌（および麦芽の糖化酵素）が確認された[3]。また，バダリ遺跡の墓地でも多孔質なパンが発見されており，上述したヒエラコンポリス遺跡のパンもスポンジのような多孔質である。つまり，先王朝時代からすでに，酵母を添加した発酵パンが作られていたのだ。次章で詳述するが，ビール醸造はこの時代から開始されており，発酵の知識と技術をもっていたのは間違いない。ただし，気泡のないパンもあることから，無発酵パンの存在も否定できない。それらはほぼ全て墓から見つかったものであるため，実際に食べるためではなく，副葬用としてつくられた可能性もある。

図Ⅷ-5　パン生地をのばすエジプトの女性

焼く　捏ねて形を整え，しばらく寝かせて発酵を促した後は，パンを

テーマⅧ　パン

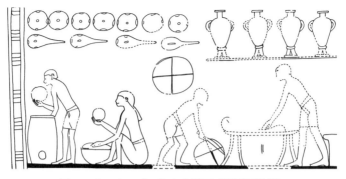

図Ⅷ-6　オーブン焼きの場面（新王国時代）

焼く作業となる。古代エジプトのパン焼きの方法は，大きく二つに分けられる。それは，「オーブン焼き」と「型焼き」である。この二つの方法についてそれぞれ，図像や考古資料をもとにみていこう。

　まず「オーブン焼き」とは，恒久的な構造のオーブン窯で，型を使わずに焼く方法である。中王国時代以降，木製模型や壁画にみられるようになる（図Ⅷ-6）。新王国時時代のオーブンは，上部の空いた樽形の窯が一般的である。今日インド料理店でみるタヌールによるナンの焼き方と同じで，窯の底で火を焚き，内部の壁にパン生地を貼り付けて遠火で焼くのである。

　一方の「型焼き」であるが，これは文字通り，パン生地を型に入れて焼く方法である。型で焼くというと，今日であれば食パンのように金物の型に入れてオーブンで焼く方法を想像するが，古代の方法は違う。型は土器で作られ，それをまずは火にかけて熱し，十分に熱くなったところで火から取り出し，そこにパン生地を流し込むのである（図Ⅷ-7）。予熱することで，パンの硬い外皮がつくられ，型から取り易くなるとされる。土製のパン焼き型（ブレッド・モールド）は，いつの時代もキメの粗い胎土でつくられ，器壁が厚く，外面は粗いが内面は滑らかに仕上げられている。ただし，時代によ

285

テーマ

図Ⅷ-7 ベジャ壺でパンを焼く場面（古王国時代）

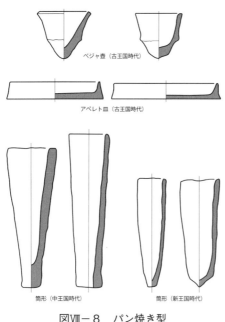

図Ⅷ-8 パン焼き型

ってその形状が変化していく（図Ⅷ-8）。古王国時代のパン焼き型は，断面がベル形の「ベジャ壺」と，大型で盆形の「アペレト皿」が代表的である。アペレト皿でつくられるパンは，丸くて平らなもので，「ペセン」とよばれた。壁画には，「アペレト皿にペセン（の生地）を持ってこい！十分熱くなっているぞ！」と書かれており，型を焼いてから使うというなんとも面倒なこの方法は，捏ね手と焼き手の息の合った流れ作業で進められていたのであろう。

　中王国時代になると，アペレト皿は継続して使われつつも，ベジャ壺は姿を消し，細長い筒形のパン焼き型に取って代わる。おおむね高さ30cmほどの大型の土器で，その焼き方は予熱せずにパン生地を入れてから火にかける方法へと変化する。壁画に描かれたパン

テーマⅧ　パン

図Ⅷ-9　筒形を用いたパン焼きの場面（中王国時代）

焼きの場面をみると（図Ⅷ-9），一番左の女性は，両手でパン生地を丸め，その前面の二人の女性は，壺に入ったパン生地を取り出し，筒形のパン型に詰めている。二つの壺に描かれた縞模様は，中の生地があふれ出ていることを表現している。そして彼女達の右側で，男性が矩形の窯の上にパン型をのせて焼いている。パン型の上には炎が表現されている。ちなみに，窯の上のパン型が何段にも積まれて描かれているが，実はそうではない。古代エジプトの表現技法では，奥行きのあるものを2次元で表現する際，縦方向に起こして描かれる。つまり，この筒状のパン型土器は，窯の上に横置きに並べて焼かれているのである。また，パン型を上下互い違いに並べることで，スペースを無駄無く利用し，かつ安定させて焼いているのだ。こうした筒型の大きなパンは，主に神や王，死者に対する供物として作られた。アビドスにあるセンウセレト3世の葬祭神殿域では，オーブンとともに大量の筒形のパン焼き型が見つかり，ここでは儀式に必要な「聖なる供物」の一つとして，毎日欠かさずパンが作られていた[4]。筒形ではパンを中から取り出すことが難しいため，壊してパンを取り出していたようで，そのゴミが山のように積もっていた。

　新王国時代のパン焼き型は，中王国時代と同じく筒形と盆形であ

287

るが，筒形の底部が丸みをもつようになるのが特徴である。この筒形が使われた当時のままで見つかったオーブンがアマルナ遺跡の労働者の町で発見されている。それは日乾レンガ製の箱形（約65×75cm）のオーブンで，そのなかに筒形のパン型土器が壁に立てかけるように3列に並び，30個体分残っていた。

3　パンの種類

古代エジプトのパンは，形状や色，味付けや用途の違いによってそれぞれ呼称が異なり，ケーキ類も含めるとその種類は40を超える[5]。例えば，筒形の型で作られるパンは「白いパン」とよばれ，盆形で作られる平たいペセン一つとっても，供物用ペセンパンや刻み入り良質ペセンパンなど6種類ほどある。果物を加えた甘いパンもある。なかでもナツメヤシがポピュラーであり，「ビトパン」とよばれていた。果物ではこの他，イチジクの実を加えて風味をもたせていた。香辛料も添加されることもあり，ツタンカーメン王墓の半円形のパンにはコリアンダーシードが含まれていた。この他にも動物の脂や蜂蜜を添加したものなど，古代エジプトのパンは実に多種多様であった。

4　神聖なパン

王家の谷にあるラメセス3世の墓には，王宮付きパン工房のシーンが描かれている（図Ⅷ-10）。ここのパン工房は種類が豊富で，一般的な平たいペセンパンや筒形の白いパンの他にも，三角形や渦巻き状，さらには動物の形をしたパンやケーキが作られている。こうしたパンは，神殿や葬祭殿において神やファラオに対する儀礼や供物のためにつくられた神聖なパンであった。同じくラメセス3世のメディネト・ハブ葬祭殿の外壁には，一年間の祭事とその供物リストが刻まれ，奉納するパンの種類と数量が細かく記されている[5]。

図Ⅷ-10　ラメセス3世王墓に描かれたベーカリー

　エジプト最大の祭りであるオペト祭（テーマⅤ参照）では，11,426個のパンが奉納された。その種類について，最も多いのが「白いパン（3,835個）」，次いで供物専用で厚手の「ウェメトパン（2,100個）」，そしてナツメヤシの「ビトパン（736個）」と「ペセンパン（550個）」が続く。これらは皆，ごく一般的な供物用のパンであるが，王宮や神殿で働くパン職人達は，国をあげて1ヶ月間近くかけて行われるオペトの大祭で，神々にそして参列する貴族や神官に喜んでもらおうと，昼夜を含かずパンづくりに専念していたのである。

5　パン好きエジプト人の悩み

　古代エジプト人は，パン食い人とよばれるように，主食として日々パンを食べていた。そのため彼ら特有の悩みを抱えていたようだ。それは歯のトラブルである。歯を調べた研究によると，時代を問わず，おしなべて歯の表面のエナメル質がすり減っていることが判明した[6]。たしかに，私も発掘していて墓地から見つかる古代エ

ジプト人の歯をみて，やすりで磨いたかのように奥歯の表面が平らに磨耗していることを強く印象に残っている。F.F.リークはその磨耗の原因が，パンに含まれる砂ではないかと考え，博物館に保管されている古代パンの調査を行った。その結果，13点のパン全てに砂が混じっており，それは砂漠の一般的な砂であった。当時，砂漠環境にあったエジプトにおいては，パンづくりの工程で砂が混在したのだろう。加えて，石材のサドルカーンで粉引きするため，その破片も混ざってしまったかもしれない。こうして，少ない量ながらも砂の混じったパンを食べ続けた結果，エナメル質がすり減ってしまったのだ。そのせいで虫歯などの歯の病気も多かったに違いない。歯の悩みは，パンを主食とする古代エジプト人のサガであった。

主要参考文献

Samuel, D. 2000 "Brewing and baking", in Nicholson, P. and Shaw, Ⅰ. (eds.), *Ancient Egyptian Materials and technology*, Cambridge: 537–576.

吉村作治　1986『ファラオの食卓―古代エジプト食物語』講談社

引用

1）Breasted, J.H. 1906 *Ancient Records of Egypt Part I*, Chicago: 209.
2）Fahmy, A. 2006 "Archaeobotany at Hierakonpolis: 2005/2006", *Nekhen News* 18: 23.
3）Samuel, D. 1996 "Investigation of ancient Egyptian baking and brewing methods by correlative microscopy", *Science* 273: 488–490.
4）Wegner, J. 2007 *The Mortuary Temple of Senwosret Ⅲ at Abydos*, New Haven.
5）石原安佐子　2010「メディネット・ハブ神殿供物リストのパン―奉納数と種類の分析―」『オリエント』53-1　82-105頁
6）Leek, F.F. 1972 "Teeth and Bread in Ancient Egypt", *The Journal of Egyptian Archaeology* 58: 26–132.

テーマ IX

ビール

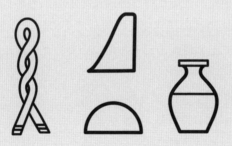

ビールを示すヒエログリフ

テーマ

　古代エジプト人は，大のビール好きであった。「ヘケト」とよばれたビールは（本章とびらの図），墓の壁画に醸造の場面や供物として頻繁に描かれ，また文字資料にも数多く言及されることからも，ビールは古代エジプトの国民的飲物であったといえる。ただしそのビールは，ホップの添加もなく，濾過も不十分なため，現在のような芳香と苦味のある喉ごしスッキリなものではなかった。彼らにとって，ビールは嗜好品ではなく，ビタミンとタンパク質を豊富に含む栄養価の高い食料源であったのだ。古代エジプトにおけるビールづくりの歴史は，先王朝時代にまで遡る。この時代では，複数のビール醸造遺構が発見されている。王朝時代になると，醸造址の検出例は皆無であるが，その代わりに文字や図像，模型といった資料が豊富にある。これまでの古代エジプトビールの研究は，文字や図像をもとにした王朝時代のビール醸造法を中心に進められてきた。ここではまず王朝時代の研究史を概観してそのビール醸造を理解し，それをもとに先王朝時代のビールについて考えてみたい。

1　ビールとは

　ビール醸造の基本的工程は，製麦（麦芽づくり）→粉砕→糖化（麦汁）→濾過→酵母添加→発酵である。つまりビールづくりに必要な材料は，麦芽（モルト），酵母，水である。そのからくりは，酵母が麦芽内のデンプン質を分解し，アルコールと炭酸ガスを生み出す。しかし，酵母にとってそのままではデンプン質は大きすぎて消化できないため，小さな糖に分解してあげなければならない。デンプンを煮て糊化したものにアミラーゼという酵素を加えると糖が生成されるが，この糖なら酵母は分解できる。これが糖化の作業であり，アミラーゼは麦芽から得られる。穀物は発芽するときにアミラーゼを自ら作り出し，エネルギーとして蓄えたデンプンを少しずつブドウ糖に分解しながら成長する。この性質をうまく利用して，発芽させ

てすぐに乾燥させたものが麦芽である。つまり麦芽にはデンプンとアミラーゼが豊富に含まれており，ビールづくりに不可欠な理由はそこにある。

2　王朝時代のビール研究

　ビールは古代エジプトのメジャーフードの一つであるため，これまで様々な研究が行われている。それによるとまず，麦芽の原料には，オオムギとエンマーコムギの両者が用いられていたことがわかっている。そして肝心な発酵に至る方法については，近年の研究の深化により，これまでの説が覆されつつある。

　従来の定説　従来いわれてきたビールの作り方は，主に二つの方法に大別される[1]。一つめの方法は最も簡単なやり方で，パンをちぎって壺の中で水に浸し，暖かい場所に置いて発酵させる。つまりこれは空気中の酵母や壺に付着している野生酵母の作用による自然発酵を期待するものである。二つめの方法は若干複雑になる（図IX－1）。まず，発芽させたムギを製粉し，酵母と水を加えてパン生地を作る。これを焼いてパンにするのだが，完全には焼かず生焼けの状態にしておく。これは生地中の酵母を死滅させないためである。そして壺に載せた漉し器の上でちぎったパンに水をかけてろ過する（図IX-2）。発酵は，パンに含まれている酵母の作用で開始される。

　これらどちらの方法もパンの利用がビールづくりの根幹となっているが，しかし，吉村作治氏による実験では，どちらの方法でも，アルコール度がきわめて低く，ほとんどが腐ってしまうようである。その原因は，酵母と共存する乳酸菌が勝ってしまい，これにより糖分をアルコールにする酵母の働きが低下し，なおかつ雑菌も増殖して腐ってしまうのである。

　従来の定説は，古代エジプトの特徴でもある壁画や文字資料の解

テーマ

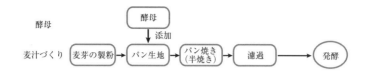

図Ⅸ-1　従来のビール醸造仮説

図Ⅸ-2　パンを漉す模型

釈をもとに生み出されたのだが，その根底には民族誌にみられる伝統的な酒造方法からの類推に拠っているところが大きい。なかでも，エジプトやスーダンで現在でも醸造されている民族酒ボウザ（Bouza）が類推資料として最も言及される。その方法は，挽いたコムギまたはオオムギを水と酵母を混ぜて捏ねてパン生地を作り，軽く焼いてパンにする。そのパンをちぎって製粉した麦芽と水と一緒に混ぜる。この時，発酵を促進するため前回作ったボウザの残りを加えることもある。発酵が終了した後，これを漉してボウザとなる。

　こうしたボウザのつくり方を基に従来の定説が生み出されたのだが，しかし上述の実験では従来の説で述べられている方法は否定される。なぜなら，ボウザは平均7.1％のアルコール度数を有し，十分にアルコール飲料である。つまり，従来の説ではボウザを類推資料としつつもその際，ビールづくりに必要な要素を見落としているのである。

　新たな説　近年，二つの新たな説が提示された。すなわち，サムエルの説と吉村・石田の説である。サムエルは出土したビール残滓

の分析から，これまでの説を完全に否定し，酵母種としてのパンを利用しない方法を提示している。つまり彼の方法はボウザとは異なる。その特徴は，二つの異なる平行プロセスを経て発酵工程に至ることである（図IX-3）。一つのプロセスは，オオムギまたはエンマーコムギの麦芽を製粉して水を加える。もう一つは，製粉するまでは同じだが，お湯を加えて十分に加熱する。前者のプロセスは生きたアミラーゼ酵素をつくり出す為で，後者は熱を加えることで，デンプン質が酵素を受け入れやすくするためである。そしてこの両者を混ぜ合わせることで，酵素がデンプンを分解して糖を生成する。これを漉して糖が豊富に含まれた液体を抽出し，酵母を添加して発酵に至るのである。

　彼の研究は遺跡から出土したビールの残滓を分析し，それをもとに工程を復元している点で高く評価される。そして，パンを利用しない点がこの方法の特徴である。ただし，パンなどの**酵母種**がないこの方法で，実際にアルコール度数の高いビールを安定してつくることができるのか，実験がされていないので説得力に欠ける印象は拭えない。

　一方，吉村氏と石田氏による研究の特徴は，まず世界各地に今なお存在する民族酒を蒐集し，醸造学的見地から個々の酒造工程を検討し，そこに共通のプロセスが存在することを明らかにし，それを古代エジプトビールの復元に活用している点である[2]。ボウザも含めた民族酒の酒造工程のなかで，出来上がりの結果を左右する重要なプロセスは，酵母と乳酸菌にとって発酵に必要な糖分を十分に得

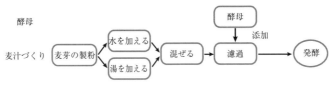

図IX-3　サムエルの仮説

るためにデンプン質を過熱することと，発酵に望ましい菌を酵母種として準備することの2点であるという。さらに，この酵母種の維持・管理がとても重要とする。ビールづくりの大敵は雑菌の繁殖であり，雑菌を抑えて酵母を増やすにはある程度高い濃度の乳酸が有効である。つまり酵母種にとって乳酸菌と純粋な酵母だけが生き残っているサワードウが適しているのである。これは，つくったパン生地を全部つかわず一部を残して，次のパン生地に混ぜて使い，これを繰り返すことでパン生地の中に決まった乳酸菌と純粋な酵母だけが生き残っている生地である。つまり，ボウサではパンが利用されているが，実際はビールづくりに適したサワードウを使い，雑菌の繁殖を抑え酵母を純粋に保つためのコントロールを行っているのである。まさにこのことが従来の説で欠けていた点である。

　彼らはこうした民族酒から得られた知見をもとに，古王国時代のビールを実験的に復元している。まず，ビールづくりを描いたニアンククヌムとクヌムヘテプ墓の壁画の各要素を分解し，各々に醸造工程を割り当てた（図IX-4）。その作業工程は酵母培養と麦汁づくり，そして発酵の三つに大別されるが，先行研究との相違点および重要点は，酵母の種おこしと，サワー種を用いたパン生地づくりの2点である。つまり，自然発酵ではなく，ブドウやナツメヤシを使って酵母を培養して酵母種をつくるという，酵母の健全な育成・管理を行っている。また，パン生地にサワー種を加えることで，乳酸の働きにより雑菌の増殖を抑え，効率的に乳酸発酵および純粋酵母の保存が可能となる。加えて，サワー種を用いたパンを通常に焼くことで加熱殺菌し，過度な乳酸菌の増殖を回避している点も重要である。再現実験の結果，アルコール度10.2％，発酵度83.7％のビールの再現に成功している。この研究は，先行研究に欠けていた種おこしと酵母の培養・管理が不可欠であることを実験的に明示した点においてきわめて意義深い。

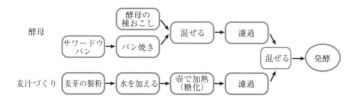

図Ⅸ-4　吉村氏・石田氏の仮説

　なお，近年提示された二つの新たな説では，ビール醸造で不可欠な麦汁づくりの糖化工程について，サムエルはお湯を用い，吉村氏と石田氏はパン焼き型とされているベジャ壺の利用を想定している。現在のような仕込みタンクは不要のようだ。王朝時代にビール醸造の遺構が発見されないのは，そのためかもしれない。

3　先王朝時代のビールづくり

　この時代，ビール醸造址とされる遺構が，マハスナ，アビドス，テル・エル＝ファルカ，ヒエラコンポリスの4遺跡で発見されている（図3-1）。なかでもヒエラコンポリス遺跡では，3ヶ所で確認され，その内筆者が調査する地区（HK11C Operation B）では最も残りの良い醸造址が検出されている。以下，この醸造址を中心として，先王朝時代のビールについて考えてみたい[3]。

　検出された醸造址は，少なくとも五つの大甕（vat）で構成される（図Ⅸ-5）。大甕は直径50～85cmほどで，地中に埋めて土器片と大石で固定し，外面をさらに土器片と粘土でコーティングされている（図Ⅸ-6）。大甕の内部には黒色で光沢のある残滓が付着していた。遺構の時期は，残滓の炭素年代測定と出土遺物から，紀元前3800年頃であり，これまでのところ世界最古のビール醸造址である。ビールづくりの施設であることは，科学分析により判明している。まず，実体顕微鏡による種子同定では，穀物は5：1の割合でオオムギよりもエンマーコムギが多かった。この傾向はテル・エル

テーマ

＝ファルカ遺跡でも同様であり[4]，先王朝時代ビールはエンマーコムギを主原料としていたようだ。さらに，これら利用された穀物は，麦芽であり（図IX-7），かつ粉砕されていたことも判明した（図IX-8）。現代のビールづくりでも粉砕の工程が組み込まれており，それは湯水との接触面積を増やして溶解および酵素的作用を受けやすくするためである。次に電子顕微鏡観察では，残滓にイースト菌の酵母が確認された。さらに，デンプン粒の多くはゼラチン状に膠化していた。このことは麦芽が液体の中で熱せられたことを物語っており，それはつまり大甕で麦汁づくりの糖化が行われていたことを示している。この他特筆すべきは，乳酸菌の存在である。これは後述する醸造方法の復元で重要な要素の一つとなってくる。

Operation Bの残滓分析では，麦芽と粉砕，そして糖化も確認さ

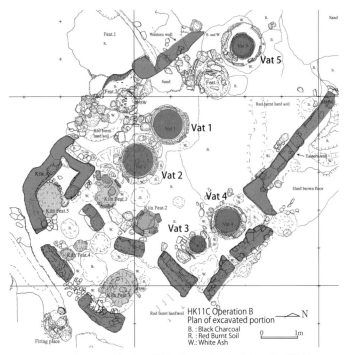

図IX-5　ヒエラコンポリスOperation Bのビール醸造址

298

テーマIX　ビール

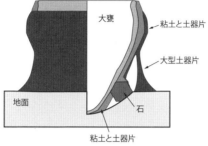

図IX－6　麦汁づくりの大甕

図IX－7
発芽エンマーコムギ

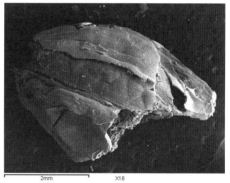

図IX－8　粉砕されたエンマーコムギ

れた。しかしこれらの工程では，やや複雑なプロセスを経ていたようだ。残滓には，デンプン質が糊化したもののなかに，砕かれた穀物粒が散らばっている。このことは，サムエルが提唱する平行する二つのプロセスを経ていたと考えられる。つまり，麦芽粉を水と一緒に加熱して糊化させ，アミラーゼが分解しやすいデンプンを準備

テーマ

するプロセスと，粗く砕いた麦芽を水に混ぜ，アミラーゼが豊富に溶け込んだもの用意するプロセスだ。この二つを混ぜることで，後に酵母が分解できる糖が生成(糖化)されるのだ。この工程は，テル・エル＝ファルカの分析でも提唱されていることからも[5]，二つの平行プロセスは，一貫して古代エジプトのビールづくりのレシピであったようだ。

　それでは，最後の工程となる酵母添加と発酵はいかなるものであったのか。吉村氏と石田氏による王朝時代ビールの研究では，最も重要な点は酵母の維持・管理と滅菌であり，その方法として酵母種とサワードウの利用が提唱された。ヒエラコンポリス遺跡の残滓分析では乳酸菌も検出されていることから，先王朝時代のビールも場当たり的な発酵ではなく，サワードウを用いて雑菌繁殖を抑えていたのであろう。なお，乳酸菌とイースト酵母は，大甕内で検出されていることから，実際の作業としては，糖化を終えて冷めた麦汁にちぎったサワードウを添加し，大甕内で発酵まで行っていたと考えられる。

4　先王朝時代のビールの意味

　先王朝時代は，ファラオを頂点とする社会へと変容を遂げる時期にあたる。そうした社会で，ビールがどのような目的と社会的機能を有していたのであろうか。まず注目すべき点は，ビール醸造の規模である。ヒエラコンポリス遺跡で発見された醸造Operation Bでは，麦汁づくりの大甕が五つ配されていたが，仮にそれらが同時に稼働したら生産量は325リットルにもなる。この量は世帯内での消費量をはるかに超えている。つまり，地域社会の構成員に供給するための大量生産であり，その担い手は，ビール醸造の専門的な職人集団であったと考えられる。なぜなら上述したように，これまで考えられていた以上に酵母の維持・管理が重要であることに鑑みると，

先王朝時代においても知識と経験を有する熟練のビール職人の存在を想定せざるを得ない。だたし，当時において，ビールづくりを生業とする専門集団が存在するには，それを支援し管理するパトロンとしての支配者（エリート）がいなくては難しい。第4章で述べたように近年，このビール醸造址の対岸でエリート墓地（HK6）が発見された。この墓地の出現は，Operation Bと同じく紀元前3800年頃からである。特筆されるのが，多柱建造物などエリート墓の周囲に配された付属施設である。おそらく，支配者は社会の紐帯強化と権力誇示のため，こうした施設で定期的に儀式を執り行い，参列した構成員にビールを振る舞う儀礼的宴会を行っていたと考えられる。民族誌にみられる部族社会などでは，ある一族の有力者が家畜，アルコール飲料，希少品などを人々に振る舞う宴会がある。この浪費ともいえる儀礼的祝宴は，社会構成員の紐帯強化，他グループへの富と権力の誇示，そして社会の強化と制度化がその目的とされる。アルコール飲料であることからも儀礼的意味は大きく，ヒエラコンポリス遺跡のビールはこちらの側面が強いと考えられる。そのために，Operation Bのビール醸造施設はエリート墓地に併設するよう，わざわざ砂漠の奥地につくられたのであろう。つまりこの時代のビール醸造は，支配者に従属した生産活動だったといえる。ヒエラコンポリス以外でも，ビール醸造址が発見されたアビドスやテル・エル＝ファルカは，先王朝時代において政治的経済的に重要な役割を演じた場所である。こうしたことからも，古代エジプトにおけるビールの起源と展開は，支配者の台頭という社会発展と深く結びついており，エジプト文明形成の解明にとって一つの重要な視点となる。

主要参考文献

Samuel, D. 2000 "Brewing and baking", in Nicholson, P. and Shaw, I. (eds.), *Ancient Egyptian Materials and technology*, Cambridge: 537–

テーマ

576.
吉村作治　2004「エジプト古王国ビール復元の一考察」三笠宮殿下米寿記念論集刊行会編『三笠宮殿下米寿記念論集』刀水書房　761-776頁

引用

1) Darby, W.J., Ghalioungui, P. and Grivetti, L. 1977 *Food: The Gift of Osiris Vol. 2*, London: 538-539.
2) Ishida, H. 2002 "Insight into Ancient Egyptian Beer Brewing Using Current Folkloristic Methodsz", *Master Brewers Association of the Americas Technical Quarterly* 39- 2: 81-88.
3) 馬場匡浩　2016「エジプト先王朝時代のビールとワイン」『西アジア考古学』17　45-57頁
4) Kubiak-Martens, L. and Langer, J.L. 2008 "Predynastic beer brewing as suggested by botanical and physicochemical evidence from Tell el-Farkha, Eastern Delta", in Midant-Reynes, B and Tristant, Y. (eds.), *Egypt at its origins 2*, Leuven: 427-441.
5) Adamski, B and Rosińska-Balik, K. 2014 "Brewing Technology in Early Egypt: Invention of Upper or Lower Egyptians?", in Mączyńska, A. (ed.), *The Nile Delta as a centre of cultural interactions between Upper Egypt and the Southern Levant in the 4th millennium BC*, Poznan: 23-36.

テーマ X
死生観とミイラ

見事に彩られた墓の壁画

テーマ

　古代エジプト文明の最大の特徴は、死とその埋葬への準備である。古代エジプト人は、死をどのようにとらえていたのであろうか。彼らの墓をみると、壁面は極彩色に塗られ、神々と被葬者が生き生きと描かれ（本章とびらの図）、多種多様な副葬品が収められている。こうした華やかな墓からして、一見すると、古代エジプト人たちは死に対して楽観的であり、死を喜んで享受しているようにも感じとれる。だが、実際は逆であった。古王国時代の自伝に「私たちにとって憂鬱なことは、死である」と述べられているように、古代エジプト人は死への脅迫概念が強く、死をひどく恐れていた。その恐怖をできるだけ拭い去るための解決策として、彼らは死を理解可能なものにしたのだ。それが、「死後も、来世で永遠に生き続ける」という再生復活の死生観である。

1　二つの魂：カーとバー

　人間の死を理解可能なものにするため古代エジプト人は、死んだ後も魂が肉体を離れて存在し続けるという考えを編みだした。キリスト教徒や我々日本人がよぶ魂または霊魂と同じである。ただし古代エジプトでは、二つの魂が存在した。それが、「カー」と「バー」である。魂が二つ存在することもさることながら、数千年前のエジプト人が編み出した精神的概念であるため、現代の我々にはその意味を十分に理解することは難しく、研究者によっても解釈や説明に違いがある。ここでは一般的に受け入れられ、わかりやすいカーとバーの側面について述べていこう。

図X－1
ホル王のカー像

テーマX　死生観とミイラ

「カー」は，肘を直角に曲げて掌を真っ直ぐ伸ばした両腕で表現される（図X-1）。「生命力」と訳されることが多い。なぜならカーは，人間が生まれた時点で親から授けられ，活力を維持する魂

図X-2　バー

として生涯その内に宿りつづけるとされるからだ。そして死後も，肉体から分離した実体のない個人として存続する。墓の壁画や棺には，「誰々のカーに与える供物」という言葉が記されるが，これは，カーが死後も，活力を維持するため食べ物や飲み物を必要としていたからである。

「バー」は，人間の頭をした鳥で表現される（図X-2）。肉体以外の個人を特徴づける「個性・人格」と考えられている。つまり，その人物のパーソナリティーとでもいえる魂だ。バーも死後肉体を離れて存在し続けるが，カーとは異なり，翼を使って自由に飛び回ることができる。そのためバーは現世と来世を往来することができ，生者と死者の繋がりを仲介する役割にあった。また，夜間は墓に眠る自分の肉体（ミイラ）に宿り，昼間になると外に出て，大空へと飛び立って太陽神の航行に加わることもできた。

2　冥界で生きるかたち：アク

以上のように古代エジプトでは，人の死は，それまで宿っていたカーとバーが肉体から分離することを意味した。しかし分離しただけでは，来世での永遠の命を受けることはできない。そのためには，カーとバーが再び合体して，「アク」にならなければならないのだ。アクは「祝福された死者」とよばれ，死者の生前の姿をとるが，冥

テーマ

図X-3
ミイラマスク

界で暮らすことのできる永遠に不滅で不変なかたちに変化したものである。

　つまり，来世での再生復活には，「生命力のカー」と「人格のバー」が合体して「祝福された死者アク」の姿になって初めて可能となるのだ。だが，もう一つ必要なものがある。それは肉体だ。カーとバーが合体するには，その箱物としての肉体に再び戻らなければならない。そのため，肉体も保存する必要があり，それが「ミイラ」なのである。また，カーとバーが自分の体に迷うことなく戻れるように，遺体はミイラ処理だけでなく，マスクを被せたり（図X-3），顔がかたどられた人型棺に入れられた。

3　最後の審判

　さて，アクの姿になってもまだ，再生復活を遂げることはできない。最後の関門である「最後の審判」を受けなければならない。「否定告白」ともよばれる，神々の前で執り行われる審判だ（図X-4）。

306

テーマⅩ　死生観とミイラ

死者は、冥界の番人であるアヌビス神に導かれ、オシリスの館へと入る。そこには、冥界の王オシリス神が妻イシスと妹ネフティスとともに待ち構えている。周囲には陪審員の神々も座っている。そして死者は、神々に対して生前に罪を犯さなかったことを述べる。「私は不正を行ったことはない、私は神を冒瀆したことはない、私は誰も泣かしたことはない」。定型化されたこうした42の文言を列挙するのだ。それが終わると、死者の肉体から心臓が取り出され、心臓とダチョウの羽をしたマアトが天秤にかけられる。バランスがとれれば、はれて冥界の世界に加わることができ、その証しとして死者の名前に「オシリス」が加わり、さらに告白の正しさを示す「マア・ケルウ（声正しき者）」が名前の後に付与され、これで、本当のアクになれるのだ。しかしもし、天秤のバランスがとれなければ、天秤の前で待ち構えている怪獣アメミトに食われてしまう。これは二度死ぬことを意味しており、古代エジプト人にとって最悪の結末なのである。このように、古代エジプト人が編み出した来世観は、マアトという彼らの倫理性（テーマⅡ参照）によって規定されており、生前において善行を積んだ者だけが来世で再生復活できたのである。この「最後の審判」は、仏教での「閻魔大王の裁き」と似通ってお

図Ⅹ-4　最後の審判

307

り，我々日本人にも理解しやすいであろう。

4 ミイラの語源

　ミイラとは「乾燥により腐敗の進行が停止した遺体」のことを指す。古代エジプトではミイラ処理された遺体は「サフ」とよばれていた。そもそも「ミイラ」という言葉は日本語であり，英語でいう「マミー（mummy）」とは来歴が異なる。英語におけるその語源は，ペルシア語でビチュメンを意味する「ムンミヤ」にある。現在のエジプト人（アラビア語）もそれを受け継ぎ「ムミア」とよんでいる。ではなぜ，ペルシア語でビチュメンの言葉がミイラに当てはめられたのか。ビチュメンは天然アスファルトであり，黒色をしている。ミイラも肌が黒い例が多く，ビチュメンが塗布されたものと考え，ムンミヤの呼称が与えられたのだ。ただしこれは全くの誤解であり，ミイラにビチュメンが使用された例はほとんどなく，肌が黒いのは，処理の過程で塗布された樹脂が劣化したためである。

　一方，日本語の「ミイラ」の語源は，没薬（もつやく）の「ミルラ」にある。ゴム樹脂であるミルラは，古代エジプトのミイラ作りに欠かせないものだった。このミルラが，薬・香料として中国を経て日本に伝わったとき，なぜか，乾燥した遺体を指す言葉になってしまった。

5 ミイラの起源

　古代エジプトにおけるミイラは，遺体を人工的に乾燥させて防腐処理を施し，包帯（亜麻布）を巻いたものである。その起源であるが，概説書をひもとくと「遺体を砂漠の穴に埋めたところ，熱く乾いた砂により遺体の水分が急激に奪われ，自然乾燥のミイラが生まれた」ことから，これをヒントに人々は遺体を人工的に乾燥させる「ミイラ」の製作を開始した，というのが通説となっている。たし

テーマX　死生観とミイラ

かに，こうした自然乾燥ミイラは存在する。大英博物館には，先王朝時代のゲベレイン遺跡で発見されたとされるミイラが複数保管されており，そのうち「ジンジャー」の愛称で知られる有名なミイラは近年，最新のCTスキャンにより，脳や内臓の痕跡状況などから，自然に乾燥したミイラであることが証明されている（図X-5）。だがしかし，先王朝時代の墓地で自然乾燥ミイラが発見された例はなく，いくら砂漠性気候のエジプトでも，こうしたミイラが偶然に作られる可能性は低いだろう。「ジンジャー」はきわめてまれな例といえる。その一方で近年，人工的にミイラ処理された遺体が発見されている。それは先王朝時代のヒエラコンポリス遺跡であり，第4章で述べたように，樹脂に浸した亜麻布で腕や顔の周りを覆った遺体や，内蔵を一度取り出して同じく樹脂の亜麻布で巻いて腹部に戻した例も確認されている（図4-8）[1]。また，モスタゲッダ遺跡ではさらに古いミイラ処理の痕跡が確認されている[2]。これらは，樹脂と亜麻布で遺体を保護しようとした点でエジプト独自のミイラ処理方法の初源であり，エジプト最古のミイラといえる。このことか

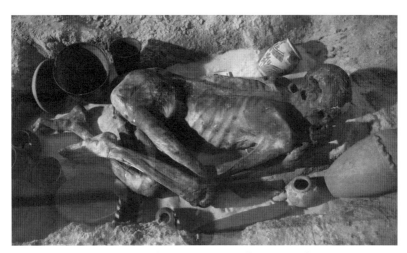

図X-5　自然乾燥のミイラ「ジンジャー」

309

テーマ

らも、ミイラは当初から意図的で人工的なものであったと考えられるのだ。

6 ミイラの作り方

　ミイラは王朝時代を通じて常に作られ続けたが、残念なことにミイラ製作に関するハウツー本は存在しない。唯一参考にできるのが、ヘロドトスなどのギリシア人歴史家による記述と、ミイラ自体から得られる情報である。ヘロドトスによれば、ミイラ製作には松竹梅のようにグレードがあったようだ[3]。ミイラ職人の工房には、質の異なる3種類の木製模型ミイラのサンプルが展示されていて、遺族は財布と相談してグレードを決める。そしてミイラ作りがスタートする（図X-6）。

　ミイラ製作は、全工程に70日間を要する。最高級の松の製法ではまず、鉤棒で鼻孔に穴を開け、脳髄を掻き出す。さらに薬剤を入れて全て抜き出すのだ。次なる作業は、内蔵の摘出である。切開した左脇腹に腕を入れて、心臓以外の内蔵を全て摘出する。心臓を残すのは、古代エジプト人は感情や思考の中枢が脳ではなく心臓と考えていたからであり、来世においても必要とされたためだ。取り出した内臓のうち、腸・肺・肝臓・胃の4器官は、遺体と同じ方法でミイラ処理され、カノポスとよばれる容器に入れられた。中王国時代以降、カノポス容器は「ホルスの4人の息子」の4神で表現され、四つの容器それぞれに特定の器官が入れられ護られた（図X-7）。カノポス容器は

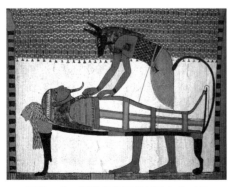

図X-6　死者の神アヌビスとミイラ

テーマⅩ　死生観とミイラ

図Ⅹ-7　カノポス容器

遺体とともに墓に副葬される。

　内臓の除去が終わると，遺体の内部を洗浄し，樹脂を入れて殺菌する。そして，ミイラ作りで最も重要となる乾燥作業となる。遺体が腐敗する要因は水分であり，水分があるとバクテリアが繁殖し，腐ってしまうのだ。そこで古代エジプトでは，遺体の乾燥にナトロンを用いた。遺体の内部にナトロンを詰め，さらに遺体全体もナトロンで覆い，乾燥させるのだ。ナトロンとは炭酸ナトリウムを主成分とする天然の鉱物であり，いわば自然の塩である。ナトロンは，水分の吸収が良く，油分も一緒に除去してくれる。殺菌効果にも優れており，ミイラ作りには欠かせない材料だ。採取できる場所として，カイロから北西100kmほどに位置するワディ・ナトルーンの塩湖が有名である。ちなみに，古代エジプトではナトロンを「ネチェリト」とよび，それがナトロンの語源となった。

　ナトロンによるおよそ40日間の乾燥のあと，遺体を洗い，香油と樹脂を塗る。香油は香り付け，樹脂は殺菌のためで，それには主にゴム樹脂であるミルラ（没薬）が利用された。この後，香油によって若干柔らかくなった遺体の姿勢を整える。なかには，この段階で「整形」が施される。例えば，新王国時代のファラオのミイラでは，窪んでしまった眼窩に義眼やタマネギを入れたり，下がってしまった鼻に種子や動物の骨をつめたり，または，空っぽになった腹におがくず，粘土や布などを入れたりと，さまざまな整形が行われた（図

311

テーマ

図X-8　ラメセス2世のミイラ

X-8)。こうした整形は，肉体から分離したカーとバーが迷うことなく戻れるように，できるだけ生前の故人の姿を保つためになされたのだ。

　そして最後の工程は，亜麻布の包帯を巻く作業である。最も念入りな巻き方は，体の部位をそれぞれ個別に巻く方法である。頭，胴体，脚，そして腕の順序で巻いていく。指の一本一本まで巻いたものもある。全身を巻いた後，さらに全体を大布でくるむ。包帯を巻く過程で，布の中にアミュレット（護符）を入れることもある。例えば，心臓の上にはそれを護るための「心臓スカラベ」が置かれた。これでミイラ作りは終了し，遺族に引き渡される。

　ちなみに中級の竹の作り方では，遺体は切開せずに，尻から杉油を注入し，ナトロンで覆って乾燥させた。杉油が内臓を溶かし，ナトロンが全身の水分と油脂を吸収するので，骨と皮だけになるのだ。

7　憐れなミイラ

　ミイラは来世での再生復活に不可欠な要素であり，古代エジプト人は永遠の命を願って遺体をミイラとして残した。だが彼らにはその後，不幸な運命が待ち受けていた。時は中世。十字軍遠征により，ヨーロッパではイスラム世界で薬として利用されていた「ムンミヤ」が万能薬として重宝されるようになる。しかし産地が西アジアに限られるため，希少なムンミヤの代用品が求められた。そこで，エジプトのミイラに白羽の矢が立った。ミイラにビチュメンが使われていると勘違いしてしまったのだ。そして12世紀以降，数多くのミイラがエジプトからヨーロッパへと持ち出され，砕いて粉末にして

テーマⅩ　死生観とミイラ

「ミイラ薬」として売られるようになった。ミイラの語源でも述べた「ムンミヤ」とは，もともと薬の意味であったのだ。

　ミイラの悲運はさらに続く。17世紀以降，ヨーロッパにエジプトブームがわき起こり，博物館や富裕層のコレクションのために，またしてもエジプトからミイラが持ち出されるようになった。さらに，見世物としてミイラを解体する「解剖show」も人気を博し，ミイラの喪失に拍車をかけた。このように，エジプトでは計り知れない数のミイラが墓から掘り起こされ，海外へと売り飛ばされてしまったのだ。こうした過去を経験したエジプトでは現在，ミイラの国外持ち出しが完全に禁止され，展覧会の目的であっても許されない。そのためミイラ研究も近年では，CTスキャンなどの非破壊分析が主流となっている。

8　墓：永遠の家

　古代エジプト人にとっての来世は，無事に「最後の審判」を受け

図Ⅹ-9　イアルの野

て辿り着ける場所であった。そこは,「イアルの野」とよばれる水と植物に満ちた,いわば楽園であった（図X-9）。その来世は地下にあると考えていたため,遺体は必ず地面を掘って埋葬したのである。それが墓である。墓は,古代エジプト人にとって「永遠の家」であった。来世での再生復活を果たした彼らの住まう場所だからだ。墓は基本的に,地下の埋葬室と地上の礼拝所から構成される。埋葬室は,遺体（ミイラ）が安置される場所であり,また,カーとバーが住む家でもある。再生復活に不可欠なミイラを護るため,埋葬室は地下深く,そして頑丈に造られた。

　礼拝所は,現世と来世が接する場所であり,両者を繋ぐ場所である。バーとカーが埋葬室から外に出られるように,「偽扉（ぎひ）」が備えられている。死者の親族や友人は定期的に墓を訪れ,そのカーのために供物を捧げるのである。また,来られないときのために,偽扉の前には供物の描かれた卓が置かれた。礼拝所の壁面は,生前での生活のシーンが描かれるが,これは来世でも同じ（またはそれ以上の）生活が永遠に続くことを願ったためである。また,死者の名前が必ず書かれている。なぜなら文字には神聖な力が宿っており,それが書かれるまたは読まれることでも永遠性が得られると考えていたからだ。

　墓の形態は,時代や地形によって変化した。当初はサッカラやアビドスにみられるように,平坦な低位砂漠に築かれるマスタバ墓が主流であったが（第6章参照）,ナイル渓谷の岩山が多い地域では,その山を穿った岩窟墓も造られるようになる。新王国時代になるとマスタバ墓は消え,その代わりにサッカラなどでは神殿を模した平地墓が出現する（図X-10）。このように形態は変化するも,地下の埋葬室と地上の礼拝所という基本構造は維持された。それは,古代エジプト人の死生観の本質が,時代を経ても変わらなかったからである。

テーマⅩ　死生観とミイラ

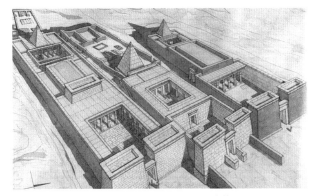

図Ⅹ-10　サッカラの平地墓

主要参考文献

Ikram, S. and Dodson, A. 1998 *The Mummy in Ancient Egypt: Equipping the Dead for Eternity*, London.

Ritner, R.K. 1997 "The Cult of the Dead", in Silverman, D.P. (ed.), *Ancient Egypt*, New York: 132–147.

Snape, S. 2005 *Ancient Egyptian Tombs: The Culture of Life and Death*, Chichester.

和田浩一郎　2014『古代エジプトの埋葬習慣』ポプラ社

引用

1) Friedman, R. et al. 2002 "Excavations at Hierakonpolis", *Archéo-Nil* 12: 65–66.
2) Jones, J. et al. "Evidence for Prehistoric Origins of Egyptian Mummification in Late Neolithic Burials", *PLOS ONE* 9 -8.
3) ヘロドトス（松平千秋訳）　1978『歴史（上巻）』岩波文庫　1212-1213頁

315

図版出典一覧

通 史

第1章
図1-1	筆者作成
図1-2	筆者撮影＠カイロ
図1-3	ⓒLehnert & Landrock-Cairo
図1-4	筆者作成
図1-5	筆者作成
図1-6	筆者撮影＠上エジプト
図1-7	筆者作成

第2章
図2-1	筆者撮影＠ギザ
図2-2	筆者撮影＠大英博物館
図2-3	筆者撮影＠大英博物館
図2-4	筆者撮影＠エジプト考古博物館
図2-5	ウィキペディア
図2-6	Petrie, W.M.F. 1901 *Diospolis Parva: The Cemeteries of Abadiyeh and Hu. 1898-1899*, London: Pl.2.

第3章
図3-1	筆者作成
図3-2	Wendorf, F. and Schild, R. 2001 *Holocene Settlement of the Egyptian Sahara: Volume 1: The Archaeology of Nabta Playa*, New York: Fig.7.8.
図3-3	Wendorf, F. and Schild, R. 2001 *Holocene Settlement of the Egyptian Sahara: Volume 1: The Archaeology of Nabta Playa*, New York: Fig.14.3.
図3-4	Wendorf, F. and Schild, R. 2001 *Holocene Settlement of the Egyptian Sahara: Volume 1: The Archaeology of Nabta Playa*, New York: Fig.17.8 をもとに作成
図3-5	Friedman, R. and Hobbs, J.J. 2002 "A 'Tasian' tomb in Egypt's Eastern Desert", in Friedman, R. (ed.), *Egypt and Nubia: Gifts of the Desert*, London: Fig.4.
図3-6	筆者作成

第4章
図4-1	Brunton, G. and Caton-Thompson, G. 1928 *Badari Civilization*, London: Pls.21, 22, 24, 24.
図4-2	Payne, J.C. 1993 *Catalogue of the Predynastic Egyptian Collection in the Ashmolean Museum*, Oxford: Figs. 25, 26, 29, 30, 40, 47, 52.
図4-3	Payne, J.C. 1993 *Catalogue of the Predynastic Egyptian Collection in the Ashmolean Museum*, Oxford: Figs. 54, 59, 68, 75.
図4-4	筆者作成
図4-5	筆者作成
図4-6	Petrie, W.M.F. and Quibell, J.E. 1896 *Naqada and Ballas*, London: Pls. 1, 85, 86をもとに作成
図4-7	Friedman, R. 2011 "Hierakonpolis", in Teeter, E. (ed.), *Before the Pyramids: The origins of Egyptian civilization*, Chicago: Fig. 4.6をもとに

図4-8 作成
図4-8 ⓒHierakonpolis Expedition
図4-9 ⓒHierakonpolis Expedition
図4-10 Friedman, R. 1996 "The Ceremonial Centre at Hierakonpolis Locality HK29A", in Spencer, J. (ed.), *Aspects of Early Egypt*, London: Fig. 11a; 2008, "Return to the Temple Part II", *Neken News* 20: 6をもとに作成
図4-11 Friedman, R. 1996 "The Ceremonial Centre at Hierakonpolis Locality HK29A", in Spencer, J. (ed.), *Aspects of Early Egypt*, London: Fig. 12.
図4-12 Hartung, U. 2001 *Umm el-Qaab II, Importkeramik aus dem Friedhof U in Abydos (Umm el-Qaab) und die Beziehungen Ägyptens zu Vorderasien im 4. Jahrtausend v. Chr*, Mainz: Abb. 1をもとに作成
図4-13 Hartung, U. 2001 *Umm el-Qaab II, Importkeramik aus dem Friedhof U in Abydos (Umm el-Qaab) und die Beziehungen Ägyptens zu Vorderasien im 4. Jahrtausend v. Chr*, Mainz: Abb. 3.
図4-14 Dreyer, G. 1998 *Umm El-Qaab, Bd.1, Das prädynastische Königsgrab U-j und seine frühen Schriftzeugnisse*, Mainz am Rhein: Abb. 76-78.

第5章

図5-1 Caton-Thompson, G. and Gardner, E.W. 1934 *The Desert Fayum*, London: Fig. 26.
図5-2 Caton-Thompson, G. and Gardner, E.W. 1934 *The Desert Fayum*, London: Fig. 7.
図5-3 Eiwanger, J. 1992 *Merimde-Benisalame III*, Mainz: Taf. 88-89.
図5-4 Hartung, U. 2006 "Bemerkungen zur Architektur und Chronologie der unterirdischen und halbunterirdischen Bauten in der prädynastischen Siedlung von Maadi", in Czerny, E. et. al. (eds.), *Timelines - Studies in Honour of Manfred Bietak Volume II*, Leuven: Abb. 3.
図5-5 Hartung, U. et al. 2009 "Tell el-Fara'in-Buto, 10. Vorbericht", *Mitteilungen des Deutschen Archäologischen Instituts Kairo* 68: Abb. 1をもとに作成
図5-6 筆者作成
図5-7 Wengrow, D. 2006 *The Archaeology of Early Egypt: Social Transformations in North-East Africa, 10,000-2,650 BC*, Cambridge: Figs. 2-1, 2-2.

第6章

図6-1 筆者作成
図6-2 Spencer, J. 1993 *Early Egypt: The Rise of Civilization in the Nile Valley*, London: Fig. 43をもとに作成
図6-3 Wilkinson, T.A.H. 1999 *Early Dynastic Egypt*, London: Fig. 4.6をもとに作成
図6-4 筆者撮影＠大英博物館
図6-5 The Metropolitan Museum of Art (ed.) 1999 *Egyptian Art in the Age of the Pyramids*, New York: Fig. 14.
図6-6 筆者作成
図6-7 Emery, W.B. 1954 *Great Tombs of the First Dynasty, II: Excavations at Saqqara*, London: Pl. 1.
図6-8 Hartung, U. 2001 *Umm el-Qaab II, Importkeramik aus dem Friedhof U in Abydos (Umm el-Qaab) und die Beziehungen Ägyptens zu Vorderasien im 4. Jahrtausend v. Chr*, Mainz: Abb. 1をもとに作成
図6-9 Dreyer, G. 1991 "Zur Rekonstruktion der Oberbauten der Königsgräber der 1. Dynastie in Abydos", *Mitteilungen des Deutschen Archäologischen Instituts, Abteilung Kairo* 47: Abb. 7をもとに作成

図6-10　Bestock, L. 2008 "The Early Dynastic Funerary Enclosures of Abydos", *Archéo-Nil* 18: Fig. 3をもとに作成

第7章
図7-1　筆者撮影@サッカラ
図7-2　Stadelmann, R. 1985 *Die Agyptischen Pyramiden*, Main am Rhein: Abb. 13をもとに作成
図7-3　Arnold, D. 2003 *The Encyclopedia of Ancient Egyptian Architecture*, New York: 73.
図7-4　筆者撮影@サッカラ
図7-5　Emery, W.B. 1949 *Great Tombs of the First Dynasty I*, Cairo: Pl. 22.
図7-6　Jánosi, P. 2004 "Die Pyramiden der Könige der 4. Dynastie", in Hölzl, C. (ed.), *Die Pyramiden Ägyptens Monumente der Ewigkeit*, Wien: Abb. 19をもとに作成
図7-7　筆者作成
図7-8　Jánosi, P. 2004 "Die Pyramiden der Könige der 4. Dynastie", in Hölzl, C. (ed.), *Die Pyramiden Ägyptens Monumente der Ewigkeit*, Wien: Abb. 19をもとに作成
図7-9　Jánosi, P. 2004 "Die Pyramiden der Könige der 4. Dynastie", in Hölzl, C. (ed.), *Die Pyramiden Ägyptens Monumente der Ewigkeit*, Wien: Abb. 19; Stadelmann, R. 1985 *Die Agyptischen Pyramiden*, Main am Rhein: Abb. 28をもとに作成

第8章
図8-1　筆者撮影@ギザ
図8-2　Baines, J. and Málek, J. 1992 *Atlas of Ancient Egypt* (reprint), Cairo: 158をもとに作成
図8-3　Jánosi, P. 2004 "Die Pyramiden der Könige der 4. Dynastie", in Hölzl, C. (ed.), *Die Pyramiden Ägyptens Monumente der Ewigkeit*, Wien: Abb. 19; Stadelmann, R. 1985 *Die Agyptischen Pyramiden*, Main am Rhein: Abb. 31aをもとに作成
図8-4　Jánosi, P. 2004 "Die Pyramiden der Könige der 4. Dynastie", in Hölzl, C. (ed.), *Die Pyramiden Ägyptens Monumente der Ewigkeit*, Wien: Abb. 19をもとに作成
図8-5　Jánosi, P. 2004 "Die Pyramiden der Könige der 4. Dynastie", in Hölzl, C. (ed.), *Die Pyramiden Ägyptens Monumente der Ewigkeit*, Wien: Abb. 19をもとに作成
図8-6　The Metropolitan Museum of Art (ed.) 1999 *Egyptian Art in the Age of the Pyramids*, New York: Cat. 68.
図8-7　Verner, M. 1994 *Forgotten Pharaohs, Lost Pyramids: Abusir*, Praha: 65をもとに作成
図8-8　Verner, M. 1994 *Forgotten Pharaohs, Lost Pyramids: Abusir*, Praha: 107.
図8-9　Jánosi, P. 2004 "Die Pyramiden der Könige der 5. Dynastie", in Hölzl, C. (ed.), *Die Pyramiden Ägyptens Monumente der Ewigkeit*, Wien: Abb. 58をもとに作成
図8-10　Verner, M. 1994 *Forgotten Pharaohs, Lost Pyramids: Abusir*, Praha: 71.

第9章
図9-1　筆者撮影@モアッラ
図9-2　Arnold, D. 1976 *Gräber des Alten und Mittleren Reiches in El-Tarif*, Mainz am Rhein: Abb. 16, Tafel. 30.
図9-3　Aufrère, S., Golvin, J.-Cl. and Goyon, J.-Cl. 1997 *L'Égypte restituée tome*

図版出典一覧

1, Paris: 58をもとに作成

図9-4　Naville, E. 1910 *The XIth Dynasty temple at Deir el-Bahari II*, London: Pl. 24; Arnold, D. 1974 *Der Tempel des Königs Mentuhotep von Deir el-Bahari: Architektur und Deutung*, Mainz am Rhein: front; Stadelmann, R. 1985 Die Ägyptischen Pyramiden, Main am Rhein: Abb. 74.

図9-5　Arnold, D. 2003 *The Encyclopedia of Ancient Egyptian Architecture*, New York: 216.

図9-6　Wegner, J.W. 2001 "Abydos", in Redford, D.B. (ed.), *The Oxford Encyclopedia of Ancient Egypt Vol. 1*, Oxford: 8をもとに作成

図9-7　Petrie, W.M.F. 1974 *Illahun Kahun and Gurob* (reprint), Wiltshire: Pl. 14.

第10章

図10-1　Bietak, M. 2000 "House, Palaces and Development of Social Structure in Avaris", in Bietak, M., Czerny, E. and Forster-Müller, I. (eds.), *Cities and Urbanism in Ancient Egypt*, Wien: Fig. 6をもとに作成

図10-2　Bietak, M. 2000 "House, Palaces and Development of Social Structure in Avaris", in Bietak, M., Czerny, E. and Forster-Müller, I. (eds.), *Cities and Urbanism in Ancient Egypt*, Wien: Fig. 12をもとに作成

図10-3　Bietak, M. 2000 "House, Palaces and Development of Social Structure in Avaris", in Bietak, M., Czerny, E. and Forster-Müller, I. (eds.), *Cities and Urbanism in Ancient Egypt*, Wien: Fig. 20aをもとに作成

図10-4　Bietak, M. 1996 *Avaris: The Capital of the Hyksos, Recent Excavations at Tell el-Dab'a*, London: Fig. 35.

図10-5　Bietak, M. 2000 "House, Palaces and Development of Social Structure in Avaris", in Bietak, M., Czerny, E. and Forster-Müller, I. (eds.), *Cities and Urbanism in Ancient Egypt*, Wien: Fig. 25をもとに作成

図10-6　筆者撮影＠メディネト・ハブ葬祭殿

第11章

図11-1　筆者作成

図11-2　Strudwick, N. and Strudwick, H. 1999 *Thebes in Egypt: A Guide to the Tombs and Temples of Ancient Luxor*, London: 11をもとに作成

図11-3　Weeks, K.R. 2001 "Valley of the Kings", in Redford, D.B. (ed.), *The Oxford Encyclopedia of Ancient Egypt, Vol. 1*, Oxford: 473をもとに作成

図11-4　筆者撮影＠デル・エル＝メディーナ

図11-5　筆者撮影＠メトロポリタン美術館

図11-6　筆者撮影＠メトロポリタン美術館

図11-7　筆者撮影＠デル・エル＝バハリ

図11-8　Aufrère, S., Golvin, J.-Cl. and Goyon, J.-Cl. 1997 *L'Égypte restituée tome 1*, Paris: 156をもとに作成

図11-9　筆者撮影＠エジプト考古博物館

図11-10　筆者撮影＠カルナク神殿

図11-11　Strudwick, N. and Strudwick, H. 1999 *Thebes in Egypt: A Guide to the Tombs and Temples of Ancient Luxor*, London: 53をもとに作成

図11-12　筆者撮影＠カルナク神殿

図11-13　Strudwick, N. and Strudwick, H. 1999 *Thebes in Egypt: A Guide to the Tombs and Temples of Ancient Luxor*, London: 68をもとに作成

図11-14　筆者撮影＠ルクソール神殿

図11-15　筆者撮影＠アメンヘテプ3世葬祭殿

図11-16　Haeny, G. (ed.) 1981 *Untersuchungen im Totentempel Amenophis' III*, Wiesbaden: Foldout 1をもとに作成

図11-17　Kemp, B.J. 2006 *Ancient Egypt, Anatomy of a Civilization* (2nd edition),

319

図11-18	London and New York: Fig. 101をもとに作成 Kemp, B.J. 2012 *The City of Akhenaten and Nefertiti: Amarna and its People*, London: Fig. 2.1をもとに作成
図11-19	Saleh, M. and Sourouzian, H. 1987 *Offical Catalogue: The Egyptian Museum Cairo*, Cairo: Cat. 164.

第12章

図12-1	Theban Mapping Projectをもとに作成
図12-2	Aufrère, S., Golvin, J.-Cl. and Goyon, J.-Cl. 1997 *L'Égypte restituée tome 1*, Paris: 194.
図12-3	Seton-Williams, M.V. 1980 *Tutanchamun. Der Pharao. Das Grab. Der Goldschatz*, Frankfurt: 79.
図12-4	Seton-Williams, M.V. 1980 *Tutanchamun. Der Pharao. Das Grab. Der Goldschatz*, Frankfurt: 43.
図12-5	Wreszinski, W. 1988 *Atlas zur altägyptischen Kulturgeschichte Vol.2* (reprint), Genève and Paris: Pl. 169.
図12-6	Aufrère, S., Golvin, J.-Cl. and Goyon, J.-Cl. 1997 *L'Égypte restituée tome 1*, Paris: 166をもとに作成
図12-7	筆者撮影＠アブ・シンベル
図12-8	Epigraphic Survey 1930 *Medinet Habu 1: Earlier Historical Records of Ramses III*, Chicago: Pl. 37.
図12-9	Aufrère, S., Golvin, J.-Cl. and Goyon, J.-Cl. 1997 *L'Égypte restituée tome 1*, Paris: 171をもとに作成
図12-10	筆者撮影＠メディネト・ハブ葬祭殿

第13章

図13-1	Baines, J. and Málek, J. 1992 *Atlas of Ancient Egypt* (reprint), Cairo: 17をもとに作成
図13-2	Montet, P. 1951 *La Nécropole royale de Tanis, vol. 2: Les constructions et le tombeau de Psousennès à Tanis*, Paris: Pls. 4-5をもとに作成
図13-3	筆者撮影＠大英博物館
図13-4	Lehner, M. 1997 *The Complete Pyramids*, London: 195をもとに作成
図13-5	筆者撮影＠ルクソール神殿
図13-6	Baines, J. and Málek, J. 1992 *Atlas of Ancient Egypt* (reprint), Cairo: 176をもとに作成
図13-7	筆者撮影＠エドフ神殿
図13-8	筆者撮影＠デンデラ神殿

テーマ

テーマⅠ

とびら	2002『ナポレオン エジプト誌 完全版』タッシェン・ジャパン
図Ⅰ-1	Hornung, E. 1982 *Tal der Könige*, Zurich: 96.
図Ⅰ-2	Wengrow, D. 2006 *The Archaeology of Early Egypt: Social Transformations in North-East Africa, 10,000-2,650 BC*, Cambridge: Fig. 2-2.
図Ⅰ-3	Wilkinson, T.A.H. 1999 *Early Dynastic Egypt*, London, Fig. 6.4.
図Ⅰ-4	筆者撮影＠デル・エル＝バハリ
図Ⅰ-5	筆者作成
図Ⅰ-6	Shedid, A.G. 1994 *Das Grab des Sennedjem*, Mainz: 94.
図Ⅰ-7	Taylor, J.H. 2010 *Journey Through the Afterlife: Ancient Egyptian Book of*

	the Dead, Cambridge: Fig. 2.
図Ⅰ-8	筆者作成
図Ⅰ-9	ウィキペディア
図Ⅰ-10	Wilkinson, R.H. 2000 *The Complete Temples of Ancient Egypt*, London: 24-25をもとに作成
図Ⅰ-11	筆者撮影@カルナク神殿
図Ⅰ-12	筆者撮影@メディネト・ハブ葬祭殿
図Ⅰ-13	Hornung, E. 1971 *Das Grab des Horemab im tal der Könige*, Bern: Tafel. 9.
図Ⅰ-14	Epigraphic Survey 1986 *Reliefs and Inscriptions at Karnak, Volume IV: The Battle Reliefs of King Sety I*, Chicago: Pl. 36.
図Ⅰ-15	Kemp, B.J. 2006 *Ancient Egypt, Anatomy of a Civilization* (2nd edition), London and New York: Fig. 133.
図Ⅰ-16	Petrie, W.M.F 1909 *Memphis I*, London: Pls. 11, 13.
テーマⅡ	
とびら	筆者撮影@ルクソール神殿
図Ⅱ-1	Hornung, E. 1971 *Das Grab des Horemab im tal der Könige*, Bern: Tafel. 17.
図Ⅱ-2	Spencer, J. 1993 *Early Egypt: The Rise of Civilization in the Nile Valley*, London: Fig. 76.
図Ⅱ-3	Hornung, E. 1971 *Das Grab des Horemab im tal der Könige*, Bern: Tafel. 22.
図Ⅱ-4	Epigraphic Survey 1986 *Reliefs and Inscriptions at Karnak, Volume IV: The Battle Reliefs of King Sety I*, Chicago: Pl. 20.
図Ⅱ-5	Wengrow, D. 2006 *The Archaeology of Early Egypt: Social Transformations in North-East Africa, 10,000-2,650 BC*, Cambridge: Figs. 9.6.
図Ⅱ-6	筆者作成
図Ⅱ-7	筆者作成
テーマⅢ	
とびら	筆者作成
図Ⅲ-1	Davies, N. de Garis 1973 *The tomb of Rekh-mi-Ré at Thebes Vol 1* (reprint), New York: Pl. 67.
図Ⅲ-2	Trigger, B.G. et al. (eds.), 1983 *Ancient Egypt: A Social History*, Cambridge: Fig. 3.4をもとに作成
図Ⅲ-3	Martin, G.T. 1989 *The Memphite Tomb of Horemheb, Commander in Chief of Tutankhamun Vol.1: Reliefs, Inscriptions and Commentery*, London: Pl. 95.
図Ⅲ-4	Epigraphic Survey 1986 *Reliefs and Inscriptions at Karnak, Volume IV: The Battle Reliefs of King Sety I*, Chicago: Pl. 35.
図Ⅲ-5	Martin, G.T. 1989 *The Memphite Tomb of Horemheb, Commander in Chief of Tutankhamun Vol.1: Reliefs, Inscriptions and Commentery*, London: Pl. 91.
図Ⅲ-6	筆者作成
図Ⅲ-7	筆者作成
図Ⅲ-8	Davies, N. de Garis 1973 *The tomb of Rekh-mi-Ré at Thebes* (reprint), New York: Pl. 63.
テーマⅣ	
とびら	筆者撮影@ギザ
図Ⅳ-1	Stadelmann, R. 1985 *Die Agyptischen Pyramiden*, Main am Rhein: Abb. 67をもとに作成

図Ⅳ-2	Arnold, D. 1997 *Building in Egypt: Pharaonic Stone Masonry*, Oxford: Fig. 2.13.
図Ⅳ-3	筆者撮影＠ギザ
図Ⅳ-4	Arnold, D. 1997 *Building in Egypt: Pharaonic Stone Masonry*, Oxford: Fig. 3.53をもとに作成
図Ⅳ-5	Arnold, D. 1992 *The Pyramid Complex of Senwosret I*, New York: Fig. 101.
図Ⅳ-6	筆者撮影＠ギザ
図Ⅳ-7	Lehner, M. and Wetterstrom, W. (eds.) 2007 *Giza Report: The Giza Plateau Mapping Project, Vol. 1*, Boston: Figs. 1.9, 8.6をもとに作成

テーマⅤ

とびら	2002『ナポレオン エジプト誌 完全版』タッシェン・ジャパン
図Ⅴ-1	Childe, G.V. 1950 "The Urban Revolution", *Town Planning Review* 21-1: 2-17.
図Ⅴ-2	筆者作成
図Ⅴ-3	筆者作成
図Ⅴ-4	筆者作成
図Ⅴ-5	筆者作成
図Ⅴ-6	Kitchen, K. A. 1991 "Towards a Reconstruction of Ramesside Memphis", in Bleiberg, E. and Freed, R. (eds.), *Fragments of a Shattered Visage: The Proceedings of the International Symposium on Ramesses the Great*, Memphis: Fig. 2をもとに作成
図Ⅴ-7	Kemp, B.J. 2006 *Ancient Egypt, Anatomy of a Civilization* (2nd edition), London and New York: Fig. 97をもとに作成
図Ⅴ-8	筆者撮影＠ルクソール神殿
図Ⅴ-9	筆者撮影＠ルクソール神殿
図Ⅴ-10	Epigraphic Survey 1936 *Reliefs and Inscriptions at Karnak, Volume I. Ramses III's Temple with the Great Inclosure of Amon Part I*, Chicago: Pl. 21.
図Ⅴ-11	Freed, R.E., Markowitz, Y.J. and D'Auria, S.H. 1999 *Pharaohs of the Sun: Akhenaten Nefertiti Tutankhamen*, Boston: 15をもとに作成
図Ⅴ-12	Kemp, B.J. 2012 *The City of Akhenaten and Nefertiti: Amarna and its People*, London: Fig. 1.10をもとに作成
図Ⅴ-13	Kemp, B.J. 2012 *The City of Akhenaten and Nefertiti: Amarna and its People*, London: Fig. 3.13をもとに作成
図Ⅴ-14	Borchardt, L. and Ricke, H. 1980 *Die Wohnhäuser in Tell el-Amarna*, Berlin: Plan Ⅲをもとに作成

テーマⅥ

とびら	ウィキペディア
図Ⅵ-1	Allen, J.P. 2000 *Middle Egyptian*, Cambridge: 6-7.
図Ⅵ-2	筆者撮影＠大英博物館
図Ⅵ-3	筆者作成

テーマⅦ

とびら	撮影＠大英博物館
図Ⅶ-1	Dreyer, G. 2011 "Tomb U-j: A Royal Burial of Dynasty 0 at Abydos", in Teeter, E. (ed.), *Before the Pyramids: The origins of Egyptian civilization*, Chicago: Fig. 14.7.
図Ⅶ-2	Hartung, U. 2001 *Umm el-Qaab II, Importkeramik aus dem Friedhof U in Abydos (Umm el-Qaab)*, Mainz: Tafel 1, 39.
図Ⅶ-3	筆者作成

図Ⅶ-4	Kaplony, P. 1963-64 *Die Inschriften der agyptischen Fruhzeit III*, Wiesbaden: Tafel. 82.
図Ⅶ-5	Davies, N. de Garis 1973 *The tomb of Ken-Amun at Thebes* (reprint), New York: Pl. 47.
図Ⅶ-6	Davies, N. de Garis 1917 *The tomb of Nakht at Thebes*, New York: Pl. 26.
図Ⅶ-7	Davies, N. de Garis 1917 *The tomb of Nakht at Thebes*, New York: Pl. 26.
図Ⅶ-8	Moussa, A.M. and Altenmüller, H. 1977 *Das Grab des Nianchchnum und Chnumhotep*, Mainz am Rhein: Abb. 16.
図Ⅶ-9	Baines, J. (ed.) 1993 *Stone Vessels, Pottery and Sealings from the Tomb of Tut'ankhamun*, Oxford: Pl. 28.
テーマⅧ	
とびら	筆者作成
図Ⅷ-1	筆者作成
図Ⅷ-2	筆者撮影＠ヒエラコンポリス遺跡
図Ⅷ-3	Davies N. de Garis 1920 *The tomb of Antefoker, vizier of Sésostris I and of his wife Senet*, London: Pl. 11.
図Ⅷ-4	筆者撮影＠エジプト考古博物館
図Ⅷ-5	筆者撮影＠上エジプト
図Ⅷ-6	Säve-Söderbergh,T. 1957 *Four Eighteenth Dynasty Tombs*, Oxford: Pl. 22.
図Ⅷ-7	Faltings, D. 1998 *Die Keramik der Lebensmittelproduktion im Alten Reich: Ikonographie und Archäologie eines Gebrauchsartikels*, Heidelberg: 91.
図Ⅷ-8	Jacquet-Gordon, H. 1981 "A tentative typology of Egyptian bread moulds", in Arnold, Do. (ed.), *Studien zur altägyptischen Keramik*, Mainz am Rhein, 11-24をもとに作成
図Ⅷ-9	Davies N. de Garis 1920 *The tomb of Antefoker, vizier of Sésostris I and of his wife Senet*, London: Pls. 11-12.
図Ⅷ-10	Samuel, D. 2001 "Bread" in Redford, D.B. (ed.), *The Oxford Encyclopedia of Ancient Egypt*, Oxford: 197.
テーマⅨ	
とびら	筆者作成
図Ⅸ-1	筆者作成
図Ⅸ-2	筆者撮影＠エジプト考古博物館
図Ⅸ-3	Samuel, D. 2000 "Brewing and Baking", in Nicholson, P.T. and Shaw, I. (eds.), *Ancient Egyptian Materials and Technology*, Cambridge: 537-576 をもとに作成
図Ⅸ-4	吉村作治　2004「エジプト古王国ビール復元の一考察」『三笠宮殿下米寿記念論集』刀水書房　図2をもとに作成
図Ⅸ-5	筆者作成
図Ⅸ-6	筆者作成
図Ⅸ-7	筆者撮影＠ヒエラコンポリス遺跡
図Ⅸ-8	筆者撮影＠ヒエラコンポリス遺跡
テーマⅩ	
とびら	筆者撮影＠大英博物館（ネブアメン墓）
図Ⅹ-1	Saleh, M. and Sourouzian, H. 1987 *Offical Catalogue: The Egyptian Museum Cairo*, Cairo: Cat. 117.
図Ⅹ-2	Goelet, O. et al. 2015 *The Egyptian Book of the Dead* (revised edition), San Francisco: Pl. 17-A.
図Ⅹ-3	筆者撮影＠エジプト考古博物館
図Ⅹ-4	Goelet, O. et al. 2015 *The Egyptian Book of the Dead* (revised edition), San Francisco: Pl. 3-4.

図X-5	筆者撮影＠大英博物館
図X-6	Shedid, A.G. 1994 *Das Grab des Sennedjem*, Mainz: 94.
図X-7	Walter Art Museum
図X-8	Balout, L. and Roubet, C. 1985 *La momie de Ramsès II*, Paris: 349.
図X-9	Shedid, A.G. 1994 *Das Grab des Sennedjem*, Mainz: 80.
図X-10	Aufrère, S. and Golvin, J.-Cl. 1997 *L'Égypte restituée tome 3*, Paris: 88.

王名表

時代	王朝	年代	王名
初期王朝時代	第1王朝	前3000～2890年頃	ナルメル（メネス） アハ（ホルアハ） ジェル ジェト デン メレトネイト女王 アネジェブ セメルケト カア
	第2王朝	前2890～2686年	ヘテプセケムウイ ラーネブ（ネブラー） ニネチェル ウェネグ セネド ペルイブセン カセケムウイ
古王国時代	第3王朝	前2686～2613年	ジョセル（ネチェリケト） セケムケト カーバ サナクト？ フニ
	第4王朝	前2613～2494年	スネフェル クフ ジェドフラー カフラー メンカウラー シェプセスカフ
	第5王朝	前2494～2345年	ウセルカフ サフラー ネフェルイルカラー シェプセスカラー ラーネフェルエフ ニウセルラー メンカウホル ジェドカラー ウナス
	第6王朝	前2345～2181年	テティ ウセルカラー ペピ1世（メリラー） メルエンラー ペピ2世（ネフェルカラー） ニトイクレト女王(ニトクリス)
	第7・8王朝	前2181～2160年	ネフェルカラーなど

Shaw, I. 2000 *The Oxford History of Ancient Egypt*, Oxford をもとに作成

時代	王朝	年代	王名
第1中間期	第9・10王朝（ﾍﾗｸﾚｵﾎﾟﾘｽ）	前2160～2025年	ケティなど
	第11王朝（テーベのみ）	前2125～2055年	メンチュヘテプ1世、インテフ1世など
中王国時代	第11王朝（エジプト全土）	前2055～1985年	メンチュヘテプ2世
			メンチュヘテプ3世
			メンチュヘテプ4世
	第12王朝	前1985～1773年	アメンエムハト1世
			センウセレト1世
			アメンエムハト2世
			センウセレト2世
			センウセレト3世
			アメンエムハト3世
			アメンエムハト4世
			セベクネフェル女王
	第13・14王朝	前1773～1650年	ウェグアフ
			セベクヘテプ2世
			イイケルネフェレト・ネフェルヘテプ
			アメニ・インテフ・アメンエムハト
			ホル
			ケンジェル
			セベクヘテプ3世
			ネフェルヘテプ1世
			サハトホル
			セベクヘテプ4世
			セベクヘテプ5世
			アイ
第2中間期	第15王朝（ヒクソス）	前1650～1550年	サリティス（セケルヘル）
			キアン
			アペピ
			カムディ
	第16・17王朝	前1650～1550年	ラーヘテプ
			セベクエムサフ1世
			インテフ6世
			インテフ7世
			インテフ8世
			セベクエムサフ2世
			タア
			カーメス

王名表

時代	王朝	年代	王名
新王国時代	第18王朝	前1550〜1295年	アハメス
			アメンヘテプ1世
			トトメス1世
			トトメス2世
			トトメス3世
			ハトシェプスト女王
			アメンヘテプ2世
			トトメス4世
			アメンヘテプ3世
			アメンヘテプ4世（アクエンアテン）
			ネフェルネフェルアテン（スメンクカラー）
			トゥトアンクアメン（ツタンカーメン）
			アイ
			ホルエムヘブ
	第19王朝	前1295〜1186年	ラメセス1世
			セティ1世
			ラメセス2世
			メルエンプタハ
			アメンメス
			セティ2世
			サプタハ
			タウセレト女王
	第20王朝	前1186〜1069年	セトナクト
			ラメセス3〜11世
第3中間期	第21王朝（タニス）	前1069〜945年	スメンデス
			アメンエムニス
			プスセンネス1世
			アメンエムオペ
			大オソルコン
			サアメン
			プスセンネス2世
	第22王朝（ブバスティス）	前945〜715年	シェションク1世
			オソルコン1世
			シェションク2世
			タケロト1世
			オソルコン2世
			タケロト2世
			シェションク3世
			パミ
			シェションク5世
			オソルコン4世

時代	王朝	年代	王名
第3中間期	第23王朝（リビア）	前818～715年	パディバステト
			イウプト1世
			シェションク4世
			オソルコン3世
			タケトロ3世
			ラドアモン
			ペフティアウアウイバスト
			イウプト2世
	第24王朝	前727～715年	バクエンレンエフ
	第25王朝（クシュ）	前747～656年	ピイ（ピアンキ）
			シャバカ
			シェバタカ
			タハルカ
			タヌトアメン
末期王朝時代	第26王朝（サイス）	前664～525年	ネカウ1世
			プサムテク1世
			ネカウ2世
			プサムテク2世
			アプリエス
			アハメス2世（アマシス）
			プサムテク3世
	第27王朝（ペルシャ）	前525～404年	カンビュセス
			ダレイオス1世
			クセルクセス1世
			アルタクセルクセス1世
			ダレイオス2世
			アルタクセルクセス2世
	第28王朝	前404～399年	アミルタイオス
	第29王朝	前399～380年	ネフェリテス1世
			ハコル（アコリス）
			ネフェリテス2世
	第30王朝	前380～343年	ネクタネボ1世
			テオス
			ネクタネボ2世
	第2次ペルシャ支配	前343～332年	アルタクセルクセス3世
			アルセス
			ダレイオス3世
プトレマイオス時代	マケドニア王朝	前332～305年	アレキサンダー大王
			フィリップ・アリダイオス
			アレキサンダー4世
	プトレマイオス王朝	前305～30年	プトレマイオス1世～12世
			クレオパトラ7世
			プトレマイオス13～14世
			プトレマイオス15世（カエサリオン）
ローマ支配時代		前30～後395年	
アラブ支配		後641年～	

著者紹介

馬場 匡浩（ばば まさひろ）
1974年神奈川県茅ヶ崎生まれ。早稲田大学高等研究所准教授、博士（文学・早稲田大学）。早稲田大学文学学術院助手（考古学）、日本学術振興会特別研究員PD、英国カーディフ大学客員研究員、早稲田大学文学学術院助教を経て現職。早稲田大学によるダハシュール北遺跡の調査を経て、2003年よりヒエラコンポリス遺跡の発掘調査を継続。専門はエジプト考古学。著者に『エジプト先王朝時代の土器研究』（六一書房）など。

古代エジプトを学ぶ ―通史と10のテーマから―

2017年4月20日　初版発行

著　　者　　馬場　匡浩
発　行　者　　八木　唯史
発　行　所　　株式会社 六一書房
　　　　　　〒101-0051　東京都千代田区神田神保町2-2-22
　　　　　　電話 03-5213-6161　FAX 03-5213-6160　振替 00160-7-35346
　　　　　　http://www.book61.co.jp　Email info@book61.co.jp
印刷・製本　　今井印刷株式会社

ISBN 978-4-86445-088-1　C0022　ⒸMasahiro Baba 2017　　Printed in Japan